汽车发动机电控系统原理与故障诊断

（第2版）

主　审　马　建

主　编　许冀阳　吴　晨

副主编　韩　丹　郭炎伟

北京理工大学出版社
BEIJING INSTITUTE OF TECHNOLOGY PRESS

内 容 简 介

本书针对汽车机电维修核心岗位关键技能——发动机故障诊断等问题，融入全国职业院校技能大赛"汽车技术"赛项发动机管理技术模块相关知识和技能考核点，融入党的二十大报告精神，以汽车电控发动机典型工作任务为主线，涵盖认识汽车发动机电控系统、空气供给系统的检修、燃油供给系统的检修、电控点火系统的检修、排放控制系统的检修五个项目。每个项目设置若干子任务，每个项目包括任务描述、学习目标、任务实施、评价反馈、知识链接、拓展阅读、巩固提高，将发动机电控系统的构造、原理与实际工作任务紧密结合起来，培养学生的职业技能、职业素养和学习能力。

本书可作为高职院校和职教本科汽车类专业的教材，也可作为汽车技术培训、汽车维修技术人员的学习参考用书。

图书在版编目（CIP）数据

汽车发动机电控系统原理与故障诊断／许冀阳，吴晨主编. ﹣﹣ 2 版. ﹣﹣ 北京：北京理工大学出版社，2023.11

ISBN 978﹣7﹣5763﹣3184﹣4

Ⅰ. ①汽… Ⅱ. ①许… ②吴… Ⅲ. ①汽车﹣发动机﹣电子系统﹣控制系统﹣理论②汽车﹣发动机﹣电子系统﹣控制系统﹣故障诊断 Ⅳ. ①U472.43

中国国家版本馆 CIP 数据核字（2023）第 236013 号

责任编辑：王玲玲　　　文案编辑：王玲玲
责任校对：刘亚男　　　责任印制：李志强

出版发行 / 北京理工大学出版社有限责任公司
社　　址 / 北京市丰台区四合庄路 6 号
邮　　编 / 100070
电　　话 / （010）68914026（教材售后服务热线）
　　　　　（010）68944437（课件资源服务热线）
网　　址 / http://www.bitpress.com.cn

版 印 次 / 2023 年 11 月第 2 版第 1 次印刷
印　　刷 / 河北盛世彩捷印刷有限公司
开　　本 / 787 mm×1092 mm　1/16
印　　张 / 17
字　　数 / 393 千字
定　　价 / 89.00 元

前　言

Qianyan

　　为学习贯彻党的二十大报告精神，牢牢把握以中国式现代化推进中华民族伟大复兴的使命任务，培养熟练掌握汽车发动机电控技术的高素质技术技能人才，本教材针对汽车机电维修核心岗位关键技能——发动机故障诊断等问题，融入全国职业院校技能大赛"汽车技术"赛项发动机管理技术模块相关知识和技能考核点，采用"项目导向、任务驱动"的理实一体授课方式，更加注重学生的实操性和实践性，并贯穿于每一节课程。本教材以丰田、大众等主力车型为参考，注重学生实践的操作性，明确课程教学安排。本教材有以下主要特点：

　　（1）本教材编写以陕西工业职业技术学院产教融合生产性实训基地为依托，通过真实售后服务岗位维修车辆，分析总结典型发动机控制系统故障，分解和项目化构建，并融入全国职业院校技能大赛"汽车技术"赛项发动机管理技术模块相关知识和技能考核点，同时融入岗位维修新技术、新工艺，重构教学内容。

　　（2）本教材采用项目导向、任务驱动、理实一体、学练结合，使教材与职业工作过程密切联系，既注重理论知识够用，又具有实用性和可操作性。每一个工作任务设计有实践操作和考核内容，使学生边学边练边考核。

　　（3）本教材微课、教材、资源一体化开发，依托学银在线平台同步配套校级精品在线课程，可实现课后复习，课前预习，教材重难点明确，理论与实操教学一一对应，学练结合紧密，实现学生自主学习。

　　（4）本教材融入党的二十大报告精神，深入挖掘每个任务中的"爱、精、拓"思政元素，任务全程贯穿思政元素，全面培养学生成为新时代的汽车医生。

　　本教材采取校企合作"双元"模式开发，即由企业人员提供一线岗位技术资料和素材，由陕西工业职业技术学院教师完成编写。本书由许冀阳、吴晨担任主编，韩丹、郭炎伟担任副主编。本教材编写分工如下：项目一由许冀阳编写，项目二由郭炎伟编写，项目三和项目五任务二由韩丹编写，项目四和项目五任务一由吴晨编写；参与开发的企业人员有：重庆长安汽车股份有限公司动力研究院高级工程师王振平和陕西重型汽车有限公司高级工程师薛令阳博士。

　　本书由长安大学马建教授担任主审。

　　教材在编写过程中，参考了大量书籍、文献、论文等，在此谨对所参考文献的作者表示衷心感谢！

　　由于编者水平有限，教材中难免有不足之处，敬请广大读者批评指正。

编　者

Contents　　　目　录

项目一　认识汽车发动机电控系统

随着电子技术、计算机技术和信息技术的迅猛发展，电子控制技术已成为发动机性能提升的关键，以计算机为控制核心的计算机控制系统，其性能好坏直接影响到发动机的动力性、经济性和排放性。为了更好地掌握发动机控制原理以及精确进行故障检测诊断，需要掌握发动机电子控制系统的基本组成和控制原理，而专业的检测与诊断需要专业的诊断仪器。本项目以发动机电控系统常用检测仪器的基本组成与控制功能展开任务实施。

任务一　汽车发动机电控系统检修工作准备

任务描述

王同学来到汽车发动机检修车间实习，看到很多需要维修的故障车辆，每个车旁都有几个师傅使用着专业仪器在检测车辆发动机，王同学就想马上开始操作和学习，师傅问王同学开始检修前要注意什么，常用的发动机电控系统检测仪器是否会正确使用。

> 任务分析：良好安全工作习惯的养成，必须从日常点点滴滴的安全行为规范做起，熟悉工作岗位注意事项并掌握安全操作规范，防止安全事故发生，确保自己处于安全工作的环境中。正确、安全、规范地使用仪器，才能保证检测的准确性，为进一步判断故障和维修奠定良好基础。在本任务中，我们会学到有关汽车发动机电控系统作业时的安全事项，以及如何通过正确的安全操作防止意外发生，同时，帮助大家熟悉和掌握常用仪器的使用。

学习目标

知识目标
1. 掌握车辆发动机电控系统检修的安全防护要求及规范；
2. 掌握常用的检测仪器和工具的使用方法。

能力目标
1. 能够识别安全防护用具；
2. 能够描述安全防护工具的用途和检查方法；
3. 能够独立、正确使用发动机电控系统常用的检测仪器和工具；
4. 能够独立查阅维修手册，并找到手册上的注意事项。

素质目标

1. 培养学生的安全观念和防护意识；

2. 培养学生以科学的态度对待科学、以真理的精神追求真理。

一、任务实施所需工具、设备、耗材

万用表、示波器、解码器、发动机试验台架等。

二、任务工单

汽车发动机电控系统检修工作准备			
班级：	姓名：		
一、车间防护用具检查			
1. 安全警示牌摆放：	□充足	□缺少	备注：
2. 灭火器有效期：	□符合要求	□不符合要求	备注：
3. 检查发动机安全防护：	□符合要求	□不符合要求	备注：
4. 个人防护工具：	□符合要求	□不符合要求	备注：
5. 仔细阅读车辆维修手册，并确认会遵守要求。签名：			
二、个人安全防护检查			
1. 个人安全防护检查			
（1）着装检查：	□符合要求	□不符合要求	建议：
（2）是否佩戴金属配饰：	□是	□否	建议：
（3）佩戴护目镜：	□符合要求	□不符合要求	建议：
（4）检查绝缘鞋：	□符合要求	□不符合要求	建议：
2. 工作过程中的防护			
（1）检查实训场地及车辆是否安全：	□符合要求	□不符合要求	建议：
（2）搬运重物方法：	□符合要求	□不符合要求	建议：
3. 工具和设备的安全使用			
（1）手工工具检查与使用：	□合格	□不合格	建议：
（2）动力工具检查与使用：	□合格	□不合格	建议：
4. 有关发动机电控系统检修的安全问题（查阅车辆维修手册）			

续表

三、主要仪器的使用			
1. 使用万用表测量			

电压测量	被测对象：	测量值：
电阻测量	被测对象：	测量值：
电流测量	被测对象：	测量值：
通断测量	被测对象：	测量值：
电容测量	被测对象：	测量值：

2. 使用示波器测量

测量电压并绘图：

3. 使用解码器测量

测试故障码：

清除故障码再读取：

读取发动机动态数据流：

四、本次任务小结

1. 收获：

2. 问题：

3. 建议：

三、任务指导

1. 安全防护

1）个人安全防护

个人安全包括穿戴和行为是否存在安全隐患。在生产车间和实训车间，要深刻意识到安全无小事。

（1）眼睛的防护

在汽车维修企业中，眼睛经常会受到各种伤害，如飞来的物体、腐蚀性的化学物品飞溅、有毒的气体或烟雾等，为了确保安全，在作业的时候有必要戴好护目镜和面罩。护目镜可以防护各种对眼睛的伤害。护目镜采用钢化玻璃或者安全塑料为镜片，可以配不同的度数并有较强的抗冲击能力，还设有防止物体从侧面侵入的防护屏以及 LED 照明灯，如图 1－1 所示。面罩不仅能够保护眼睛，还能保护整个面部。在摘下护目镜时，要闭上眼睛，防止粘在护目镜外的金属颗粒掉进眼睛里。普通眼镜起不到保护作用。普通眼镜的抗冲击能力要远低于工作场合的要求，反而会因飞溅物导致镜片破碎而造成人体伤害，因此，普通眼镜对飞溅物起不到保护作用。

图 1－1　护目镜的佩戴

（2）手的防护

　　手的防护主要从两个方面：一是不要把手伸到危险区域，如发动机前部转动的皮带区域、发动机排气管道附近等；二是必要时戴上防护手套，不同的场合需要不同的防护手套，做金属加工有劳保安全手套，接触化学品有橡胶手套。

（3）安全着装

　　在维修车间，客户需要一种专业、严谨的工作气氛。仪态不仅会赢得客户的信赖，也表达出对安全的重视。如图 1-2 所示，在车间和实训场所，穿着适当、干净的服装，最好是连体工作服，能有效预防伤害；要穿鞋面牢固、鞋底防滑、防油的劳保鞋，既能防止重物砸伤脚面，又能绝缘。

图 1－2　安全着装示意

2）工作过程中的防护

在发动机运动部件周围作业，如发电机、水泵、空调压缩机等，要注意将手放在安全的地方，清洁布、工具或检测仪器不能放在运动部件旁。

> **小经验**
>
> 　　在散热风扇附近工作时，要格外小心。因为发动机熄火后，温度较高，风扇还会运转一定时间进行散热，只有温度降下来，才会自动停止旋转。

2. 工具与设备的安全使用

（1）手动工具的安全使用

在车辆维修时，经常会用到手动工具。虽然手动工具使用方便，但是不正确的使用可能会造成伤害或者事故。在使用手动工具时，要注意遵守以下事项：

①手动工具携带时，应放在专用的套带里或工具袋、工具桶中，不要放在衣裤的口袋里，更不要插在腰带上。

②对暂时不用的工具，存放位置要得当，安放应平稳，使其不易脱落伤人，不要放在脚手架上、架空的管道及机械的动部件上。

③作业人员之间应手递手地传递工具，不要抛掷。传递带锋利刃口的工具时，要把柄部向着接收工具的人。

④携带有软线的轻便动力工具时，要注意保护好软线，使其远离尖锐物、热源、油或溶剂，以免破坏软线。

⑤不要使用破损的工具和不适合该作业的工具。

⑥工具要保持清洁和完好。

⑦在使用手动工具时，必须控制力量大小，以避免工具弯曲或者断裂、变形等情况发生，应该根据需要选择不同的手动工具以及合适的力量控制操作。

（2）动力工具的安全使用

从事发动机电控系统检修，经常会用到电动与气动等动力工具。若使用不当，可能造成人员伤害，因此，使用时要特别小心。在使用动力工具时，要注意遵守以下事项：

①对于不熟悉或者陌生的动力工具，要及时请教。

②使用电动工具时，要检查插头、电线、通断开关和外壳；检查转动部分是否转动灵活无障碍。如果发现电缆已破损或者断裂，不能凑合使用，要正确标记损坏的工具并提交维修。

③检查保护接地线连接是否正确，牢固可靠。

3. 常用仪器的使用

（1）普通万用表

万用表最基本的几个功能：电阻的测量；直流、交流电压的测量；直流、交流电流的测量；二极管的测量；通断的测量；电容的测量。如图1-3所示。

微课　万用表的使用

使用注意事项：

①如果无法预先估计被测电压或电流的大小，则应先拨至最高量程挡测量一次，再视情况逐渐把量程减小到合适位置。测量完毕后，应将量程开关拨到最高电压挡，并关闭电源。

图 1 - 3　VC890D 数字万用表

②满量程时，仪表仅在最高位显示数字"1"，其他位均消失，这时应选择更高的量程。

③测量电压时，应将数字万用表与被测电路并联。测电流时，应与被测电路串联，测直流量时不必考虑正、负极性。

④禁止在测量高电压（220 V 以上）或大电流（0.5 A 以上）时换量程，以防产生电弧，烧毁开关触点。

⑤当万用表的电池电量即将耗尽时，液晶显示器左上角会有电池电量低提示。若仍进行测量，测量值会比实际值偏高。

（2）示波器

如图 1-4 所示，示波器通常用来观察电压的波形。可用来测量电压的幅值、周期、频率、相位差，进而绘制元件的伏安特性。

图 1 - 4　QCET MT3500 示波器

使用注意事项：

①屏幕上的波形不可过亮。

②不能直接观测 220 V 交流信号。

（3）解码器

如图 1-5 所示，解码器检测内容：测试故障码、清除故障码、读取发动机动态数据流。

图 1-5　博世解码器

使用注意事项：

①自诊断系统只能监视电控系统电路。

②当点火开关接通时，决不能断开汽车内部电器装置，因为在断开时，由于线圈的自感作用，将会产生很高的瞬时电压，这种电压将会造成传感器及 ECU 的损坏。

③不要用测试灯去测试与 ECU 有关的电器装置，以防 ECU 或传感器损坏，除非另有说明。

评价反馈

汽车发动机电控系统检修工作准备评分细则							
序号	评分项	得分标准	分值	评分标准	自评	互评	师评
1	安全/6S/态度	1. 能进行 6S 整理场地	15	未完成一项扣 3 分，扣分不得超过 15 分	□熟练 □不熟练	□熟练 □不熟练	□熟练 □不熟练
		2. 能进行设备工具的准备、检查、存放					
		3. 能进行发动机台架安全防护					
		4. 遵守实训秩序					
		5. 个人着装符合要求					
2	专业技能能力	1. 正确使用万用表	60	检测错误一项扣 6 分，扣分不超过 60 分	□熟练 □不熟练	□熟练 □不熟练	□熟练 □不熟练
		2. 正确使用示波器					
		3. 正确使用解码器					
3	信息查询及分析能力	1. 正确使用实训指导书进行资料查询	10	未完成一项扣 4 分，扣分不得超过 10 分	□熟练 □不熟练	□熟练 □不熟练	□熟练 □不熟练
		2. 准确记录检测所需信息					
		3. 根据结果正确分析					

续表

汽车发动机电控系统检修安全规范与常用仪器使用评分细则							
序号	评分项	得分标准	分值	评分标准	自评	互评	师评
4	整理协作能力	1. 任务工单书写的完整性 2. 实时观察、记录能力 3. 小组分工明确、全员参与	15	未完成一项扣5分，扣分不得超过15分	□熟练 □不熟练	□熟练 □不熟练	□熟练 □不熟练

一、万用表

1. 汽车万用表的功能

在发动机电控系统故障的检测与诊断中，除经常需要检测电压、电阻和电流等参数外，还需要检测转速、闭合角、频宽比（占空比）、频率、压力、时间、电容、电感、温度、半导体元件等。这些参数对于发动机电控系统的故障检测与诊断具有重要意义。但是这些参数用一般数字式万用表无法检测，需用专用仪表即汽车万用表。汽车万用表一般应具备下述功能：

①测量交流、直流电压。考虑到电压的允许变动范围及可能产生的过载，汽车万用表应能测量大于40 V的电压值，但测量范围也不能过大，否则，读数的精度下降。

②测量电阻。汽车万用表应能测量1 MΩ的电阻，测量范围大一些使用起来较方便。

③测量电流。汽车万用表应能测量大于10 A的电流，测量范围再小则使用不方便。

④记忆最大值和最小值。该功能用于检查某电路的瞬间故障。

⑤模拟条显示。该功能用于观测连续变化的数据。

⑥测量脉冲波形的频宽比和点火线圈一次侧电流的闭合角。该功能用于检测喷油器、急速稳定控制阀、EGR电磁阀及点火系统等的工作状况。

⑦测量转速。

⑧输出脉冲信号。该功能用于检测无分电器点火系统的故障。

⑨测量传感器输出的电信号频率。

⑩测量二极管的性能。

⑪测量大电流。配置电流传感器（霍尔式电流传感夹）后，可以测量大电流。

⑫测量温度。配置温度传感器后，可检测冷却水温度、尾气温度和进气温度等。

小知识

目前国内生产的汽车万用表，如胜利仪器VC98C＋、优利德UT136C＋和多一DY2201等型号的汽车万用表都具有上述功能。有些汽车万用表，除了具有上述基本功能外，还有一些扩展功能。例如，EDA－230型汽车万用表在配用真空/压力转换器（附件）时可以测量压力和真空度，并且它还具有背光显示功能。

2. 汽车万用表的基本结构

如图 1-6 所示，汽车万用表主要由数字及模拟量显示屏、功能按钮、测试项目选择开关、温度测量座孔、公用座孔（用于测量电压、电阻、频率、闭合角、频宽比和转速等）、搭铁座孔、电流测量座孔等构成。

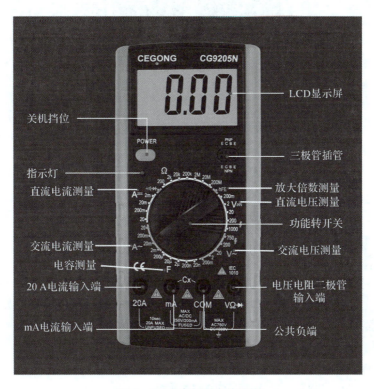

图 1-6　汽车万用表的结构

3. 汽车万用表使用方法

（1）万用表的选择开关

万用表的选择开关是一个多挡位的旋转开关，用来选择测量挡位和量程。一般的万用表测量挡位包括：

"A---" 直流电流挡位；

"A～" 交流电流挡位；

"V～" 交流电压挡位；

"V---" 直流电压挡位；

"Ω" 电阻挡位。

（2）表笔和表笔插孔

表笔分为红、黑两只。使用时应将红色表笔插入标有 "＋" 号的插孔，黑色表笔插入标有 "－" 号的插孔，如图 1-7 所示。

（3）测电压、电流

如果不知道大小，要从高量程往下测，有了基本读数，再用接近的量程测出准确值。

图1-7　万用表表笔和表笔插孔

（4）测量电阻

先用低欧姆去测，然后用接近的量程测量。测量时，当屏幕出现1或0 L时。表明已超过量程范围，须将量程开关调高。

（5）万用表test挡位用法

判断火线的挡位使用方法是：将黑表笔从COM孔拆下，将红表笔插入VΩ孔，将挡位开关打到test，然后将红表笔（注意，是一只表笔）插入零线或火线插孔。如果是火线，万用表会响。注意，要打对挡位。

（6）频率的测量方法

将功能/量程选择开关旋到Hz或波形挡。

①将红、黑表笔分别插入VΩHz和COM输入端。

②将表笔线的测试端并联到待测信号源上。

③在进行频率测量时，按一次Hz/DUTY键可进入占空比测量状态，再按一次Hz/DUTY键返回频率测量状态。

④在进行电流或电压测量时，按一次Hz/DUTY键进入频率测量状态，再按一次Hz/DUTY键进入占空比测量状态，第三次按Hz/DUTY键返回原测量状态。

⑤从显示屏上读取当前测量结果。

注意：测量高电压的频率时，选择ACV挡，再按Hz/DUTY键进入频率测量。

⑥数字万用表测量频率和占空比的注意事项：不要输入高于60 V的信号，否则，可能损坏仪表并危及使用者安全；测量完成后，要立即断开表笔与被测电路的连接。

（7）万用表上的hFE挡的使用

万用表上的hFE挡用于测量晶体三极管电流放大倍数。在测量之前，须先确定三极管是PNP型或NPN型，同时确定各脚极性。使用方法：测量时，把三极管插入相对应极性插孔中，就可以读取三极管的电流放大倍数了。

（8）万用表测量电容

①将万用表置于蜂鸣器挡位，两个表笔短接时蜂鸣器响，判定万用表两表笔接触良好。

②将万用表置于F（MF、UF、NF）挡位，根据测量的电容值来选择合适的挡位。

③红表笔接 COM 孔，黑表笔接带有电容符号的孔内。

（9）使用的其他注意事项

①万用表使用前：万用表水平放置；将表笔按上面要求插入表笔插孔；将选择开关旋到相应的项目和量程上。

②万用表使用中：不能用手去接触表笔的金属部分，这样一方面可以保证测量准确，另一方面也可以保证人身安全。在测量某一电压时，不能在测量的同时换挡，尤其是在测量高电压或大电流时，更应注意；否则，会使万用表毁坏。如需换挡，应先断开表笔，换挡后再去测量。

③万用表使用后：将选择开关旋至"OFF"挡，若无此挡，应按下电源按键将其电源关闭。

二、示 波 器

1. 示波器简介

汽车电子设备的信号有些变化速率非常快，变化周期达到 1/1 000 s，通常测试仪器的扫描速度应该是被测信号的 5～10 倍，许多故障信号是间歇的，时有时无，这就需要仪器的测试速度高于故障信号的速度。汽车示波器不仅可以快速捕捉电路信号，还可以用较慢的速度来显示这些波形，以便可以一边观察一边分析，如图 1-8 所示。它还可以用存储的方式记录信号波形，可以倒回来观察已经发生过的快速信号，这就为分析故障提供了极大方便。无论是高速信号（如喷油嘴、间歇性故障信号）还是慢速信号（如节气门位置变化及氧传感器信号），用汽车示波器来观察都可以测得波形。一个好的示波器就像一把尺子，它可以去测量计算机系统工作状况，通过汽车示波器可以观察到汽车电子系统是如何工作。

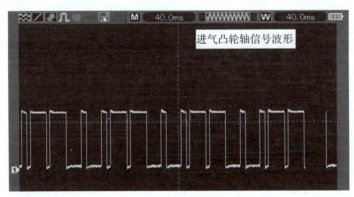

图 1-8 汽车示波器次级波形

正所谓"一个画面通常要胜过一千个数字"。与万用表相比，示波器有着更为精确及描述细致的优点，万用表通常只能用一两个电参数来反映电信号的特征，而示波器则用电压随时间变化的图像来反映一个电信号，它显示电信号比万用表更准确、更形象。

2. 汽车示波器的应用

汽车示波器在发动机电子控制故障诊断中，如图 1-9 所示，主要有两种应用方式：整个系统运行状态的分析，确定整个系统运行的情况；某个电器或电路的故障分析，确定在整个系统运行正常的情况下，某个电器或某段电路的故障。

图 1-9　汽车示波器的实际应用

3. 汽车示波器的使用操作

①测试点火高压线时，必须使用专用的电容探头，不能将示波器探头直接接入点火次级电路。

②使用汽车示波器时，注意远离热源，例如，排气管、催化器等，温度过高会损坏仪器。

③汽车示波器在测试时，要注意测试线尽量离开风扇叶片、皮带等转动部件。

④测试时，确认发动机盖的液压支撑是好的，防止发动机盖自动下降时伤及头部或损坏汽车示波器。

⑤路试中不要将汽车示波器放在仪表台上方，最好是拿在手中测试。

三、发动机故障诊断仪

发动机故障诊断仪，又称解码器。利用配套连接线与车上电脑数据输出 DLC（检测接头）相连，从而实现与各种电控系统控制单元 ECU 进行数据交流的专用仪器。

1. 故障诊断仪主要功能

发动机故障诊断仪通常分为原厂故障诊断仪和非原厂故障诊断仪两种。所谓原厂故障诊断仪，即由汽车制造厂家提供或指定的故障诊断仪，如奔驰汽车 HHT、宝马汽车 MODIC、大众（奥迪）汽车 VAG1551、丰田汽车用 Intelligent Tester2、日产汽车 CONSULT - Ⅱ等。原厂故障诊断仪能为自己生产的汽车提供更好的售后检测服务，一般只能诊断自己的车系，不能检测其他公司生产的汽车。而非原厂故障诊断仪则不是由汽车制造厂家提供或指定，而是由其他仪器设备厂商生产的。

发动机故障诊断仪的主要功能包括基本测试功能和特殊测试功能两个部分，基本测试功能包括读取故障码和清除故障码；特殊测试功能包括动态数据流测试、执行器测试、功能设置、快速学习自适应数据记录和动态波形显示等。读取故障码可以将存储在车用电脑中的故障码和含义显示在诊断仪屏幕上，便于阅读；清除故障码就是通过简单的操作即可清楚存储在车用电脑中的故障码；数据流测试利用诊断仪可对传感器和执行器的动态参数进行实时监测，比如发动机转速、节气门开度、喷油器脉宽、点火提前角、车速以及怠速开关、空调开关、继电器、变速器挡位状态等数据显示。

2. 发动机故障诊断仪使用步骤

①在车上找到相应 OBD 端口（黑色、白色或蓝色），大多数车的 OBD 端口在汽车驾驶室驾驶员左侧上方的保险盒内或者挡杆附近，具体还要根据车辆型号查询。

②根据该车 OBD 端口的型号，选用相应的诊断接头。

③根据车辆铭牌信息，进入相应车型的诊断系统。

④根据车辆需要诊断的模块进入发动机、ABS、ECT、SRS 等系统。

⑤读取故障码和清除故障码，如图 1 – 10 所示，阅读数据流和数据帧进行执行器的测试。

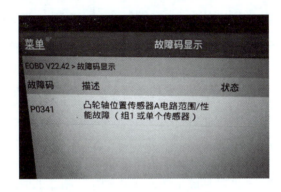

图 1 – 10　故障码、数据流读取

3. 读取数据流

读取数据流使用诊断仪读取数据列表，在无须拆卸发动机任何零部件的前提下，读取开关、传感器、执行器及其他电子元件的数值或状态，为故障判断和识别提供相关支持。数据流分析在发动机电控故障诊断中的应用：

（1）利用静态数据流分析故障

静态数据流是指接通点火开关但不起动发动机时，利用故障诊断仪读取的发动机电控系统的数据。例如：进气压力传感器的静态数据应接近标准大气压力（100～102 kPa）；冷却液温度传感器的静态数据在冷车时应接近环境温度等。

（2）利用动态数据流分析故障

动态数据流是指接通点火开关，起动发动机时，利用故障诊断仪读取的发动机电控系统的数据。这些数据随发动机工况的变化而不断变化，如进气压力传感器的动态数据，随着节气门开度的变化而变化；氧传感器信号应在 0.1～0.9 V 之间不断变化等。通过阅读控制单元动态数据，能够了解各传感器传送到 ECU 的信号值，通过与标准值进行比较，能够快速找出确切的故障部位。

4. 故障诊断仪的使用注意事项

①测试前应正确选择适配插头，这是因为各车型的检查连接器所提供的电源形式不同，有的需要外接电源，有的不需要，但是一定要进行电源测试校验以避免烧坏故障诊断仪。

②检测仪器的额定电压为 12 V，检测时，蓄电池的电压应在 11～14 V 之间。

③关闭车上的所有用电设备，如空调、前照灯、音响等。

④发动机的节气门应处于关闭状态，测试插头和 OBD 端口应接触良好，以保证信号传

输不会中断。

⑤测试结束后，应先切断电源，再从主机上拆下数据线。

在排除故障时，发动机 ECU 的自诊断系统只能监视电控系统的电路故障，自诊断系统监视的往往是某一电路，而非某一元件，例如诊断仪显示的是进气温度传感器故障，实际上是指该传感器及其电路故障包括进气温度传感器、进气温度传感器与 ECU 之间的连接线、插头以及各处搭铁线等。

见证中国汽车工业发展，凯瑞装备的30年"破局"之路

习近平总书记在党的二十大报告中指出，坚持创新在我国现代化建设全局中的核心地位，加快实现高水平科技自立自强，加快建设科技强国。只有加快突破关键核心技术，解决"卡脖子"技术难题，才能不断提升我国发展的独立性、自主性、安全性。

重庆凯瑞测试装备有限公司（简称凯瑞装备）从"诞生"之日起，就肩负了不断突破的使命，屡次实现第一次。2021年入选第二批国家专精特新小巨人企业。

该公司自1991年成立30年来，见证了中国装备制造产业年产量从100多万辆到2 000多万辆的历程，多个测试装备产品打破了国外技术垄断。凯瑞自主研发生产的底盘测功机系统、轮胎耦合式道路模拟试验系统、底盘参数测量系统三大产品均打破了国外技术垄断，目前在国内市场占据份额达50%。

底盘测功机系统可以看作汽车研发的"跑步机"，可在室内模拟汽车实际道路行驶环境，完成车辆排放性能、动力性能、燃油经济性能等方面测试。其工作原理复杂，全球仅奥地利 AVL、美国宝克、日本 Horiba 等少数公司可以生产，底盘测功机完全成了国内设备厂家的禁区，甚至有国外厂家扬言，"即便给中国人图纸，也造不出汽车底盘测功机"。汽车底盘测功机价格高昂，普通轻型两驱测功机五六百万，四驱测功机超1 000万，严重阻碍了中国汽车工业的发展。

凯瑞装备的工程师们将买回来的进口设备反复拆装研究，历经2年研发和5年的技术提升，终于攻克了难题，实现国产替代进口。该测试装备建成后，帮助解决我国在该领域的关键技术"卡脖子"难题，助力我国汽车产业自主稳健发展。

巩固提高

一、填空题（每空5分，共40分）

1. 清洁布、工具或检测仪器不能放在_____旁。

2. 示波器可用来测量电压的_____、周期、_____和相位差，进而绘制元件的伏安特性。

3. 解码器检测内容：_____、清除故障码和_____。

4. 汽车万用表应能测量大于_____的电流，测量范围再小则使用不方便。

5. 护目镜可以防护各种对眼睛的伤害，护目镜采用_____或_____为镜片，可以配不同的度数并有较强的抗冲击能力。

二、判断题（每题 5 分，共 20 分）

1. 某些污染物溅入眼睛后，对于轻度刺激性化学物质，需要清洗 5 min；对于中度甚至重度刺激物，需要 20 min 或更长时间。　　　　　　　　　　　　　（　）

2. 示波器不能直接观测 220 V 交流信号。　　　　　　　　　　　　　（　）

3. 万用表使用时，应将黑色表笔插入标有"＋"号的插孔，红色表笔插入标有"－"号的插孔。　　　　　　　　　　　　　　　　　　　　　　　　　（　）

4. 发动机故障诊断仪主要功能包括基本测试功能和特殊测试功能两个部分，基本测试功能包括读取故障码和清除故障码；特殊测试功能包括动态数据流测试、执行器测试、功能设置、快速学习自适应数据记录和动态波形显示等。　　　　　　　　　　　（　）

三、简答题（每题 10 分，共 40 分）

1. 使用动力工具时，要注意遵守哪些事项？
2. 使用汽车万用表时，有哪些注意事项？
3. 在发动机维修中，关于手的保护，主要有哪两个方面？
4. 发动机故障诊断仪主要功能有哪些？

任务二　认识发动机电控系统的组成和控制功能

今天，王同学开始学习发动机电控系统。他在生活用车中知道，随着排放法规的不断严格和电子控制技术的不断进步，发动机控制技术也越来越先进，控制精度显著提高。为了能够更好地开展学习，王同学想先整体认识一下发动机电控系统。请帮助他认识一下发动机电控系统。

> **任务分析：** 现代汽车正朝着电子化、智能化方向发展，发动机电子控制系统的性能好坏直接影响到发动机动力性、经济性、排放性以及可靠性。本任务在学生对计算机控制了解的基础上，从发动机控制系统的三部分基本组成入手，使学生了解电控系统的基本组成及相关功能，通过具体发动机控制系统实物，进一步加深学生对控制系统组成和功能的了解和认识，为后续学习打下良好基础。

知识目标

1. 掌握发动机电控系统的基本组成及控制原理；
2. 理解发动机电控系统的控制内容及功能；
3. 掌握各电子元器件的名称及安装位置。

能力目标

1. 能够按照维修手册查找发动机各电子元器件的名称及安装位置；

2. 能够独立完成发动机电子元器件的识别任务。

素质目标

1. 具备团队协作意识，提升开拓精神；

2. 坚持问题导向，增强问题意识，敢于正视问题，善于发现问题。

一、任务实施所需工具、设备、耗材

发动机试验台架、数字万用表、维修工具等。

二、任务工单

认识发动机电控系统的组成和控制功能				
班级：		姓名：		
一、任务准备				
1. 工具准备：	□充足	□缺少	备注：	
2. 整理场地（6S）：	□符合要求	□不符合要求	备注：	
3. 检查发动机安全防护：	□符合要求	□不符合要求	备注：	
4. 登记车辆基本信息：	车辆识别代码		发动机型号	
5. 仔细阅读车辆维修手册发动机电控系统说明，并确认会遵守要求。签名：				
二、发动机基本检查				
1. 发动机运转情况：				
2. 仪器仪表外观检查：				
三、各系统的认知				

1. 控制系统基本组成

		含义	举例
水温等传感器 控制单元ECU 喷油器 感应 决定 执行 传感器 → ECU → 执行器	传感器：		
	控制单元：		
	执行器：		

2. 有无反馈控制

开环控制系统	闭环控制系统

四、掌握各传感器与执行器的名称及安装位置			
1. 主要传感器	确定位置	端口数量	所属系统
2. 主要执行器	确定位置	端口数量	所属系统
五、本次任务小结			
收获：			
问题：			
建议：			

三、任务指导

1. 就车查找发动机主要传感器

（1）空气流量传感器

空气流量传感器用来监测发动机吸入的空气量，换成电信号提供给 ECU 作为喷油时间的基准信号，故安装在空气滤清器和进气软管之间，如图 1 – 11 所示。

图 1 – 11　空气流量传感器安装位置图

（2）节气门位置传感器

节气门位置传感器用来检测节气门的开度，装在节气门体上，如图 1 – 12 所示。

图 1 – 12　节气门位置传感器安装位置图

（3）冷却液温度传感器

冷却液温度传感器用来检测冷却系统的温度，保证发动机在合适的温度下工作，故装在发动机的水道上，如图 1 – 13 所示。

图 1 – 13　冷却液温度传感器安装位置图

（4）曲轴位置传感器

曲轴位置传感器主要是用于确定曲轴转角位置和发动机转速，确保它的转角以及发动机的运转速率，主要用于辅助控制点火和喷油；传感器的安装位置是在曲轴轴轮的前端或者飞轮上，如图 1 – 14 所示。

图 1 – 14　曲轴位置传感器安装位置图

（5）氧传感器

氧传感器主要检测排气管中的氧气浓度，故安装在排气管上，如图 1 – 15 所示。

图 1 – 15　氧传感器安装位置图

氧传感器一般有两个：一个装在排气歧管后面，另一个在三元催化器后面。在排气歧管后面的氧传感器被称为前氧传感器，在三元催化器后面的氧传感器被称为后氧传感器。前氧传感器对空燃比进行反馈控制，后氧传感器用于检测三元催化转换器的催化效率。

（6）爆震传感器

爆震传感器的作用是检测发动机的爆震，一般安装在发动机缸体上，如图1-16所示。

图1-16　爆震传感器安装位置图

2. 就车查找发动机主要执行器

（1）喷油器安装位置

燃油喷射有进气道喷射、缸内直喷、混合喷射方式。进气道燃油喷射的喷油嘴位于进气歧管上，缸内直喷的喷油嘴位于气缸盖上，混合喷射二者兼顾，如图1-17所示。

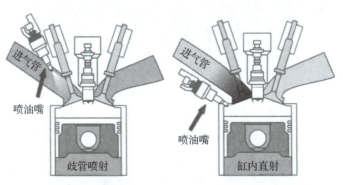

图1-17　喷油器安装位置图

（2）点火模块安装位置

点火控制器连接在 ECU 和点火线圈之间，如图 1 – 18 所示。

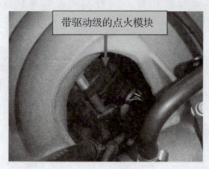

图 1 – 18　点火模块安装位置图

（3）废气再循环阀安装位置

废气再循环阀（EGR）安装在进气管上，如图 1 – 19 所示。EGR 是将废气引入进气管，降低进气中的氧含量，从而降低燃烧温度，减少氮氧化物的排放。

图 1 – 19　EGR 阀安装位置图

（4）怠速控制阀安装位置

怠速控制阀安装在节气门旁边的气道上，如图 1 – 20 所示。怠速时，节气门关闭，气流通过怠速控制阀进入进气口。

图 1 – 20　怠速控制阀安装位置图

评价反馈

\multicolumn{9}{c}{认识发动机电控系统的组成和控制功能评分细则}
序号	评分项	得分标准	分值	评分标准	自评	互评	师评
1	安全/6S/态度	1. 能进行 6S 整理场地 2. 能进行设备工具的准备、检查、存放 3. 能进行发动机台架安全防护 4. 遵守实训秩序 5. 个人着装符合要求	15	未完成一项扣 3 分，扣分不得超过 15 分	□熟练 □不熟练	□熟练 □不熟练	□熟练 □不熟练
2	专业技能能力	1. 正确查找进气压力传感器 2. 正确查找空气流量传感器 3. 正确查找曲轴位置传感器 4. 正确查找节气门位置传感器 5. 正确查找冷却液温度传感器 6. 正确查找氧传感器 7. 正确查找点火模块 8. 正确查找废气再循环阀 9. 正确查找怠速控制阀	60	检测错误一项扣 6 分，扣分不超过 60 分	□熟练 □不熟练	□熟练 □不熟练	□熟练 □不熟练
3	信息查询及分析能力	1. 正确使用实训指导书进行资料查询 2. 准确记录检测所需信息 3. 根据结果正确分析	10	未完成一项扣 4 分，扣分不得超过 10 分	□熟练 □不熟练	□熟练 □不熟练	□熟练 □不熟练
4	整理协作能力	1. 任务工单书写的完整性 2. 实时观察、记录能力 3. 小组分工明确、全员参与	15	未完成一项扣 5 分，扣分不得超过 15 分	□熟练 □不熟练	□熟练 □不熟练	□熟练 □不熟练

一、认识发动机电子控制系统

发动机电子控制系统由信号输入装置（传感器）、电子控制单元（ECU）及执行机构三个部分组成，它是以计算机为中心的集智能化、自动化为一体的机电控制管理系统，并随着发动机的换代升级而日益完善复杂。

图片　发动机电控管理系统的组成

小经验

传感器是一种信号转换装置，不断采集发动机在不同运行状态下的工作参数，并将其转换为电子控制单元能够识别的电信号输送给 ECU，为其提供发动机运转工况和汽车运行状况等相关信息。ECU 接收各个传感器输送的相关参数信息，经过存储、计算、分析和处理后，向执行机构发送控制指令信号。执行机构按照 ECU 发送的控制信号，完成相关执行动作，实现各种控制功能。

二、传 感 器

传感器将需要被测的各种非电量信息，通过一定的算法或者规律变换成便于利用、输出和处理的信号的装置或者器件。传感器就像人的各种感触器官，将我们感触的各种状态和信息转换成神经信号，发送给大脑。而在发动机控制系统中，传感器将发动机各部分运行的工况状态参数（发动机节气门位置、进气量、各种压力、转速等非电量信息）转换成可以识别的电信号，通过信号处理电路处理后送到 ECU，得到发动机的各部分运行情况和环境条件。

1. 发动机电控管理系统主要传感器

发动机电控管理系统包含多种传感器，主要传感器如图 1-21 所示。

（1）进气压力传感器

进气压力传感器用于检测进气管绝对压力，再根据其他相关量推算出进气气缸中的空气量，是一种间接测量发动机进气量的传感器。该传感器输送给电子控制单元的电信号是微机控制点火和喷油的主控参数。

图片　进气压力传感器

（2）空气流量传感器

空气流量传感器安装在空气滤清器和节气门体之间的进气管上，用于检测进入气缸中的空气流量，并将其转换为电信号送入电子控制单元，计算进气量，从而确定喷油量。该传感器信号是微机控制点火和喷油的主控参数。

图片　空气流量传感器

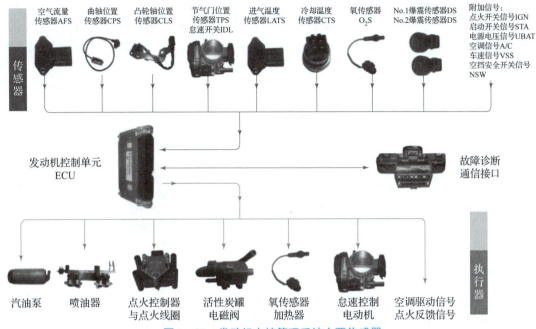

图 1 – 21　发动机电控管理系统主要传感器

（3）曲轴转速传感器

曲轴转速传感器又称曲轴位置传感器、曲轴转角传感器。该传感器用于检测发动机转速、曲轴转角、曲轴位置信号，并将其转换为电信号输送给电子控制单元，从而控制点火时刻和喷油时刻，是微机控制点火和喷油的主要参数。

图片　曲轴转速
传感器

（4）进气温度传感器

进气温度传感器用于检测进气空气温度信号，提供给电子控制单元，主要用于对喷油时间和点火时刻进行修正，是微机控制点火和喷油的修正参数。

（5）节气门位置传感器

节气门位置传感器安装在节气门体上，与节气门轴同轴相连，用于检测节气门开度位置大小以及转角变化率，并送入电子控制单元，从而判断发动机的运行工况。节气门位置传感器信号是发动机控制的重要参数。

图片　进气温度
传感器

（6）凸轮轴位置传感器

凸轮轴位置传感器也称气缸识别传感器，用于检测气缸活塞到达上止点或运行到某一特定位置的信号，是发动机点火的主控参数。

图片　节气门位置
传感器

图片　凸轮轴位置
传感器

（7）冷却液温度传感器

冷却液温度传感器用于检测发动机冷却液温度信号，向电子控制单元发送信号，用于点火时刻和喷油量的修正；同时，向发动机冷却液温度表提供信号，向驾驶员显示冷却液温度信息。

（8）爆震传感器

爆震传感器用于检测和判定汽油机是否发生爆震现象，以及爆震发生的剧烈程度，并将其转换为电信号输送给电子控制单元，从而对点火提前角实现闭环反馈控制，将点火时刻控制在最佳状态。

图片 冷却液温度传感器   图片 爆震传感器

（9）氧传感器

氧传感器安装在排气管或排气歧管上，用来检测排气中氧气的含量，并将该信号输送给电子控制单元，对混合气空燃比实现闭环控制，修正燃油喷油量。

（10）加速踏板位置传感器

加速踏板位置传感器安装在油门踏板上，将油门踏板的位置变化和转角速率变化转换为电信号，并送至电子控制单元，从而控制喷入气缸中的燃油量。

图片 氧传感器   图片 加速踏板位置传感器

（11）空挡安全开关信号

空挡安全开关信号用于检测自动变速箱的挡位选择开关是否处于空挡位置，并向电子控制单元发送信号。

（12）空调开关 A/C

空调开关 A/C 用于检测空调是否处于工作状态，并向电子控制单元发送信号。

发动机不断升级换代，电控管理系统的功能也不断增加，各种信号检测装置和信号开关将越来越多地应用在发动机电控管理系统中。

2. 传感器的信号类型

发动机上传感器的电子信号可分为四种：直流信号、交流信号、脉冲宽度调制信号、频率调制信号。

（1）直流信号（DC）

在任何周期内，电压和电流信号方向不随时间变化而变化。直流信号可以分为恒压直流和非恒压直流信号两种。汽车上产生直流信号的传感器元件有进气压力传感器、冷却液温度传感器、进气温度传感器、节气门位置传感器等。非恒压直流波形如图 1-22 所示。

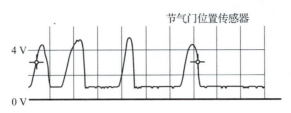

图 1 - 22　非恒压直流波形

（2）交流信号

在任何周期内，电压和电流方向、大小随时间变化而变化。交流信号波形如图 1 - 23 所示。汽车上产生交流信号的传感器元件有磁电式传感器、爆震传感器等。

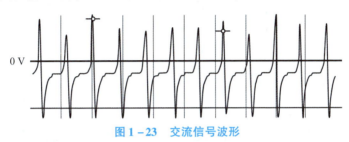

图 1 - 23　交流信号波形

（3）脉冲宽度调制信号（PWM）

脉冲宽度调制又称脉宽调制，指经过脉冲宽度调制的信号。脉冲宽度是在一个周期内元件持续的工作时间。如图 1 - 24 所示。

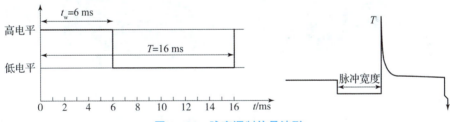

图 1 - 24　脉宽调制信号波形

（4）频率调制信号

频率调制信号指波形幅度恒定而频率改变的信号，如图 1 - 25 所示。汽车上产生频率调制信号的传感器元件有数字式空气流量传感器、数字式进气压力传感器、光电式和霍尔式车速传感器、光电式和霍尔式曲轴位置传感器等。

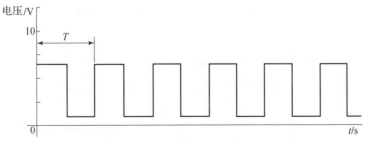

图 1 - 25　频率调制信号波形

三、电子控制单元

电子控制单元就像整个控制系统的指挥中心，同时将各种运行状态和运行环境下的控制参数及信息储存在其中，当传感器将汽车当前的瞬时状态信息发送给 ECU 时，经过对照已存入的控制规律信息并进一步分析判断，向执行器发出最精确的执行指令。

1. ECU 的主要功用

①将传感器检测送至的输入信号进行相关转换，成为 ECU 能够识别、分析、处理、判断的电信号。

②进行各种程序、数据信息、参数的存储。

③根据控制要求进行逻辑运算和数字计算。

④将运算结果转换成驱动执行器动作的信号。

⑤产生 2 V、5 V、9 V、12 V 各种参考电压。

⑥能够进行故障自诊断并将故障信息输出。

2. 发动机 ECU 的安装位置

ECU 是发动机电控管理系统的控制核心，为防止外界各种电磁干扰和静电影响，外面通常由金属壳保护安装，如图 1 – 26 所示。发动机 ECU 常安装在驾驶室内或发动机舱中。

图 1 – 26　发动机 ECU 安装位置

3. ECU 结构组成

ECU 是以单片微型计算机为主处理数据核心，加上各种管理芯片及执行部件为辅助的电子控制装置，在其内部存储着预先编制好的各种运行程序，以及相关运行参数，它具有强大的信息参数处理、系统参数管理以及精确的程序运算和自诊断功能。故 ECU 由硬件和软件两部分构成，硬件主要包括微型计算机、输入级、输出级等，微型计算机包括中央处理器、存储器、输入/输出接口及总线等，如图 1 – 27 所示。

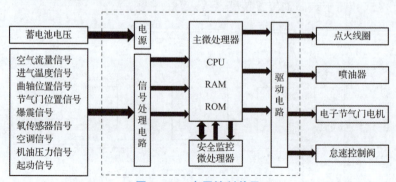

图 1 – 27　电子控制单元

（1）存储器

存储器包括只读存储器和随机存储器。只读存储器一次写入内容后不能变更，但可以调出使用，用来存放固定信息。存储的内容即使电源被切断也不会消失，通电以后又可以立即调出使用。只读存储器（ROM）存储控制程序软件、点火脉谱、喷油脉谱的特性曲线以及特性数据等预定的控制参数。例如，喷油和点火等的控制程序、喷油和点火参数等。随机存储器，又称为读写存储器，既能从存储器读出已存入的数据，也能向存储器写入新的数据。如果切断电源，存储在随机存储器中的数据就会丢失，所以仅适合存储暂时保留的控制过程中的处理数据。在汽油机电控系统中，RAM 用来存储各种传感器输入的数据、有关维护周期或车辆监测系统检测发现的故障信息等。

（2）输入级

将传感器信号经 A/D 转换、放大、整形后，再经过 I/O 接口送给微计算机，完成发动机工况的实时检测。输入级有 A/D 转换器、信号放大电路、信号整形滤波电路等。

（3）输出级

将微计算机的指令转变为控制信号并放大，驱动执行器工作，主要起控制信号的生成和放大的作用。微机输出的是数字信号，并且输出电压较低，用这种输出信号一般不能驱动执行元件进行工作。因此，采用输出通路，将其转换成可以驱动执行元件的输出信号。输出级输出信号主要有喷油器控制信号、点火控制信号、怠速控制信号、电子节气门控制信号、EGR 阀控制信号等。

（4）ECU 软件

ECU 软件有控制程序和数据信息两部分，最主要的是主控程序。主控程序是整个系统初始化、实现系统的工作时序、控制模式的设定，常用工况及其他各工况模式下喷油信号和点火信号输出程序。为实现发动机各种工况及运行条件下最佳的综合性能，电子控制系统必须以最佳的相应控制参数（如最佳喷油脉宽和最佳点火提前角）控制发动机在最佳运行状况下运转，这些控制参数的最佳数据预先全部存储在微型计算机只读存储器（ROM）中。

4. 工作过程

汽车电子控制系统的控制过程一般归纳为：实时数据采集，对传感器的瞬时值实时采集、转换并输入 ECU；实施决策，ECU 对采集到的表征被控参数的状态量进行分析，并按已确定的控制规律计算决定进一步的控制过程策略；实时控制，根据决策，实时对执行器发出控制信号。

此外，汽车电子控制系统还应该能对被控参数和设备本身可能出现的异常状态进行及时监督和处理。

5. 发动机 ECU 工作异常的原因

①ECU 内部电源电路故障。该故障会导致 ECU 不工作，大部分传感器因无法供电而失去检测功能，发动机不能起动或直接熄火。

②传感器搭铁电路断路、短路或虚接。该故障会导致传感器搭铁不良或不搭铁，传感器信号失效或误差偏大，发动机工作不良、无法起动或熄火。

③常火线断路、短路或接触不良。由于 ECU 供电不足或不供电，该故障会导致 ECU 无法工作，发动机不起动或熄火，同时会丢失部分存储数据和信息。

④执行器搭铁电路断路、短路或接触不良。该故障会导致执行器搭铁不良，执行器工作异常，发动机无法起动或熄火。

⑤发动机 ECU 损坏。该故障会导致发动机无法起动或熄火、怠速不稳、排气冒黑烟。

四、执行器

执行器是电子控制单元的执行部件，通过 ECU 发出的控制信息，准确、稳定地执行各种指令。在发动机控制系统中，随着控制功能的不同，执行器相应也有所不同。主要执行器及功能如下：

1. 喷油器

喷油器是将燃油以一定压力喷出并雾化。外形如图 1－28 所示。

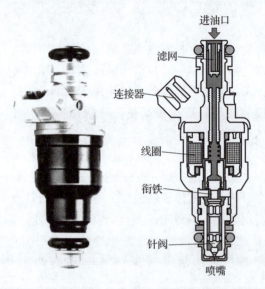

进油口
滤网
连接器
线圈
衔铁
针阀
喷嘴

图 1－28　喷油器外形

2. 点火控制器

点火控制器又称点火控制单元、点火模块。连接于 ECU 和点火线圈之间，接受电子控制单元的点火控制信号控制点火线圈初级绕组接地端的通断并进行功率放大，驱动高压点火线圈。

3. 怠速控制阀

怠速控制阀根据发动机负荷变化，改变怠速空气进气量，维持发动机在目标转速下稳定运行，如图 1－29 所示。怠速控制阀一方面在发动机正常怠速运转时稳定怠速转速，防止发动机熄火和降低燃油消耗；另一方面在发动机怠速运转状态下，当接入空调、助力转向等负载增加时，增加进气量，提高怠速转速，防止发动机熄火。

4. EGR 阀

EGR 阀是废气再循环系统中一个关键部件，如图 1－30 所示。EGR 阀根据发动机实际工况的变化，调节参与再循环废气的量。

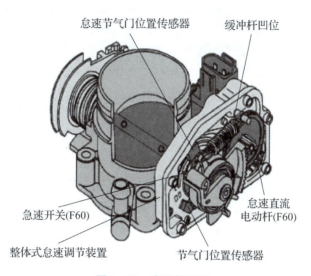

图 1 – 29　怠速控制阀

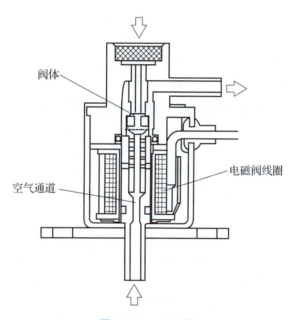

图 1 – 30　EGR 阀

　　还有二次空气喷射阀、燃油泵继电器、冷却风扇继电器、进气控制阀等其他执行器。随着发动机电控管理系统的不断升级，控制范围和功能不断加强，执行器的种类和数量也在持续增加。

　　小知识

　　根据有无反馈，发动机电子控制系统分为开环控制系统和闭环控制系统两种。

　　开环控制的特点是在控制器与被控对象之间只有正向控制作用而没有反馈控制作用，要实现精确控制，其控制系统 ROM 中存储着经过大量试验分析和优化计算的精确数据，是发动机在各种运行工况下的理论最佳值。

闭环控制实质上就是反馈控制。在开环控制的基础上，控制系统根据实际检测到的开环控制结果的反馈信号来决定增减输出控制量的大小，而此时不再根据其他输入信号进行控制。闭环控制的特点是在控制器与被控对象之间，不仅存在正向作用，而且存在反馈作用，即系统的输出量对控制量有直接影响。

拓展阅读

奇瑞汽车自主创造"中国芯"

聚焦国产品牌，引导学生树立民族自信心和自豪感，诠释自力更生是中华民族立于世界民族之林的奋斗基点，自主创新是我们攀登世界科技高峰的必由之路。

2021 年 2 月 22 日，奇瑞汽车宣布，购买奇瑞汽车品牌现有以及后续上市的所有车型，均可享受"全系车型发动机终身质保"。历经 24 年技术和品质积淀，如今的奇瑞汽车，有实力、有底气，也有责任为消费者提供更加优质的服务和产品。在行业里独家承诺"全系车型发动机终身质保"，并不是拍脑袋想出来的营销金句，而是基于海量试验后的成竹在胸。

自主研发创新，打破汽车发动机管理系统国际技术垄断

自 1997 年成立以来，奇瑞汽车每年投入销售收入的 5%~7% 用于研发，在发动机等核心技术方面取得了突破性成果。2009 年，奇瑞汽车成为国内第一个自主研发汽车发动机管理系统的企业，打破了德国博世/大陆、美国德尔福，以及日本电装等少数几家公司对这项技术的垄断。品质上，奇瑞汽车拥有全球更为严苛的品质验证测试，发动机台架验证试验时间超 3 万小时，搭载整车验证里程超 500 万千米。

揽月之志！奇瑞 2.0T 发动机凭实力，让自主品牌走向高端市场

2021 年，奇瑞正式发布了"奇瑞 4.0 时代全域动力架构"，从此鲲鹏动力也随之诞生。鲲鹏动力 1.6T GDI 发动机、鲲鹏动力 2.0T GDI 发动机荣获"中国心"十佳发动机称号，两款发动机搭载了一系列高精尖自研核心技术，在 i-HEC 第二代智效燃烧系统的加成下，发动机的性能媲美豪华合资车型。如今，奇瑞下线发动机总量已超过 880 万台，先后有包含"1.6T GDI 超强中国芯"在内的 6 款发动机荣获"中国十佳发动机"称号。同时，奇瑞发动机还因过硬的品质单独出口至美国、日本、德国等汽车工业强国。

巩固提高

一、填空题（每空 5 分，共 40 分）

1. 发动机电控系统主要由传感器、_____和_____三个部分组成。

2. 发动机上传感器的电子信号可分为四种：直流信号、交流信号、_____和_____。

3. _____是发动机电控管理系统的控制核心。

4. 执行器受_____控制，作用是_____。

5. 氧传感器安装在_____上，用来检测排气中氧气的含量。

二、选择题（每题 **5** 分，共 **20** 分）

1. 输出信号用于闭环控制的传感器是（　　　　）。

A. 空气流量传感器　　　　　　　　B. 氧传感器

C. 爆震传感器　　　　　　　　　　D. 氧传感器和爆震传感器

2. 间接测量进气量的传感器是（　　　　）。

A. 空气流量传感器　　　　　　　　B. 进气压力传感器

C. 节气门位置传感器　　　　　　　D. 氧传感器

3. 用于检测活塞上止点位置信号的传感器是（　　　　）。

A. 曲轴转速与位置传感器　　　　　B. 凸轮轴位置传感器

C. 节气门位置传感器　　　　　　　D. 压力传感器

4. 用以检测发动机负荷信号的传感器是（　　　　）。

A. 曲轴转速与位置传感器　　　　　B. 空气流量传感器

C. 节气门位置传感器　　　　　　　D. 压力传感器

三、简答题（每题 **10** 分，共 **40** 分）

1. 发动机上有哪些主要的电子控制系统？各有什么功能？

2. 简述发动机电控系统各传感器的作用。

3. 什么是开环控制？什么是闭环控制？各有什么特点？

4. 电子控制单元的作用有哪些？它是如何工作？

项目二 空气供给系统的检修

空气供给系统向发动机提供清洁的空气，并根据发动机工况控制进气量。为了更好地控制进气量，并实现精确检测以及故障诊断，需要对空气供给系统常见故障进行检测与故障分析。空气供给系统主要包括空气流量计、进气压力传感器、电子节气门控制系统、可变气门正时和升程控制系统、废气涡轮增压控制系统，下面主要以这五部分的检修为案例开展任务学习，帮助学生掌握空气供给系统的检修分析逻辑，正确进行故障诊断。

任务一 空气流量计的检修

任务描述

一辆行驶里程仅为 50 km 的卡罗拉轿车出现挂空挡油门踩到底时发动机转速达不到 3 000 r/min 的故障。用故障诊断仪读取故障代码为 "P0103—质量或体积空气流量电路高输入"，读取数据流 "空气流量传感器数据—271 g/s"。加速、减速时数据流无变化，故障码无法清除。你能找到具体故障原因并进行维修吗？

> 任务分析："空气流量计的检修"学习任务来源于产业学院的实际工作故障案例库。作为发动机控制系统中最重要的传感器之一，空气流量计主要用于测量进入气缸的空气量。它的损坏不仅影响汽车的经济性、动力性，还会造成环境污染等问题。本任务在了解空气流量计的基础上，需要对空气流量计及其相关电路进行检查，从相关零部件的工作原理入手，分析故障原因，确定正确的诊断与检测方法，正确使用相关仪器设备，找出故障部位并排除。

学习目标

知识目标
1. 了解空气流量计的发展历程；
2. 掌握常见空气流量计的种类及用途；
3. 理解空气流量计的组成、结构及工作原理；
4. 掌握空气流量计信号检测方法。

能力目标
1. 会使用空气流量计的各种检测仪器设备；
2. 能够正确识读空气流量计控制原理图和相关电路图；
3. 能够检测空气流量计各端子信号；

4. 能够识别空气流量计导致的故障现象。

素质目标

1. 培养劳动精神和奋斗精神；

2. 具备自主探究学习的意识，提高创新精神；

3. 践行严谨求实的工作作风，切实培养工匠精神。

一、任务实施所需工具、设备、耗材

发动机试验台架、数字万用表、解码器、空气流量计。

二、任务工单

<table>
<tr><td colspan="5" align="center">空气流量计的检修</td></tr>
<tr><td colspan="2">班级：</td><td colspan="3">姓名：</td></tr>
<tr><td colspan="5">一、任务准备</td></tr>
<tr><td colspan="2">1. 工具准备：　　□充足</td><td>□缺少</td><td colspan="2">备注：</td></tr>
<tr><td colspan="2">2. 整理场地（6S）：□符合要求</td><td>□不符合要求</td><td colspan="2">备注：</td></tr>
<tr><td colspan="2">3. 检查车辆安全防护：□符合要求</td><td>□不符合要求</td><td colspan="2">备注：</td></tr>
<tr><td colspan="2">4. 登记车辆基本信息：</td><td>车辆识别代码</td><td colspan="2">发动机型号</td></tr>
<tr><td colspan="5">5. 仔细阅读空气流量计检修注意事项，并确认会遵守要求。签名：</td></tr>
<tr><td colspan="5">二、车辆基本检查</td></tr>
<tr><td colspan="5">1. 故障码的读取：</td></tr>
<tr><td colspan="5">2. 空气流量计的安装情况：</td></tr>
<tr><td colspan="5">三、空气流量计检测</td></tr>
<tr><td colspan="2">1. 空气流量计外观检查</td><td colspan="3">□正常　　□不正常</td></tr>
<tr><td rowspan="4"></td><td>元件端子</td><td>功能</td><td colspan="2">导线颜色</td></tr>
<tr><td></td><td></td><td colspan="2"></td></tr>
<tr><td></td><td></td><td colspan="2"></td></tr>
<tr><td></td><td></td><td colspan="2"></td></tr>
<tr><td colspan="2">2. 空气流量计数据流分析</td><td colspan="3">检测条件</td></tr>
<tr><td>使用设备</td><td>数据流</td><td>标准描述</td><td>测量值</td><td>是否正常</td></tr>
<tr><td></td><td></td><td></td><td></td><td></td></tr>
</table>

续表

四、查询维修手册

分析空气流量计控制电路图，说明空气流量计各端子的作用	

五、空气流量计控制电路检测

1. 空气流量计参考电压信号检测			检测条件	
使用设备	检测端子	标准描述	测量值	是否正常

2. 空气流量计信号检测			检测条件	
使用设备	检测端子	标准描述	测量值	是否正常

3. 空气流量计信号波形检测			检测条件	
使用设备	检测端子	标准描述	测量值	是否正常

4. 空气流量计线路导通性检测			检测条件	
使用设备	检测端子	标准描述	测量值	是否正常

诊断结论			
元件损坏	名称：		维修建议：
线路故障	线路区间：		维修建议：
其他			

三、任务指导

1. 检查外观及连接

检查空气流量计外观及连接情况。

微课 空气流量
计的检测

2. 读取故障码

选择相应车型并读取故障码。

3. 读取数据流

选择数据流功能读取吸入空气量，标准值为 2.0 ~ 2.5 g/s，如果数据不对，说明该空气流量计有故障或发动机漏气，应检查空气流量计信号电压。

4. 分析电路图

查询并分析卡罗拉发动机控制系统空气流量计电路图。

文本 卡罗拉发动机
控制系统

小经验

空气流量计检修更换过程中，一定不要带电插拔相关元器件，防止损坏相关零部件。

5. 端子电压信号检测

①在主继电器正常的情况下，拔下空气流量计 5 孔线束连接器。

②将万用表连接到 5 孔线束连接器端子 3 与发动机搭铁之间测量电压，如图 2 - 1 所示，起动发动机，标准值最少为 11.5 V，然后关闭点火开关。

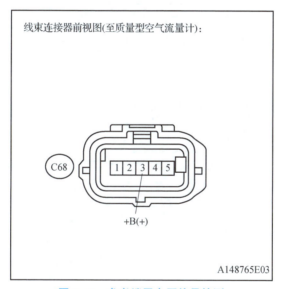

图 2 - 1 参考端子电压信号检测

③检测 5 孔线束连接器端子 4 与发动机搭铁之间电压值，标准应为 0。

④检测 5 孔线束连接器端子 5 与发动机搭铁之间的测量电压，标准值应为 5 V 参考电压值。

⑤检测信号电压。将万用表正极和端子 VG 连接、负极和端子 E2G 连接，如图 2 - 2 所示，信号范围应该在 0.2 ~ 4.9 V。

6. 检测信号线导通性

①关闭电源，拔下空气流量计线束连接器，如图 2 - 3 所示，查找相应端子。

②按照电路图检查 5 孔线束连接器与发动机电脑端口是否有断路。分别测量 5 孔线束连接器端子 5 与发动机电脑 B31（118）之间阻值、端子 4 与发动机电脑 B31（116）之间阻值、导线最大电阻标准值为 1 Ω。

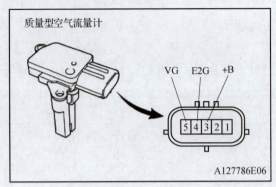

图2-2　信号电压检测

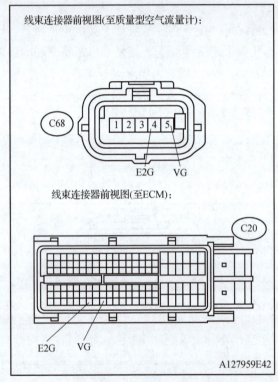

图2-3　检查线束连接器

> **小提示**
>
> 　　能检测空气流量计的各端子信号电压及线束导通情况、信号频率或波形是1+X汽车运用与维修职业技能等级证书的考核点。

7. 检测信号波形

打开点火开关至ON挡，使用示波器。首先选择简易示波器，调整示波量程、示波时基。探针一端连接发动机接地，信号端连接插头5号脚位。观察波形是否正常。

> **小提示**
>
> 　　不同类型的空气流量计产生的波形不同，要细心辨别空气流量计类型。

8. 检测完毕

如果确定导线无故障，则应更换空气流量计。最后进行车辆复位与清洁（6S）。

评价反馈

空气流量计的检修评分细则							
序号	评分项	得分标准	分值	评分标准	自评	互评	师评
1	安全/6S/态度	1. 能进行6S整理场地（劳动精神） 2. 能进行设备工具的准备、检查、存放 3. 能进行车辆安全防护 4. 遵守实训秩序 5. 个人着装符合要求	15	未完成一项扣3分，扣分不得超过15分	□熟练 □不熟练	□熟练 □不熟练	□熟练 □不熟练
2	专业技能应用能力	1. 正确选择检测仪器设备 2. 正确检查空气流量计外观 3. 正确识读空气流量计控制原理图和相关电路图 4. 正确读取空气流量计供电电压 5. 正确检测空气流量计信号 6. 正确进行空气流量计波形的检测 7. 熟悉空气流量计导致的故障现象 8. 践行工匠精神，一丝不苟执行各项操作	55	检测错误一项扣8分，扣分不超过55分	□熟练 □不熟练	□熟练 □不熟练	□熟练 □不熟练
3	工具及仪器设备的使用能力	1. 正确使用解码器 2. 正确使用示波器 3. 正确使用万用表 4. 正确使用检修工具 5. 正确使用车辆 6. 自主探究意识和行为	10	未完成一项扣2分，扣分不得超过10分	□熟练 □不熟练	□熟练 □不熟练	□熟练 □不熟练

续表

空气流量计的检修评分细则							
序号	评分项	得分标准	分值	评分标准	自评	互评	师评
4	信息查询及分析能力	1. 正确使用维修手册进行资料查询 2. 准确记录检测结果 3. 根据检测结果合理分析并准确判断故障点 4. 理解并掌握空气流量计的相关理论知识	10	未完成一项扣3分，扣分不得超过10分	□熟练 □不熟练	□熟练 □不熟练	□熟练 □不熟练
5	整理协作能力	1. 任务工单书写的完整性 2. 实时观察、记录能力 3. 小组分工明确、全员参与	10	未完成一项扣3分，扣分不得超过10分	□熟练 □不熟练	□熟练 □不熟练	□熟练 □不熟练

知识链接

一、空气流量计概述

空气流量计也称空气流量传感器（Mass Air Flow Meter，MAF），是测量发动机进气量的装置，它将吸入的空气量转换成电信号送给发动机电脑，作为燃油喷射和点火控制的主要信号。如果空气流量计或其线路出现了故障，发动机 ECU 接收不到正确的进气量信号，就不能进行喷油量的正确控制，从而造成混合气过浓或过稀，使发动机运转不正常。如图 2-4 所示。

微课 空气流量计的认知

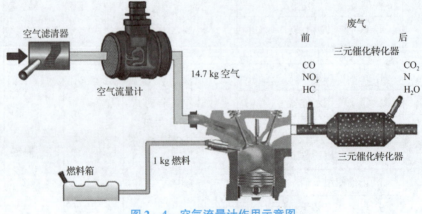

图 2-4 空气流量计作用示意图

二、空气流量传感器的类型

根据进气量检测方式的不同，空气流量计可分为体积式和质量式两种。其中，体积式的又分为叶片式、卡尔曼涡流式；质量式的分为热线式和热膜式，如图2-5所示。大多数车辆使用热膜式空气流量计。本任务以常见的热式空气流量计为主进行介绍。

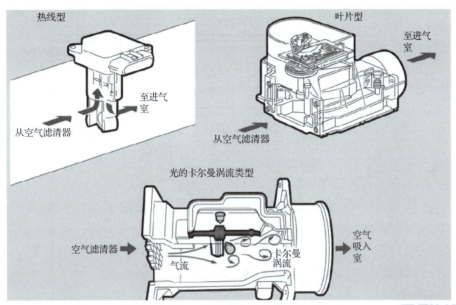

图2-5 不同类型的空气流量计

1. 热线式空气流量计

（1）热线式空气流量计结构

热线式空气流量计的结构如图2-6所示。热线式空气流量计前后端都装有防护网，前面的防护网用于进气整流；后面的防护网用来防止发动机回火时把铂丝烧坏。防护网用卡箍固定在壳体上，铂丝和进气温度传感器都安装在主气道取样管内的流量计，叫主通式热线式空气流量计；铂丝绕在陶瓷芯管上，并置于旁通气道内的流量计，叫旁通式热线空气流量计。

动画 空气流量计

微课 热线式空气流量计

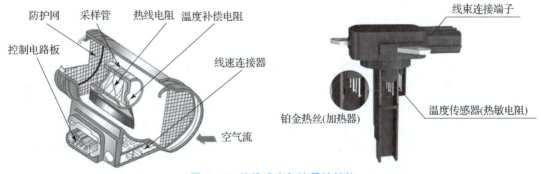

图2-6 热线式空气流量计结构

（2）热线式空气流量计工作原理

热线电阻 R_H 以铂丝制成，R_H 和温度补偿电阻 R_t 均置于空气通道中的取气管内，与 R_2、R_1 共同构成桥式电路，如图 2-7 所示。R_H、R_t 阻值均随温度变化。当空气流经 R_H 时，热线温度发生变化，电阻减小或增大，使电桥失去平衡。若要保持电桥平衡，就必须使流经热线电阻的电流改变，以恢复其温度与阻值，精密电阻 R_S 两端的电压也相应变化，并且该电压信号作为热式空气流量计输出的电压信号送往 ECU。

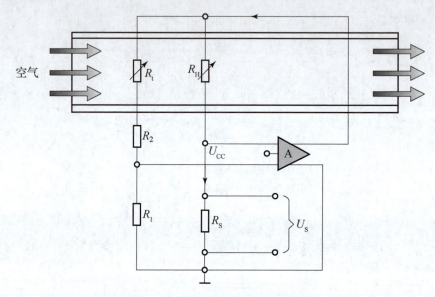

图 2-7　热线式空气流量计工作原理图

热线式空气流量计的控制电路中设计有"自洁电路"，可实现自洁功能。每当 ECU 接收到发动机熄火的信号时，ECU 将控制"自洁电路"接通，把铂丝加热到 1 000 ℃以上，并持续 1 s，将黏附在铂丝上的粉尘烧掉。

（3）热线式空气流量计的特点

热线式空气流量计的优点是响应速度快，能在几毫秒内对空气流量的变化做出响应，测量精度高，进气阻力小，不会磨损，可直接测量进气空气的质量流量。缺点是造价高，热线表面易受空气中尘埃的玷污，使热辐射能力降低，影响精度，当空气流速分布不均匀时，会产生误差，发动机回火易造成断线等缺点。

2. 热膜式空气流量传感器

（1）热膜式空气流量计结构

热膜式空气流量计结构如图 2-8 所示，其核心部件是流量传感元件和热电阻（均为铂膜式电阻）组合在一起构成的热膜电阻。在传感器内部的进气通道上设有一个矩形护套，相当于取样管，热膜电阻设在护套中。为了防止污物沉积到热膜电阻上而影响测量精度，在护套的空气入口一侧设有空气过滤层，用于过滤空气中的污物。为了防止进气温度变化使测量精度受到影响，在护套内还设有一个铂膜式温度补偿电阻，温补电阻设置在热膜电阻前面靠近空气入口一侧。温度补偿电阻和热膜电阻与传感器内部控制电路连接，控制电路与线束连接器插座连接，线束插座设在传感器壳体中部。

图 2 - 8　热膜式空气流量计实物结构

（2）热膜式空气流量计工作原理

热膜式空气流量计工作原理和热线式空气流量计测量原理类似，如图 2 - 9 所示。当空气流经发热元件并使其受到冷却时，发热元件温度降低，阻值减小，电桥电压失去平衡，控制电路将增大给发热元件的电流，使其温度保持高于温度补偿电阻 120 ℃。电流增量的大小取决于发热元件受到冷却的程度。当电桥电流增大时，取样电阻上的电压就会上升，从而将空气流量的变化转化为电压信号的变化。信号电压输入 ECU 后，ECU 可根据信号电压的高低计算出空气质量的大小。

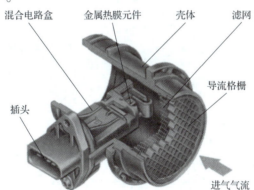

图 2 - 9　热膜式空气流量计的结构

（3）热膜式空气流量计特点

热膜式空气流量计将热线、补偿电阻、精密电阻等镀在一块陶瓷上。有效地降低了制造成本，发热体不直接承受空气流动所产生的作用力，从而提高了发热体的强度和工作可靠性，且结构简单，使用寿命长，不易受尘埃污染。缺点是空气流速不均匀，易影响测量精度。由于热膜式传感器不使用铂丝作为热电阻，而是将铂电阻、补偿电阻等用厚膜工艺制作在同一陶瓷基片上。这种流量计热膜上的任何沉积物都将对输出信号产生有害的影响，因此，控制电路中具备自动清洁功能。每当发动机熄火后 4 s，控制电路发出控制电流，使热膜温度迅速升至高温，加热 1 s，将贴附于热膜表面的污染物完全烧净。

动画　进气流量传感器
电路检测

（4）热膜式空气流量计电路

迈腾 1.8TSI 轿车热膜式空气流量计电路如图 2 - 10 所示。G70 为空气流量计。在怠速时，2 针脚电压为 1.4 V；急加速时，电压为 2.8 V。

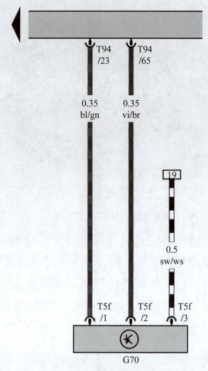

图2-10　热膜式空气流量计电路

T5f/1—ECU内搭铁；T5f/2—信号端子；T5f/3—电源端子

发扬工匠精神

2020年11月24日，习近平总书记在全国劳动模范和先进工作者表彰大会上发表了重要讲话："大力弘扬劳模精神、劳动精神、工匠精神。劳模精神、劳动精神、工匠精神是以爱国主义为核心的民族精神和以改革创新为核心的时代精神的生动体现，是鼓舞全党全国各族人民风雨无阻、勇敢前进的强大精神动力。"本案例中，朴实无华的维修技师坚守职业道德，没有简单地采取换件快速牟利，而是利用自己的专业技术，发扬执着专注、精益求精、一丝不苟、追求卓越的工匠精神，采用科学的检修方法反复测试，终于排除了空气流量计的疑难故障。希望同学们能够认真钻研技术，通过自己的辛勤劳动，应用掌握的专业知识践行工匠精神，为老百姓真真正正解决修车难题！

一辆手动1.5 L本田锋范轿车行驶60 628 km。接车时，车主反映此车刚保养过20天左右，最近一星期经常在行车中自动熄火。熄火时没有故障征兆，没有固定时间。

试车时，颠簸路面行驶大概20 km（含高速和低速）未熄火，但踩离合时易熄火。怠速只有500转左右且抖动无故障灯，推断怠速系统出了问题。因发动机转速低，怀疑电子节气门问题，于是踩离合挂一挡，慢松离合不加油门，此车可以缓缓起步，证明ECU正常控制节气门，节气门正常动作。车凉后，连接仪器x-431进入发动机系统，无故障码，逐缸拔下喷油器插头，没有发现缺缸现象。再次读取数据流，突然发现故障灯点亮了，于是先进入发动机系统读取故障码，如图 2-11 所示。

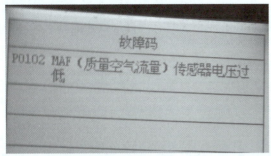

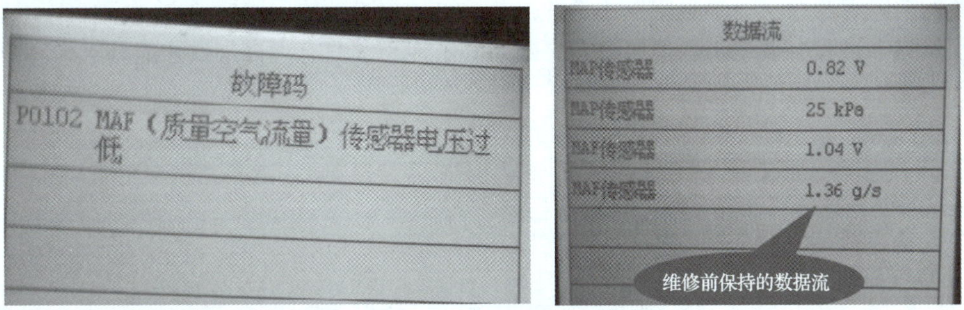

图 2-11 故障车故障码及数据流

根据此故障码，分析出电压过低，说明进气量少。又读取了节气门的开度信号，用于方便与进气量信号进行比对分析。查看节气门开度信号正常。于是怀疑进气堵塞导致。拆下进气滤芯查看，发现进气滤芯很脏，于是将滤芯取出，重新起动车，可是故障依旧。检查进气管道没有异物。在拆下空气滤芯后重新读取数据流，数据基本无变化，于是进行急加速试验，观察空气流量计数据变化，踩下加速踏板使发动机转速急加至 2 000 转以上，正常进气应于 20 g 以上，而此车空气流量计没有变化，故认为空气流量计损坏。

辗转反侧之际，想到此车行车时候易熄火但试车时怎么没有熄火呢？是否凉车易熄火？第二天早上再试车，车辆可以着车但无怠速。将转速提升至 1 000 转左右，踩下离合，换入一挡，缓慢松开离合，车辆可以移动，在松开油门以后，车辆再次熄火。热车期间发现多了一个故障码，应该就是导致凉车容易熄火的原因了。在热车以后，此车故障表现和第一天一样，怠速抖动，转速在 500 转左右，没有熄火。将新配件装车试验，能着车，但暖机后自己熄火。再次打着车，发现怠速还是在 500 转左右，读取空气流量计数据流，进气量仍然少，急加速时，进气量为 32 g，此数据证明新配件没有问题。问题还是出现在进气系统。由于空气流量计很脏，证明车主并不是经常保养车辆，节气门开度数据正常，并不能代表节气门的进气量也正常。于是决定拆下节气门进行清洗。清洗完成后装车，并进行节气门匹配。再次着车试验，此时发动机恢复正常，怠速运转平稳，开车进行路试，车辆加速有力，没有出现熄火现象。再次读取数据流，一切正常，如图 2-12 所示。

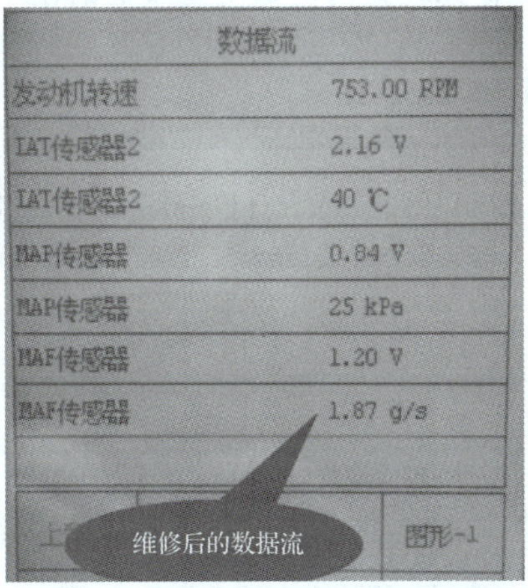

图 2-12 故障车修复后的正常数据流

为了确定车辆故障真正原因，又把故障传感器重新装车，发现仍然是进气量少，由此证明此车的故障有两个：一个是空气流量计损坏，另一个是节气门脏堵。

虽然整个过程一波三折，但服务客户的初心不能忘。只有严谨细致才能真正为客户解决问题。

一、选择题（每题 5 分，共 25 分）

1. 空气流量计常见类型有（　　）。

　A. 叶片式　　　　　　　B. 热膜片　　　　　　　C. 卡门涡旋式　　　　　　D. 热线式

2. 属于质量流量型的空气流量计是（　　）。

　A. 叶片式空气流量计　　　　　　　　　B. 热膜式空气流量计

　C. 卡门涡旋式　　　　　　　　　　　　D. 热线式空气流量计

3. 一般来说，缺少了（　　）信号，电子点火系将不能点火。

　A. 进气量　　　　　B. 水温　　　　　C. 曲轴转速　　　　　D. 节气门开度

4. D 型电喷发动机，当发生真空泄漏时，发动机怠速会（　　）。

　A. 降低　　　　　B. 不变　　　　　C. 增高　　　　　D. 熄火

5. 为了促进企业的规范化发展，需要发挥企业文化的（　　）功能。

　A. 娱乐　　　　　B. 主导　　　　　C. 决策　　　　　D. 自律

二、判断题（每题 5 分，共 25 分）

1. 空气流量计安装在进气通道空气滤清器后，空气质量流量大，表明加速或怠速；空气质量流量小，表明减速。　（　　）

2. 所有的电控发动机空气供给系统中都有空气流量计。　（　　）

3. 空气流量计的作用是测量发动机的进气量，电脑根据该信号确定基本喷油量。　（　　）

4. 空气流量计的信号都是模拟信号。　（　　）

5. 空气流量计失效，一定会导致发动机不能正常起动。　（　　）

三、简答题（第 1 题 20 分，第 2 题 30 分，共 50 分）

1. 热线式空气流量计的工作原理如何？如何完成自洁作用？检修过程怎样？热膜式空气流量计有何优越性？

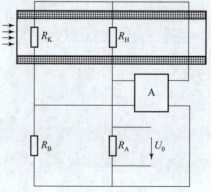

2. 如何检修空气流量计？

任务二　进气压力传感器的检修

任务描述

一位凯迪拉克车主反映，其4.1 L发动机的油耗大，但不冒黑烟，动力性和加速性能较好。用故障诊断仪读取数据流，发现MAP信号达到5 V，也就是进气压力最大。检查发现，进气压力传感器上的真空管破裂，更换真空管后故障排除。

任务分析："进气压力传感器的检修"学习任务来源于产业学院的实际工作故障案例库，进气压力传感器是发动机控制系统中最重要的传感器之一，用于检测节气门后方进气管内的进气压力，从而间接计算进气量。它的损坏不仅影响汽车的经济性、动力性，还会造成环境污染等问题。本任务在学生了解进气压力传感器的基础上，需要对进气压力传感器及其相关电路进行检查，从相关零部件的工作原理入手，分析故障原因，确定正确的诊断与检测方法，正确使用相关仪器设备，找出故障部位并排除。

学习目标

知识目标

1. 了解进气压力传感器的发展历程；
2. 掌握进气压力传感器的种类及用途；
3. 理解进气压力传感器的组成、结构及工作原理；
4. 掌握进气压力传感器信号的检测方法。

能力目标

1. 会正确使用仪器设备检测进气压力传感器；
2. 能够正确识读进气压力传感器控制原理图和相关电路图；
3. 能够检测进气压力传感器各端子信号；
4. 能够识别进气压力传感器导致的故障现象。

素质目标

1. 事物具有两面性，学会多角度看待问题；
2. 培养学生解决实际问题的能力；
3. 践行严谨求实的工作作风，切实培养工匠精神；
4. 树立劳动光荣的正确职业理念，具备良好的服务意识。

任务实施

一、任务实施所需工具、设备、耗材

发动机试验台架、数字万用表、解码器、进气压力传感器实物、手电筒（头灯）等。

二、任务工单

进气压力传感器的检修			
班级： 姓名：			
一、任务准备			
1. 工具准备： □充足 □缺少 备注：			
2. 整理场地（6S）： □符合要求 □不符合要求 备注：			
3. 检查车辆安全防护： □符合要求 □不符合要求 备注：			
4. 登记车辆基本信息： 车辆识别代码 发动机型号			
5. 仔细阅读进气压力传感器的检修注意事项，并确认会遵守要求。签名：			
二、车辆基本检查			
1. 故障码的读取：			
2. 进气压力传感器的安装情况：			
三、进气压力传感器检测			
1. 进气压力传感器外观检查		□正常 □不正常	

元件端子	功能	导线颜色

2. 进气压力传感器数据流分析		检测条件		
使用设备	数据流	标准描述	测量值	是否正常

四、查询维修手册	
分析进气压力传感器控制电路图，说明进气压力传感器各端子的作用。	

五、进气压力传感器控制电路检测				
1. 进气压力传感器参考电压信号检测			检测条件	
使用设备	检测端子	标准描述	测量值	是否正常
2. 进气压力传感器信号检测			检测条件	
使用设备	检测端子	标准描述	测量值	是否正常
3. 进气压力传感器信号波形检测			检测条件	
使用设备	检测端子	标准描述	测量值	是否正常
4. 进气压力传感器线路导通性检测			检测条件	
使用设备	检测端子	标准描述	测量值	是否正常
诊断结论				
元件损坏	名称：		维修建议：	
线路故障	线路区间：		维修建议：	
其他				

三、任务指导

1. 观察该车检测进气量的传感器并检查

①打开发动机舱盖，检查进气压力传感器外壳是否破损、开裂，真空软管是否破损、漏气；真空管及其线路的连接是否正常。

②线束连接是否短路、断路和虚接。

③拔出线束连接器，观察插头、插座是否有锈蚀、松动甚至端子弯折等现象。

微课　进气压力
传感器的检测

小经验

进气压力传感器检修更换过程中，一定不要带电插拔相关元器件，防止损坏相关零部件。

2. 确认故障症状并记录

3. 检测进气压力传感器

①连接汽车故障诊断仪，读取故障码。

②读取进气压力传感器数据，一般为气压值。

③打开点火开关，使用万用表测量传感器的搭铁和蓄电池负极之间的压降。

图片　进气压力
传感器数据流

④打开点火开关，使用万用表检测进气压力传感器信号线和搭铁之间的电压值。红表笔接信号端子，黑表笔接搭铁，起动发动机即可读取。注意加/减速观察信号的变化情况。

小提示

能检测进气压力传感器的各端子信号电压及线束导通情况、信号频率或波形是 1 + X 汽车运用与维修职业技能等级证书的考核点。

⑤基于上述测量值，进一步测量进气压力传感器的输出信号。首先接通点火开关，然后脱开进气室一侧的真空软管，用万用表电压挡测量 ECU 插接器侧进气压力传感器 PIM - E2 端子间在大气压力状态下的输出电压，并记下这一电压值。通过用手提式真空泵向进气压力传感器内施加真空，从 13.3 kPa（100 mmHg）起，每次递增 13.3 kPa（100 mmHg），一直增加到 66.7 kPa（500 mmHg）为止，测量在不同真空度下传感器 PIM - E2 端子间的输出电压。该电压应能随真空度的增大而不断上升。将不同真空度下的输出电压下降量与标准值相比较，如不符，应更换进气压力传感器。

4. 检测信号线导通性

①关闭电源，拔下进气压力传感器线束连接器。

②按照电路图检查线束连接器与发动机电脑端口是否有断路（导线最大电阻标准值为 1 Ω）。

5. 检测信号波形

打开点火开关至 ON 挡，使用示波器测量笔一端连接发动机接地，另一端连接信号插头。选择简易示波器，调整示波量程、示波时基。观察波形是否正常。主要有 4 看：

①看变化趋势。

②看数据正确性。

③看稳定性。

④看响应性。

　不同类型的进气压力传感器产生的波形不同，要细心辨别其类型。

6. 检测完毕

如果确定导线无故障，则应更换进气压力传感器。最后进行车辆复位与清洁（6S）。

评价反馈

进气压力传感器的检修评分细则							
序号	评分项	得分标准	分值	评分标准	自评	互评	师评
1	安全/ 6S/ 态度	1. 能进行 6S 整理场地 2. 能进行设备工具的准备、检查、存放 3. 能进行车辆安全防护 4. 遵守实训秩序 5. 个人着装符合要求 6. 能辩证看待问题	15	未完成一项扣 3 分，扣分不得超过 15 分	□熟练 □不熟练	□熟练 □不熟练	□熟练 □不熟练
2	专业技能应用能力	1. 正确识读进气压力传感器控制原理图和相关电路图 2. 正确检查进气压力传感器外观及连接情况 3. 理解和识别进气压力传感器导致的故障现象 4. 正确读取进气压力传感器供电电压 5. 正确检测进气压力传感器信号 6. 正确进行进气压力传感器波形的检测 7. 正确进行进气压力传感器线路的判断 8. 检修过程中工匠精神的体现	55	检测错误一项扣 8 分，扣分不超过 55 分	□熟练 □不熟练	□熟练 □不熟练	□熟练 □不熟练

续表

序号	评分项	得分标准	分值	评分标准	自评	互评	师评
		进气压力传感器的检修评分细则					
3	工具及仪器设备的使用能力	1. 正确使用解码器 2. 正确使用示波器 3. 正确使用万用表 4. 正确使用检修工具 5. 正确使用车辆	10	未完成一项扣 2 分，扣分不得超过10 分	□熟练 □不熟练	□熟练 □不熟练	□熟练 □不熟练
4	信息查询及分析能力	1. 正确使用维修手册进行资料查询 2. 准确记录检测结果 3. 根据检测结果合理分析并准确判断故障点 4. 理解并掌握进气压力传感器的相关理论知识 5. 解决复杂实际问题的创新能力	10	未完成一项扣 3 分，扣分不得超过10 分	□熟练 □不熟练	□熟练 □不熟练	□熟练 □不熟练
5	整理协作能力	1. 任务工单书写的完整性 2. 实时观察、记录能力 3. 小组分工明确、全员参与 4. 良好的服务意识和劳动精神	10	未完成一项扣 3 分，扣分不得超过10 分	□熟练 □不熟练	□熟练 □不熟练	□熟练 □不熟练

一、进气压力传感器概述

如图 2-13 所示，进气压力传感器通过测量进气管中的绝对压力来获知空气的密度，配合发动机的转速，计算出进入的空气量。通常安装于发动机舱内，通过软管与进气歧管相连。将压力信号转变为电信号传给发动机控制模块，作为决定喷油器喷油量和基本点火提前角的重要依据（应用进气压力传感器作为计量空气的系统也叫速度密度型）。进气压力传感器元件体积小而容易布置，测量精度高且工作稳定性好。

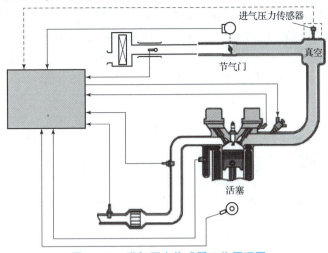

图 2 - 13　进气压力传感器工作原理图

二、进气压力传感器的分类

进气压力传感器有多种形式，根据其信号产生的原理，可分为电压型和频率型。电压型分为半导体压敏电阻式和真空膜盒式；频率型分为电容式和表面弹性波式。其中，运用最广的是半导体压敏电阻式。

1. 半导体压敏电阻式进气压力传感器

（1）半导体压敏电阻式进气压力传感器结构

该传感器由压力转换元件、放大压力转换元件输出信号的集成电路和真空室构成，如图 2 - 14 所示，该传感器压力转换元件是利用半导体的压阻效应制成的硅膜片，硅膜片的一侧是真空室（绝对压力为 0），另一面作用的是进气歧管的压力。硅膜片约为 3 mm 的正方形，其中部经光刻腐蚀形成直径约 2 mm、厚约 50 mm 的薄膜，薄膜周围有四个应变电阻，以惠斯顿电桥方式连接。

微课　半导体
压敏电阻式

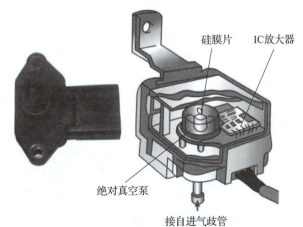

图 2 - 14　半导体压敏电阻式进气压力传感器的结构示意图

（2）半导体压敏电阻式进气压力传感器工作原理

因为薄膜的一侧是真空室，所以薄膜的另一侧即进气歧管内绝对压力越高，硅膜片的变形越大，其应变与压力成正比，附着在薄膜上的应变电阻的阻值随应变成正比变化，这样就可以利用惠斯顿电桥将硅膜片的变形转变成电信号。因为输出的电信号很微弱，所以需要用混合集成放大电路放大后输入到ECU的PIM端子，如图2-15所示。

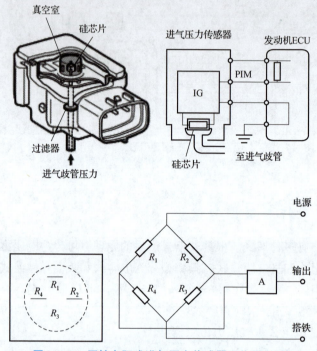

图2-15　压敏电阻式进气压力传感器工作原理图

（3）半导体压敏电阻式进气压力传感器特点

半导体压敏电阻式进气压力传感器的线性度好，并且具有结构尺寸小、精度高、响应特性好的优点，其特性如图2-16所示。该传感器可靠性高，成本低。但半导体元件受温度变化影响较大，故需温度补偿。

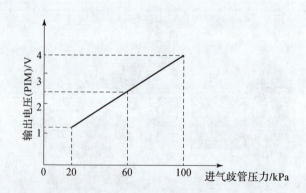

图2-16　半导体压敏电阻式进气压力传感器特性图

（4）半导体压敏电阻式进气压力传感器控制电路

丰田发动机进气压力传感器电路如图2-17所示。其中，PIM为进气压力信号端子；

V_{CC}为电源端子；E_2为搭铁端子。

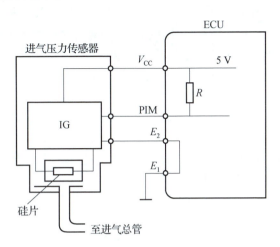

微课　半导体压敏
电阻式进气压力
传感器检修

图 2 – 17　丰田发动机进气压力传感器电路

2. 电容式进气压力传感器

电容式进气压力传感器在福特系列轿车 D 型喷射发动机上应用较多。
连接方式和引脚功能与压敏电阻式进气压力传感器的基本相同。

（1）电容式进气压力传感器结构

微课　电容式进气
压力传感器

电容式进气压力传感器的结构示意图如图 2 – 18 所示。主要由厚膜电
极、氧化铝膜片、绝缘介质、电极引脚等组成。位于传感器壳体内腔的弹
性膜片用金属制成，弹性膜片上、下两个凹玻璃的表面也都有金属涂层，这样在弹性膜片与
两个金属涂层之间形成两个串联的电容。氧化铝膜片与中空的绝缘介质构成一个内部为真空
的电容式压力敏感元件，并连接传感器混合集成电路。当进气歧管压力发生变化时，膜盒的
外伸与回缩带动铁芯在磁场中移动，使感应线圈产生的信号电压发生变化，这个变化的信号
电压经电子电路检波、整形和放大后，输入电控单元 ECU。

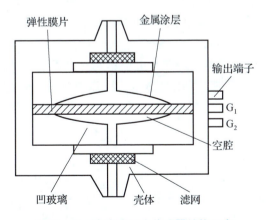

图 2 – 18　电容式压力传感器结构示意

（2）电容式进气压力传感器的原理

电容式压力传感器测量电路主要有频率检测式和电压检测式两种。图 2 – 19 所示为电容

式进气压力传感器原理示意图。电容式压力传感器利用膜片构成一个电容值可变的压力敏感元件，弹性膜片上部的空腔为绝对真空，下部空腔接进气管。发动机工作时，进气管内的空气压力作用于弹性膜片上，产生位移，弹性膜片与两金属涂层之间距离的变化使得两个电容的电容量也发生相应变化，电容量的变化量与弹性膜片的位移成正比，弹性膜片的位移取决于上、下两个腔的气体压力，通过检测电容量的变化来检测进气管绝对压力。电容量的变化量再经过测量电路转换成电压信号输送给 ECU。

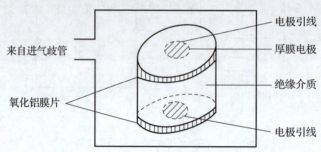

图 2-19　电容式进气压力传感器原理示意

①频率检测式：振荡电路的振荡频率随压力敏感元件电容值的大小变化而改变，经整流、放大后，输出频率与压力相对应的脉冲信号。

②电压检测式：压力敏感元件电容值的大小变化，经载波与交流放大电路调制、检波电路解调后，再经滤波电路滤波，输出与压力变化相对应的电压信号。

（3）电容式进气压力传感器特点

①非接触式测量方法，可以避免传统传感器在受到热胀冷缩等因素影响下的测量误差。

②高灵敏度，可以感知微小变形。由于金属弹片的小尺寸和大刚性，可提供非常高的自然频率和刚度，以减少系统对测量的影响。

③响应速度极快，能够在微秒内响应受力变形，这使得电容式传感器可以用于高速测量和控制。

④温度补偿能力好，可通过采用温度补偿电路来消除环境温度对测量值造成的影响。

⑤易于集成化和微型化，适合应用于各种微小尺寸、特殊环境中的应用场景。

（4）电容式进气压力传感器控制电路图

如图 2-20 所示，该传感器有三条线与电控单元（ECU）连接。ECU 的 26 端子向进气压力传感器提供 5 V 电压；46 端子为信号回路，经 ECU 搭铁；45 端子为进气压力传感器输出信号端子。

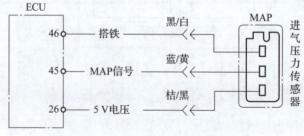

图 2-20　进气压力传感器控制电路图

电容式进气压力传感器的检测方法如下:

①检查真空软管的连接状态,以确保无老化破裂现象。

②打开点火开关,检查 ECU 的 26 端子(橘/黑)与搭铁间电压,应为 5 V。

③检测 46 端子信号电路(黑/白)电压,应为 0 V,接地电阻不大于 5 Ω。

④检测进气压力信号电路(蓝/黄),拆下传感器的连接器接头,测量 45 端子处电压,在点火开关接通时为 0.5 V。

> **小指导**
>
> 对电容式进气压力传感器的检测,除了采用普通万用表检测其电源电压、信号电压、传感器与电源之间的连接导线导通性情况来判断其好坏外,也可以采用汽车数字式万用表检测其频率来判断其好坏。接通点火开关,在发动机没有运转时,采用汽车数字式万用表检测电容式进气压力传感器两端之间的频率约为 160 Hz;减速时,检测到的频率为 80 Hz 左右;怠速时,检测到的频率为 105 Hz 左右。若进气压力输出信号消失或者超出其工作范围,则说明该传感器损坏或不良,应进行修理或更换。

事物的两面性

马克思曾说:"任何事物都没有利与弊,有的仅是事物的两面性。"从进气压力传感器和空气流量计的各自优缺点可以看出:天下没有绝对的好事,也没有绝对的坏事,任何事情的好与坏总是相对的。认识到坏事能变成好事,可以让人心情更加舒畅,让人在面对任何所谓的坏事时都可以从容淡定,以乐观主义的态度去应对人生道路上出现的任何崎岖坎坷和疾风暴雨。大家在学习工作中一定要避免极端化思维,学会辩证思维。

在多点燃油喷射系统中,按测量空气流量的方法,传感器可分为两种:进气压力传感器(即负压力型)和空气流量传感器。二者都用来测量进气量,但有以下不同:

一、性质不同

1. 进气压力传感器

进气压力传感器,以真空管连接进气歧管,随着引擎不同的转速负荷,感应进气歧管内的真空变化,再从感知器内部电阻的改变,转换成电压信号,供 ECU 修正喷油量和点火正时角度。

2. 空气流量传感器

空气流量传感器,也称空气流量计,是电喷发动机的重要传感器之一。它将吸入的空气流量转换成电信号送至电控单元(ECU),作为决定喷油的基本信号之一,是测定吸入发动机空气流量的传感器。

二、原理不同

1. 进气压力传感器

进气压力传感器检测的是节气门后方的进气歧管的绝对压力，它根据发动机转速和负荷的大小检测出歧管内绝对压力的变化，然后转换成信号电压送至发动机控制单元（ECU），ECU 依据此信号电压的大小，控制基本喷油量的大小。

2. 空气流量传感器

电子控制汽油喷射发动机为了在各种运转工况下都能获得最佳浓度的混合气，必须正确地测定每一瞬间吸入发动机的空气量，以此作为 ECU 计算（控制）喷油量的主要依据。如果空气流量传感器或线路出现故障，ECU 得不到正确的进气量信号，就不能正常地进行喷油量的控制，将造成混合气过浓或过稀，使发动机运转不正常。

三、特性不同

1. 进气压力传感器

发动机工作中，节气门开度越小，进气歧管的真空度越大，歧管内的绝对压力就越小，输出信号电压也越小。节气门开度越大，进气歧管的真空度越小，歧管内的绝对压力就越大，输出信号电压也越大。输出信号电压与歧管内真空度的大小呈反比，与歧管内绝对压力的大小呈正比。

2. 空气流量传感器

空气流量传感器能准确地反映出（1~45 ms）空气流速与频率关系：在非常宽的流速范围内，空气流速与涡旋频率之间呈现直线关系。

四、总结

由以上区别可以发现：进气压力传感器检测进气歧管内的绝对压力属于间接测量法。由于空气在进气歧管内流动时会产生压力波动，因此，使用进气压力传感器的测量精度不高，但控制系统的制造成本较低。而空气流量传感器由于采用直接测量的方法，进气量的测量精度较高，控制效果较好。

巩 固 提 高 🖊

一、判断题（每题 5 分，共 25 分）

1. 半导体压敏电阻式进气压力传感器信号电压随进气压力的增大而增大。　　（　　）
2. 吉利轿车采用进气压力传感器信号控制喷油量和点火时刻。　　（　　）
3. 发动机采用进气压力传感器，当节气门下游漏气时，进气压力传感器检测的进气压力偏高，混合气偏稀。　　（　　）
4. 进气压力传感器真空管破裂，进气压力传感器检测的进气压力偏高，混合气偏浓。
　　（　　）

5. 为了促进企业的规范化发展,需要发挥企业文化的娱乐功能。　　　　（　　）

二、选择题（每题 5 分,共 25 分）

1. 别克君威轿车的进气压力传感器信号线路虚接,PCM 接收到的信号（　　）。
A. 偏高　　　　　　　B. 偏低　　　　　　　C. 正常　　　　　　　D. 不能确定

2. 别克君威轿车的进气压力传感器信号线路断路,PCM 能否设置故障码?（　　）
A. 能　　　　　　　　B. 不能　　　　　　　C. 不能确定

3. 福特轿车节气门下游漏气,进气压力传感器信号（　　）。
A. 偏高　　　　　　　B. 偏低　　　　　　　C. 正常　　　　　　　D. 不能确定

4. 丰田 8A – FE 发动机节气门下游漏气,发动机（　　）。
A. 转速偏高　　　　　B. 正常　　　　　　　C. 转速偏低　　　　　D. 不能确定

5. 使用（　　）检测进气量,不需要进气温度和大气压力的修正。
A. 电容式进气压力传感器　　　　　　　　B. 半导体压敏电阻式进气压力传感器
C. 卡门涡流式进气压力传感器　　　　　　D. 热线式进气压力传感器

三、简答题（第 1 题 20 分,第 2 题 30 分,共 50 分）

1. 进气压力传感器的工作原理如何?有何特点?

2. 如何检修进气压力传感器?

任务三　电子节气门控制系统的检修

任务描述

　　小王接待了一位大众迈腾轿车车主,该车配置 2.0 L TSI 发动机（CGM）。行驶里程为 28 000 km。试车发现,发动机起动后只能怠速运转,踩加速踏板,转速无法提升。利用 ODIS 诊断仪检查发动机电控系统,存在故障码:"P0641:传感器基准电压'A'断路; P0651:传感器基准电压'B'断路;P1545:节气门控制功能失效;P2106:节门控制单元 J338 由于系统故障功率受限。"根据故障现象及自诊断故障码,分析该车故障点应该在电子节气门控制系统。你能帮小王找到具体故障原因并进行维修吗?

> 　　**任务分析**:"电子节气门控制系统的检修"学习任务来源于产业学院的实际故障案例库。节气门体的损坏不仅影响汽车的经济性、动力性,还会造成环境污染等问题。本任务要求学生在了解电子节气门的基础上,需要对电子节气门及其相关电路进行检查,从相关零部件的工作原理入手,分析故障原因,确定正确的诊断与检测方法,正确使用相关仪器设备,找出故障部位并排除。

学习目标

知识目标

1. 了解电子节气门的发展历程;

2. 掌握电子节气门的种类及用途;

3. 理解电子节气门的组成、结构及工作原理；

4. 掌握电子节气门相关信号检测方法。

能力目标

1. 会使用各种仪器设备检测电子节气门；

2. 能够正确识读电子节气门控制原理图和相关电路图；

3. 能够检测电子节气门各端子信号；

4. 能够识别电子节气门导致的故障现象。

素质目标

1. 认识到科学技术是第一生产力，做到以技能立身；

2. 培养学生透过现象看本质的能力，抓住主要矛盾；

3. 践行严谨求实的工作作风，切实培养工匠精神；

4. 树立劳动光荣的正确职业理念，具备良好的服务意识。

一、任务实施所需工具、设备、耗材

发动机试验台架、数字万用表、解码器、电子节气门、示波器。

二、任务工单

电子节气门控制系统的检修		
班级： 　　　　　姓名：		
一、任务准备		
1. 工具准备：　　□充足　　□缺少	备注：	
2. 整理场地（6S）：　□符合要求　□不符合要求	备注：	
3. 检查车辆安全防护：　□符合要求　□不符合要求	备注：	
4. 登记车辆基本信息：　　车辆识别代码　　　　发动机型号		
5. 仔细阅读电子节气门检修注意事项，并确认会遵守要求。签名：		
二、车辆基本检查		
1. 故障码的读取：		
2. 电子节气门的安装情况：		
三、电子节气门检测		
1. 电子节气门外观检查	□正常	□不正常

续表

	元件端子	功能	导线颜色

2. 电子节气门数据流分析　　　　　　　　检测条件

使用设备	数据流	标准描述	测量值	是否正常

四、查询维修手册

分析电子节气门控制电路图，说明电子节气门各端子的作用

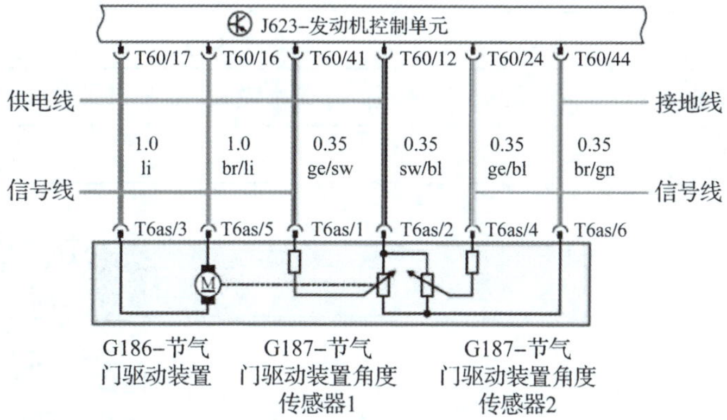

五、电子节气门控制电路检测

1. 电子节气门参考电压信号检测　　　　　　　　检测条件

使用设备	检测端子	标准描述	测量值	是否正常

2. 电子节气门信号检测　　　　　　　　检测条件

使用设备	检测端子	标准描述	测量值	是否正常

续表

3. 电子节气门信号波形检测			检测条件	
使用设备	检测端子	标准描述	测量波形	是否正常

4. 电子节气门控制线路导通性检测			检测条件	
使用设备	检测端子	标准描述	测量值	是否正常

诊断结论		
元件损坏	名称：	维修建议：
线路故障	线路区间：	维修建议：
其他		

三、任务指导

1. 读取故障码

连接汽车故障诊断仪，接通点火开关后读取并记录故障码。

2. 检查外观

目视检查电子油门踏板是否工作正常，节气门位置传感器线束是否接插到位，节气门总成是否有裂纹变形等异常情形。

3. 读取数据流

选择数据流功能，查看节气门开度值。节气门开度是一个数值参数，其数值的单位根据车型不同，有以下3种：若单位为电压（V），则数值范围为0~5.1 V；若单位为角度，则数值范围为0°~90°；若单位为百分数（%），则数值范围为0~100%。如果测量出来的数据不符合数据要求，说明该电子节气门有故障或发动机漏气，应检查电子节气门信号电压。

4. 分析电路图

查询并分析迈腾电子节气门电路图。

文本　迈腾维修手册

微课　电子节气门的检测

5. 检查电压信号

①在主继电器正常的情况下，拔下电子节气门 6 孔线束连接器。

②使用万用表检测节气门控制单元供电电压，选择 20 V 直流挡位。将万用表连接到 6 孔线束连接器端子 2 与发动机搭铁之间测量电压；标准电压为电源电压。打开点火开关至 ON 挡，万用表检测位置传感器插头 2 号与 6 号脚位之间的电压，实际测量值在 4.5 ~ 5.5 V 之间则正常。

③检测 6 孔线束连接器端子 6 与发动机搭铁之间电压值，标准应为 0。

6. 检测信号线导通性

①关闭电源，拔下电子节气门线束连接器。

②按照电路图检查 6 孔线束连接器与发动机电脑端口是否有断路。标准值小于 1 Ω。

7. 检测信号波形和信号电压

打开点火开关至 ON 挡，选择示波器。首先选择简易示波器，调整示波量程、示波时基。使用示波器测量笔一端连接发动机接地，另一端连接插头 1 或 4 号脚位。观察波形是否正常。

8. 测量节气门驱动电机信号波形

示波器信号探针分别接 6 孔线束连接器端子 3 和 5，选择简易示波器，调整示波量程和示波时基，反复踩下和放松加速踏板，读取驱动电机控制信号波形，正负极波形分别如图 2 - 21 所示。

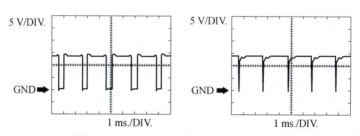

图 2 - 21　节气门驱动电机控制信号波形

9. 检测节气门驱动电机信号电压

打开万用表至 20 V 电压挡，红黑表笔分别接端子 3 和 5，反复踩下和放松加速踏板，观察并记录测量值。

10. 检测完毕

如果确定导线无故障，则应更换电子节气门。最后进行车辆复位与清洁（6S）。

评价反馈

电子节气门控制系统的检修评分细则							
序号	评分项	得分标准	分值	评分标准	自评	互评	师评
1	安全/6S/态度	1. 能进行6S整理场地 2. 能进行设备工具的准备、检查、存放 3. 能进行车辆安全防护 4. 遵守实训秩序 5. 个人着装符合要求 6. 严谨求实的工作作风	15	未完成一项扣3分，扣分不得超过15分	□熟练 □不熟练	□熟练 □不熟练	□熟练 □不熟练
2	专业技能应用能力	1. 正确识读电子节气门控制原理图和相关电路图 2. 正确检查节气门体外观 3. 正确进行节气门体的检测 4. 正确读取节气门位置传感器供电电压 5. 正确检测和区分节气门位置传感器信号 6. 正确进行节气门位置传感器信号波形的检测 7. 正确进行节气门位置传感器线路的判断	55	检测错误一项扣8分，扣分不超过55分	□熟练 □不熟练	□熟练 □不熟练	□熟练 □不熟练
3	工具及仪器设备的使用能力	1. 正确使用解码器 2. 正确使用示波器 3. 正确使用万用表 4. 正确使用检修工具 5. 正确使用车辆发动机	10	未完成一项扣2分，扣分不得超过10分	□熟练 □不熟练	□熟练 □不熟练	□熟练 □不熟练

续表

电子节气门控制系统的检修评分细则							
序号	评分项	得分标准	分值	评分标准	自评	互评	师评
4	信息查询及分析能力	1. 正确使用维修手册进行资料查询	10	未完成一项扣3分，扣分不得超过10分	□熟练 □不熟练	□熟练 □不熟练	□熟练 □不熟练
		2. 准确记录检测结果					
		3. 根据检测结果合理分析并准确判断故障点，善于透过现象看本质					
		4. 理解并掌握电子节气门的相关理论知识					
5	整理协作能力	1. 任务工单书写的完整性	10	未完成一项扣3分，扣分不得超过10分	□熟练 □不熟练	□熟练 □不熟练	□熟练 □不熟练
		2. 实时观察、记录能力					
		3. 小组分工明确、全员参与					
		4. 劳动光荣的价值观和服务意识					

知识链接

微课　节气门位置传感器分类

一、节气门位置传感器的作用

节气门位置传感器检测节气门的开度和开关的速率，并把该信号转变为电压信号送给发动机的控制电脑，作为控制喷油脉冲宽度、点火正时、怠速转速、尾气排放的主要修正信号，同时，也是空气流量传感器或进气压力传感器的辅助信号。

小提示

节气门位置传感器可与空气流量计的信号对照互检，提供后者发生损坏的信息，并代替其与转速配合，作为ECU控制喷油量的条件参数。

二、节气门位置传感器的分类

节气门位置传感器有触点开关式（开关式）、线性可变电阻式（电位计式）、触点与可变电阻组合式（综合式）和霍尔式四种。下面以常见的线性可变电阻式、组合式和霍尔式进行介绍。

1. 线性可变电阻式节气门位置传感器

（1）线性可变电阻式节气门位置传感器结构

线性输出的可变电阻式节气门位置传感器一般由滑动触点、电阻器、节气门轴与插头等组成，如图 2 – 22 所示。传感器的两个活动触点（分别是用于测量节气门开度的活动触点和用于确定节气门全闭位置时的活动触点）与节气门轴联动。

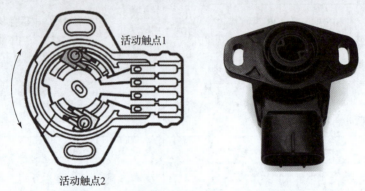

图 2 – 22　线性可变电阻式节气门位置传感器

（2）线性可变电阻式节气门位置传感器原理

电位计的滑动触点由节气门轴带动，利用触点在滑膜电阻上的滑动来改变电阻值，测得节气门开度的线性输出电压，从而将节气门开度转变为电压信号输送至 ECU。传感器输出特性如图 2 – 23 所示。ECU 通过节气门位置传感器，可以获得表示节气门由全闭到全开的所有开启角度的、连续变化的电压信号，以及节气门开度的变化速率，从而更精确地判定发动机的运行工况。

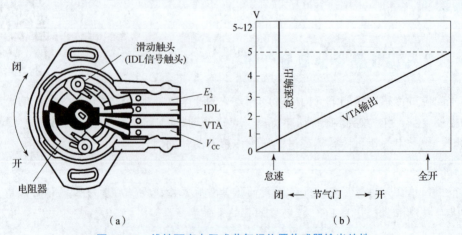

（a）　　　　　　　　　　　　　（b）

图 2 – 23　线性可变电阻式节气门位置传感器输出特性

（a）线性输出型节气门传感器结构；（b）线性输出型节气门传感器输出特性

（3）线性可变电阻式节气门位置传感器特点

该传感器的电压输出呈线性变化；电阻易磨损。双可变电阻式节气门位置传感器中两个传感器一般组合安装，当一个传感器发生故障时，能及时被识别，增加了系统的可靠性。从两个传感器输出信号的变化关系来看，有反相式、同相式两种。同相式又可分为同斜率线性变化和不同斜率线性变化两种。

（4）线性可变电阻式节气门位置传感器电路图

该传感器和电控单元之间的控制电路如图 2-24 所示。

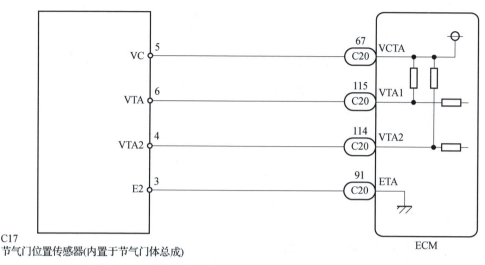

C17
节气门位置传感器(内置于节气门体总成)

ECM

图 2-24　节气门位置传感器与电控单元之间的控制电路

2. 组合式节气门位置传感器

（1）组合式节气门位置传感器结构

组合式节气门位置传感器是在触点式和可变电阻式的基础上组合而来的。在可变电阻式节气门位置传感器的基础上加装了 1 个怠速开关。这种传感器由节气门轴、可变电阻及滑动触点、怠速触点和壳体组成。其结构示意如图 2-25 所示。

微课　组合式节气门
位置传感器

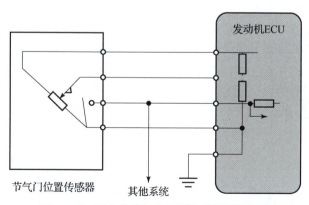

发动机ECU

节气门位置传感器　　其他系统

图 2-25　组合式节气门位置传感器结构示意

（2）组合式节气门位置传感器工作原理

如图 2-26 所示，该传感器有两个与节气门轴联动的可动触点。与节气门轴同轴的一个触点称为怠速触点 IDL，它在怠速时处于闭合状态，输出低电平信号，其他工况下则输出高电平信号，专门用于确定节气门完全关闭时的位置，提供准确的怠速信号；另一个触点在可变电阻器上滑动，它与 VTA 端子相连，是电位计的可调端。当节气门开度变化时，VTA 端输出连续变化的电压信号。

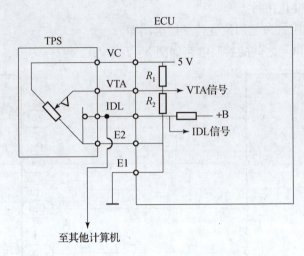

图 2 - 26　组合式节气门位置传感器工作原理图

（3）组合式节气门位置传感器特点

此传感器中设置怠速触点，不但可以精确地确定怠速工况，而且可以用怠速时的可变电压值对反映节气门开度的电压值进行修正，以提高控制精度；但在节气门开度较大时，空气流量变化很小，故其测量精度有限。具备了触点开关式和线性可变电阻式两者的优点。

（4）组合式节气门位置传感器电路及特性

怠速时怠速触点闭合，输出怠速工况信号，其他工况怠速触点断开，节气门位置传感器信号电压（VTA）随节气门开度的增大而随之升高，控制电路如图 2 - 27 所示。

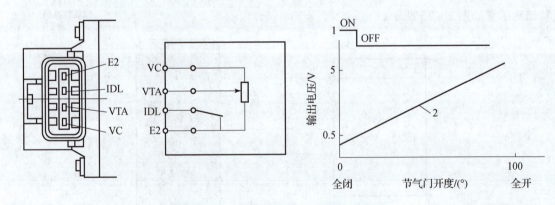

图 2 - 27　组合式节气门传感器控制电路
1—怠速触点信号；2—节气门开度输出特性

3. 霍尔式节气门位置传感器

（1）霍尔式节气门位置传感器结构

霍尔式节气门位置传感器主要由霍尔元件和磁铁组成，其中，磁铁安装在节气门轴上，并可以绕霍尔元件转动，如图 2 - 28 所示。

微课　霍尔式节气门
位置传感器

图 2 – 28　霍尔式节气门位置传感器的结构

（2）霍尔式节气门位置传感器工作原理

当节气门开度变化时，磁铁随之转动，从而改变了与霍尔元件之间的相对位置，霍尔集成电路由磁轭环绕。霍尔集成电路将磁通量产生的变化转换为电信号，并以节气门位置信号的形式将其输出至 ECM。霍尔式节气门位置传感器控制电路和工作特性如图 2 – 29 所示。

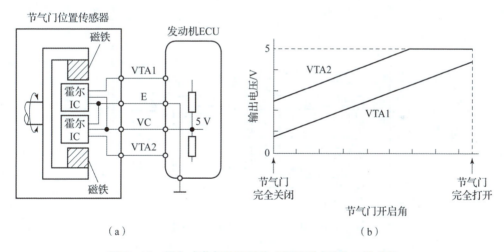

图 2 – 29　霍尔式节气门位置传感器控制电路和工作特性
（a）电路原理图；（b）输出特性

（3）霍尔式节气门位置传感器连接电路

该节气门位置传感器有两个传感器电路，其电路图如图 2 – 30 所示。打开点火开关或发动机运行时，传感器通过 VTA 和 VTA2 两个端子向发动机 ECU 发出信号，信号电压在 0 ~ 5 V 之间变化，其变化幅度与节气门开度成比例。节气门关闭时，输出电压降低，节气门打开时，输出电压升高，发动机 ECU 根据这些信号计算其开度，来控制节气门执行器。节气门位置传感器端子 5 为 5 V 供电线，接发动机 ECU 的端子 B67；节气门位置传感器端子 3 为搭铁线，接发动机 ECU 的端子 B91；节气门位置传感器端子 6 为 VTA 信号，用来检测节气门开度，接发动机 ECU 的端子 B115；节气门位置传感器端子 4 为 VTA2 信号，用来检测 VTA1 故障，接发动机 ECU 的端子 B114。

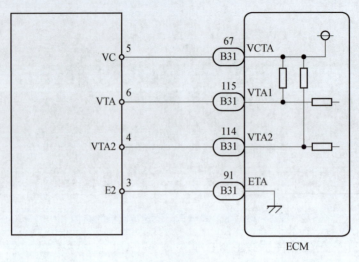

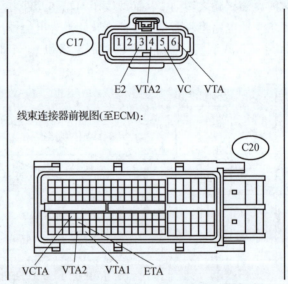

图 2-30 霍尔式节气门位置传感器电路图

（4）霍尔式节气门位置传感器特性

霍尔式节气门位置传感器采用双信号输出，提高了传感器的可靠性。由于采用非接触式，无磨损，寿命长，精度高，线性输出型好，不易发生故障。

永攀科学高峰

习近平总书记在党的二十大报告中强调，必须坚持科技是第一生产力、创新是第一动力。新型的电子节气门克服了传统拉线式节气门的缺点和不足，体现了人类对于科学技术的不懈追求。同学们要认真学习科学技术，努力发展创新思维，争取早日成为栋梁之材！

传统的拉索控制式节气门配备的节气门位置传感器，按总体结构，分为触点开关式、可变电阻式、触点式与可变电阻整合的综合式。新型的智能电子节气门控制系统所用的节气门位置传感器常见的有双滑动电阻式和线性双霍尔式两种，如图 2 –31 所示。

在新型的智能电子节气门控制系统中，节气门开启角度不再由油门踏板拉索直接进行控制，而是由节气门伺服电机根据 ECU 信号进行驱动。电子节气门轴上节气门位置传感器用来检测节气门的实际开度，ECU 以此作为反馈信号，实时控制节气门伺服电机，对节气门开度做出适当的调整。

在汽车的新四化中，汽车的智能化就需要发挥电子节气门的重要作用，方便实施车辆的控制，有效提高汽车行驶的安全性、动力性、稳定性和经济性，减少排放污染。经过科技人员的不懈努力，开发出了如下节气门：

图 2 –31 电子节气门总成

1. 电液式节气门

电液式节气门，大多数应用在有液压系统的工程机械中。它具有结构简单、成本低、驱动力大、功耗低等特点，其电液控制的转换主要通过高速开关数字阀实现，控制精度高，对液压油没有太高的要求。但是由于液压系统存在供油压力波动、液压执行机构之间的摩擦力以及阀所具有的启闭特性等方面的影响，致使其位置响应不精确，速度响应慢。因此，电液式节气门很少应用在汽车上。

2. 线性电磁铁式节气门

线性电磁铁式节气门用比例电磁铁作为控制器。它用电磁力作为驱动力，其中控制信号为电流信号，具有结构简单、体积小、控制方便、响应速度快、稳态精度好的优点，但它的最大作用力受到线圈匝数和最大工作电流的限制，而且在一定的工作负荷下所需的电功耗相对较大。因此，线性电磁式节气门很少在汽车上应用。

3. 步进电机式节气门

步进电机式节气门通过步进电机直接驱动节气门轴实现油门的开度控制。驱动步进电机通常采用桥式电路结构，控制单元通过发出的脉冲个数、频率和方向控制电平对步进电机进行控制。步进电机具有结构简单、可靠性高和成本低的优点，但它的控制精度不高。因此，步进电机式节气门也较少在汽车上应用。

4. 直流伺服电机式节气门

直流伺服电机式节气门采用脉冲宽度调制（PWM）技术，其特点是频率高、效率高、功率密度高、可靠性高。控制单元通过调节脉宽调制信号的占空比来控制直流电机转角的大小。此外，电机输出转矩和脉宽调制信号的占空比成正比。由于以上的优点，直流伺服电机广泛应用于电子节气门的控制。

一、选择题（每题 5 分，共 25 分）

1. 电子节气门以（　　）方式操纵节气门。

A. 直接使用拉线操纵　　　　　　　　B. 采用电机操纵

C. 采用加速踏板位置传感器操纵　　　D. 直接由加速踏板操纵

2. 电子节气门装置与半自动节气门装置结构基本相同，区别是（　　　）。

A. 去掉了节气门位置传感器，增加了加速器踏板位置传感器

B. 去掉了节气门拉线，增加了加速踏板位置传感器

C. 去掉了节气门拉线，增加了节气门位置传感器

D. 以上都不对

3. 以下部件不属于电子节气门机构的是（　　　）。

A. 节气门阀体　　　　　　　　　　　　　B. 节气门驱动电机

C. 节气门位置传感器　　　　　　　　　　D. 进气温度传感器

4. 电子节气门系统主要由（　　）和发动机 ECU 组成。

A. 加速踏板位置传感器　　　　　　　　　B. 电子节气门体

C. 节气门位置传感器　　　　　　　　　　D. 节气门

5. 节气门位置传感器有故障时，会造成（　　　）。

A. 排放失常　　　　　B. 加速性差　　　　　C. 发动机异响　　　　D. 起动困难

二、判断题（每题 5 分，共 25 分）

1. 当发动机怠速运行时，节气门处于半关位置，即进入发动机的空气量部分由节气门进行调节。（　　　）

2. 控制单元通过调节脉宽调制信号的占空比来控制直流电机转角的大小。占空比是指发动机控制模块控制信号在一个周期内通电时间与通电周期之比。（　　　）

3. 由于节气门的节流作用，怠速时，进气歧管内的真空度为 60 ~ 75 kPa。（　　　）

4. 电子节气门系统采用 2 个踏板位置传感器和 2 个节气门位置传感器，当一个传感器发生故障时能及时被识别，在很大程度上增加了系统的可靠性，保证了行车的安全性。（　　　）

5. 动力模式下，节气门加快对加速踏板的响应速度，发动机能提供额外动力。（　　　）

三、简答题（第 1 题 20 分，第 2 题 30 分，共 50 分）

1. 根据图形简述电子节气门控制系统的组成及工作原理。

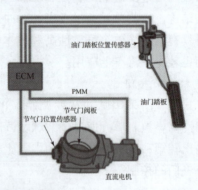

汽车电子节气门工作原理

油门踏板位置传感器

ECM

PMM

油门踏板

节气门阀板

节气门位置传感器

直流电机

2. 如何检修电子节气门？

任务四　可变气门正时和升程控制系统的检修

任务描述

　　小刘接待了一辆日产天籁车，该车搭载 2.3 L V6 自然吸气发动机，累计行驶里程约为 21 万千米。因烧机油在其他修理厂大修发动机后怠速抖动严重，同时，发动机故障灯点亮；将发动机转速提速至 3 000 r/min，发动机运转良好；发动机控制单元中存储有故障代码"P0011 进气门时间控制—B1"。读取怠速时的发动机 VVT（可变气门正时）数据，发现气缸列 1 和气缸列 2 的 VVT 电磁阀控制占空比均为 0%，说明 VVT 系统不工作，但气缸列 1 进气正时提前 40°，气缸列 2 进气正时提前 2°，异常。推断气缸列 1 进气正时出现故障，故障点应该在可变气门正时系统。你能帮小刘找到具体故障原因并进行维修吗？

　　任务分析："可变气门正时和升程控制系统的检修"学习任务来源于产业学院的实际工作故障案例库。可变配气相位可以根据发动机转速和工况的不同进行调节，使高、低转速下都能获得理想的进、排气效率；可变气门升程可以使发动机在不同的转速提供不同的气门升程，显著提升发动机在各个转速的动力性能。本任务要求学生在了解可变气门技术的基础上，需要对可变气门机构及其相关电路进行检查，从相关零部件的工作原理入手，分析故障原因，确定正确的诊断与检测方法，正确使用相关仪器设备，找出故障部位并排除。

学习目标

知识目标

1. 了解可变气门技术的发展历程；
2. 掌握可变气门技术的种类及用途；
3. 理解可变气门控制系统的组成、结构及工作原理；
4. 掌握可变气门正时和升程控制系统相关元器件信号检测方法。

能力目标

1. 会正确使用各种仪器设备检测可变气门控制系统；
2. 能够正确识读可变气门系统控制原理图和相关电路图；
3. 能够正确记录、分析各种检测结果并做出故障判断；
4. 能够识别可变气门正时和升程系统的故障现象。

素质目标

1. 培养学生用发展变化的观点观察事物，善于从可变气门技术中悟到与时俱进的重要性；
2. 具备自主探究学习的意识，提高创新精神；
3. 践行严谨求实的工作作风，切实培养工匠精神；
4. 树立劳动光荣的正确职业理念，具备良好的服务意识。

任务实施

一、任务实施所需工具、设备、耗材

发动机试验台架、数字万用表、解码器、可变气门正时电磁阀、示波器。

二、任务工单

可变气门系正时和升程控制系统的检修			
班级： 姓名：			
一、任务准备			
1. 工具准备： □充足 □缺少 备注：			
2. 整理场地（6S）： □符合要求 □不符合要求 备注：			
3. 检查车辆安全防护： □符合要求 □不符合要求 备注：			
4. 登记车辆基本信息： 车辆识别代码 发动机型号			
5. 仔细阅读可变气门系统检修注意事项，并确认会遵守要求。签名：			
二、车辆基本检查			
1. 故障码的读取：			
2. 可变气门机构的安装情况：			
三、可变气门机构检测			
1. 可变气门机构外观检查		□正常 □不正常	
	元件端子	功能	导线颜色

续表

2. 可变气门正时电磁阀数据流分析		检测条件		
使用设备	数据流	标准描述	测量值	是否正常

四、查询维修手册

分析可变气门正时控制系统电路图，说明凸轮轴正时机油控制电磁阀各端子的作用

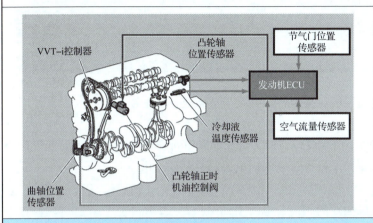

五、凸轮轴正时机油控制电磁阀控制电路检测

1. 凸轮轴正时机油控制电磁阀控制信号检测		检测条件		
使用设备	检测端子	标准描述	测量值	是否正常

2. 凸轮轴正时机油控制电磁阀接地（搭铁）信号检测		检测条件		
使用设备	检测端子	标准描述	测量值	是否正常

3. 凸轮轴正时机油控制电磁阀控制信号波形检测		检测条件		
使用设备	检测端子	标准描述	测量波形	是否正常

4. 凸轮轴正时机油控制电磁阀控制线路导通性检测		检测条件		
使用设备	检测端子	标准描述	测量值	是否正常

续表

诊断结论		
元件损坏	名称：	维修建议：
线路故障	线路区间：	维修建议：
其他		

三、任务指导

微课　可变气门正时
系统的检修

1. 读取故障码

连接汽车故障诊断仪，接通点火开关后读取并记录故障码。

2. 读取数据流

选择数据流功能，查看 VVT（可变气门正时）数据如果不符合要求，说明该可变气门正时有故障或发动机正时机构故障，应检查可变气门电磁阀控制信号电压。

3. 分析电路图

分析可变气门正时凸轮轴机油控制阀控制电路图，如图 2 - 32 所示。

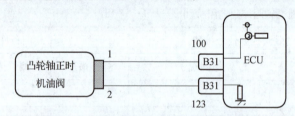

图 2 - 32　凸轮轴机油控制阀控制电路图

1—控制信号端子；2—接地端子

4. 检查电压信号

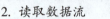

可变气门正时机油控制电磁阀检修更换过程中，一定不要带电插拔相关元器件，防止损坏相关零部件。

①在断开点火开关的情况下，拔下可变气门正时机油控制电磁阀 2 孔线束连接器。

②使用万用表检测凸轮轴正时机油阀控制信号电压，选择 20 V 直流挡位，将万用表连接到 2 孔线束连接器端子 1 与发动机搭铁之间测量电压。

③检测 2 孔线束连接器端子 2 与发动机搭铁之间电压值，标准应为 0。

5. 检测信号线导通性

①关闭电源，拔下可变气门正时机油控制阀线束连接器。

②按照电路图检查 2 孔线束连接器与发动机电脑端口是否有断路。

- 测量 2 孔线束连接器端子 1 与发动机电脑 B31（100）之间阻值。
- 测量 2 孔线束连接器端子 2 与发动机电脑 B31（123）之间阻值。导线最大电阻为 1 Ω。

小提示

　　能检测可变气门正时机油控制阀的各端子信号电压及线束导通情况、信号频率或波形是 1+X 汽车运用与维修职业技能等级证书的考核点。

6. 检测信号波形和信号电压

　　打开点火开关至 ON 挡，使用示波器。首先选择简易示波器，调整示波量程、示波时基。然后使用示波器测量笔一端连接发动机接地，另一端连接插头 5 号脚位。观察波形是否正常。

小经验

　　不同类型的可变气门正时机油控制阀产生的波形不同，要细心辨别。

7. 检测完毕

　　如果确定导线无故障，则应更换可变气门正时机油控制阀。最后进行车辆复位与清洁（6S）。

评价反馈

可变气门正时和升程控制系统的检修评分细则							
序号	评分项	得分标准	分值	评分标准	自评	互评	师评
1	安全/6S/态度	1. 能进行6S整理场地 2. 能进行设备工具的准备、检查、存放 3. 能进行车辆安全防护 4. 遵守实训秩序 5. 个人着装符合要求	15	未完成一项扣3分，扣分不得超过15分	□熟练 □不熟练	□熟练 □不熟练	□熟练 □不熟练
2	专业技能应用能力	1. 正确识读可变气门系统控制原理图和相关电路图 2. 正确检查可变气门正时电磁阀外观 3. 正确读取可变气门正时电磁阀供电电压 4. 正确检测可变气门正时电磁阀信号 5. 正确进行可变气门正时电磁阀信号波形的检测 6. 正确进行可变气门正时电磁阀线路的判断 7. 检修中工匠精神的展现	55	检测错误一项扣8分，扣分不超过55分	□熟练 □不熟练	□熟练 □不熟练	□熟练 □不熟练

续表

		可变气门正时和升程控制系统的检修评分细则					
序号	评分项	得分标准	分值	评分标准	自评	互评	师评
3	工具及仪器设备的使用能力	1. 正确使用解码器 2. 正确使用示波器 3. 正确使用万用表 4. 正确使用检修工具 5. 正确使用车辆发动机	10	未完成一项扣2分，扣分不得超过10分	□熟练 □不熟练	□熟练 □不熟练	□熟练 □不熟练
4	信息查询及分析能力	1. 正确使用维修手册进行资料查询 2. 准确记录检测结果 3. 根据检测结果合理分析并准确判断故障点 4. 用发展变化的眼光看问题	10	未完成一项扣3分，扣分不得超过10分	□熟练 □不熟练	□熟练 □不熟练	□熟练 □不熟练
5	整理协作能力	1. 任务工单书写的完整性 2. 实时观察、记录能力 3. 小组分工明确、全员参与 4. 热爱劳动的工作作风和服务意识	10	未完成一项扣3分，扣分不得超过10分	□熟练 □不熟练	□熟练 □不熟练	□熟练 □不熟练

知识链接

一、可变配气正时和升程的必要性

气门重叠角的大小往往对发动机性能产生较大的影响。发动机转速越高，每个气缸一个工作循环内留给吸气和排气的绝对时间也越短，因此，要达到更高的充气和排气效率，就需要延长发动机的进气和排气时间。显然，当转速越高时，要求的气门重叠角度越大。但在低转速工况下，过大的气门重叠角则会使得废气过多的泻入进气端，吸气量反而会下降，气缸内气流也会紊乱，此时 ECU 也会难以对空燃比进行精确的控制，从而导致怠速不稳，低速扭矩偏低。所以，为了解决这个问题，就要求配气相位可以根据发动机转速和工况的不同进行调节，使高、低转速下都能获得理想的进、排气效率，这就是可变气门正时技术开发的初衷。

从原理可以看出，可变气门正时只是增加或减少了气门的开启时间，并没有改变单位时间的进气量，因此，对发动机的动力性的帮助并不显著。若气门开启行程大小（气门升程）可以随时间改变，就可以显著提升发动机在各个转速的动力性能。可变气门升程可以使发动机在不同的转速提供不同的气门升程，低转速时使用较小的气门升程，有利于缸内气流的合理混合，增加发动机的低速输出扭矩；在高速时使用较大的升程，可以提高发动机的进气量，从而提高功率输出。

> **小知识**
>
> 各大汽车厂商为了达到改变可变气门正时和可变气门升程的目的，设计制造了各种各样的机构来实现，但最终实现的目标都是大同小异的。学习和工作中注意举一反三，触类旁通，做到活学活用。

二、可变气门技术的常见类型

微课　可变气门技术的常见分类

1. 可变气门技术实现的途径

可变气门技术包括可变配气正时控制（Variable Valve Timing，VVT）和可变气门升程控制（Variable Valve Lift，VVL）两个内容。不同公司、不同发动机上实现可变正时和升程采用的技术途径有很大的不同，图 2 – 33 展示了目前可变气门正时技术可实现的途径，主要有两大途径：一类是基于凸轮轴的可变气门机构；另一类是基于无凸轮轴的可变气门机构。前者是在现有进、排气凸轮轴的基础上进行可变气门机构的设计，主要有可变凸轮型线、可变凸轮从动件及可变凸轮轴相位三种形式；后者取消了现有进排气凸轮轴的结构，采用电气式、电磁式或者电液式驱动机构直接驱动进、排气门。

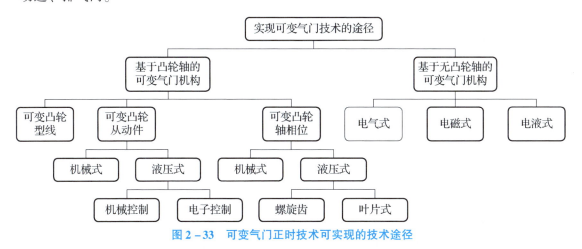

图 2 – 33　可变气门正时技术可实现的技术途径

2. 常见可变气门技术的类型及英文缩写

①VVT – i：Variable Valve Timing – intelligent，丰田公司开发的"智能可变气门正时控制系统"。

表 2 - 2　进/排气可变配气正时系统的控制策略

发动机工况	配气相位	作用
停机、冷起动、怠速	最小重叠角	改善燃烧稳定性； 冷起动时通过改善急速稳定性来降低急速； 通过降低急速来改善燃油经济性
中、低负荷	排气相位完全提前 进气相位小幅度提前	进气门关闭时刻提前，气门重叠角仍保持较小，负荷增加，相应增加气门重叠角，增加稀释效应，减少泵气损失
中低转速、高负荷	排气相位推迟 进气相位推迟	推迟进气门晚关角，提高充气效率，提高中速段扭矩，废气稀释量调节到最大
高转速、高负荷	排气相位推迟 进气相位推迟	推迟进气门晚关角，提高充气效率

5. 可变气门升程系统分类

根据可变气门升程系统是否改变配气正时和气门开启持续期，分为两类：改变配气正时及气门开启持续期和不改变配气正时及气门开启持续期，如图 2 - 35 所示。

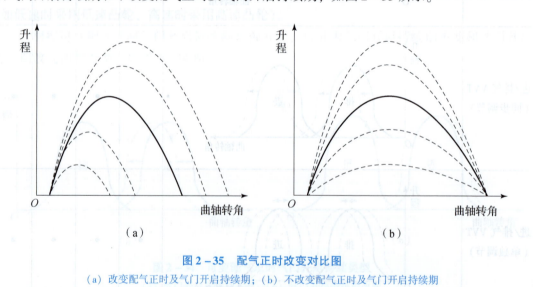

图 2 - 35　配气正时改变对比图
（a）改变配气正时及气门开启持续期；（b）不改变配气正时及气门开启持续期

三、丰田 VVT - i 智能可变气门正时控制系统结构与原理

1. 控制策略

VVT - i 是丰田公司开发的智能可变气门正时控制系统，如果在进、排气凸轮轴上同时应用 VVT - i 技术，就是所谓的 Dual VVT - i，丰田卡罗拉、雷克萨斯等轿车就采用该技术。按照图 2 - 36 所示控制策略进行进气门配气正时的动态调整。

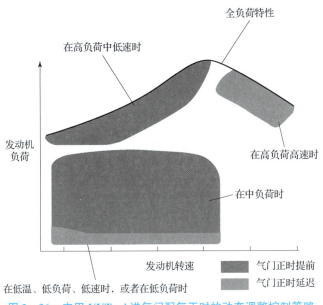

图 2 - 36　丰田 VVT - i 进气门配气正时的动态调整控制策略

（1）在低温、低负荷、低速时，或者在低负荷时

延迟气门正时可减少气门重叠角，以减少排出的废气吹入进气管，从而达到稳定怠速、提高燃料消耗率和起动性能。

（2）在中负荷，或者在高负荷中低速时

提前气门正时可增加气门重叠角，以增加缸内 EGR 效果和降低充气损失，从而改善了排放控制和燃料消耗率。此外，同时提前进气门的关闭时间可减少进气被逆吹回进气侧，改善了容积效率。

（3）在高负荷高速时

高速时进气流惯性增加，延迟气门正时可充分利用惯性进气，增加进气量，满足大负荷时对功率的需求。

2. 系统结构与组成

丰田 VVT - i 控制系统主要零部件在车上的布置如图 2 - 37 所示。

微课　可变气门系统
的结构组成

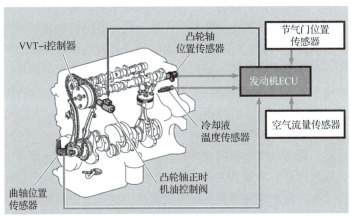

图 2 - 37　丰田 VVT - i 控制系统主要零部件在车上的布置

如图 2 – 38 所示，丰田 VVT – i 控制系统由曲轴位置传感器等传感器、ECM、凸轮轴正时机油控制阀及 VVT – i 控制器等组成。

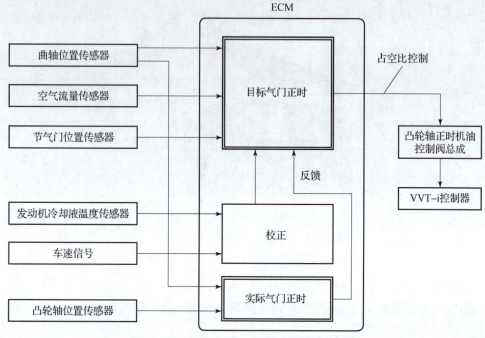

图 2 – 38　丰田 VVT – i 控制系统组成示意图

3. 工作原理

ECM 根据曲轴位置传感器、空气流量传感器、节气门位置传感器确定当前工况下的目标气门正时，然后根据冷却液温度信号、车速信号对目标气门正时进行修正。ECM 根据目标配气正时向凸轮轴正时机油控制阀发出占空比控制信号，凸轮轴正时机油控制阀控制油路的流通方向，VVT – i 控制器根据油路的方向使气门正时提前或者滞后。这种闭环位置反馈控制，确保了气门正时控制的精确性。

4. VVT – i 控制器

（1）VVT – i 控制器结构

如图 2 – 39 所示，它由叶片、链轮、外壳、锁销等组成。链轮由正时链条驱动，随着发动机曲轴旋转而旋转。外壳通过螺栓与链轮固连在一起，并随链轮转动而转动。叶片通过固定螺栓与进气凸轮轴固连在一起，叶片上有 4 个叶齿。外壳内加工有 4 个凹槽，叶片的 4 个叶齿嵌装在外壳的 4 个凹槽内。叶片的宽度小于外壳内凹槽的宽度，叶片与外壳装配后可在外壳的凹槽内来回转动。每个叶片将外壳内凹槽隔成两个工作腔，即"提前工作腔"和"延迟工作腔"。

（2）VVT – i 控制器工作原理

如图 2 – 40 所示，锁销组件由锁销和弹簧组成，锁销和弹簧装在叶片内。当发动机熄火时，叶片处于最大延迟位置，在弹簧力的作用下，锁销的一部分被推入链轮上的锁销孔，将叶片和链轮锁定在一起，保证进气凸轮轴处于最大延迟状态，以维持起动性能及避免发动机刚起动时叶片与外壳之间发生撞击。链轮锁销孔有油道与控制油路相连，发动机工作时，压

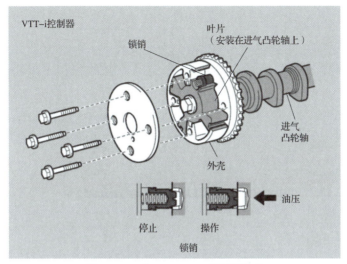

图 2 - 39　丰田 VVT - i 控制器结构

力机油进入链轮锁销孔，在油压作用下，锁销压缩弹簧而退入叶片锁销孔内，叶片与链轮分离，二者可相对转动。当控制油压作用在提前工作腔时，油压推动叶片向链轮旋转方向转动一个角度，配气正时提前；当控制油压作用在延迟工作腔时，油压推动叶片向链轮旋转反方向转动一个角度，配气正时推迟。

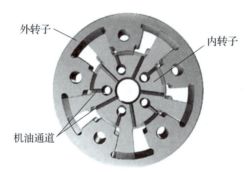

图 2 - 40　丰田 VVT - i 控制器工作原理

5. 凸轮轴正时机油控制电磁阀

（1）凸轮轴正时机油控制电磁阀的结构

如图 2 - 41 所示，由电磁线圈、柱塞、滑阀、阀体等组成。控制阀上有一个来自机油泵的进油口、两个回油口、两个出油口（一个到提前工作腔，另一个到延迟工作腔）。其作用是根据发动机 ECM 的控制信号控制滑阀位置，从而控制油流是通往 VVT - i 控制器提前工作腔还是延迟工作腔，并控制油流的流量。

（2）凸轮轴正时机油控制电磁阀的工作原理

发动机熄火时，滑阀在弹簧力作用下处于最右端（最延迟状态）。此时，进油口与延迟工作腔油路相通，左侧回油口与提前工作腔油路相通；发动机工作时，电磁线圈通电，滑阀向左侧移动，延迟工作腔油路与右侧回油口相通，进油口与提前工作腔油路相通。滑阀的移动量取决于 ECU 发出的占空比指令，占空比越大，滑阀向左移动量也越大，进入提前腔的油压也越大，配气正时提前角也越大。

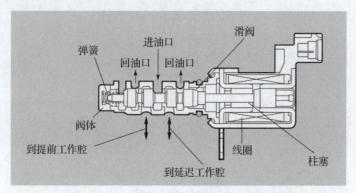

图 2－41　凸轮轴正时机油控制电磁阀的结构

6. 工作过程

（1）配气正时提前

如图 2－42 所示，当凸轮轴正时机油控制阀的控制信号占空比大于 50% 时，滑阀向左移动量大，油压作用在叶片提前工作腔，油压推动叶片向配气正时提前方向转动（链轮旋转方向）。

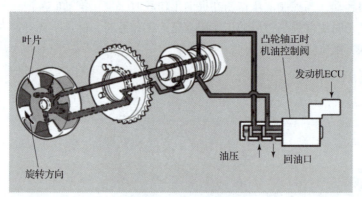

图 2－42　配气正时提前

（2）配气正时延迟

如图 2－43 所示，当凸轮轴正时机油控制阀的控制信号占空比小于 50% 时，滑阀向左移动量小，油压作用在叶片延迟工作腔，油压推动叶片向配气正时延迟方向转动（链轮转动反方向）。

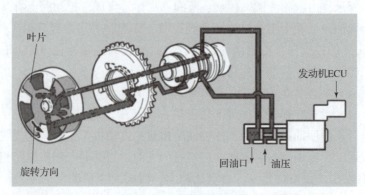

图 2－43　配气正时延迟

（3）配气正时不变

如图 2-44 所示，当凸轮轴正时机油控制阀的控制信号占空比等于 50% 时，滑阀位于中间位置并同时关闭提前工作腔和延迟工作腔的油路，提前工作腔和延迟工作腔油压相等，此时叶片保持在目前的位置不动，配气正时不再变化。

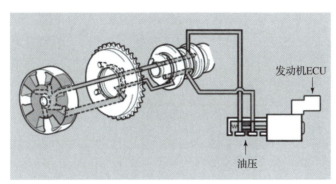

图 2-44　配气正时不变

7. 智能可变气门正时与升程控制系统 VVTL-i（Variable Valve Timing & Lift Intelligent）

1）VVT-i 系统组成

VVTL-i 只能改变配气正时而不能改变气门升程。VVTL-i 在调节配气正时的基础上，还可以改变进气门的升程。丰田 Celica 跑车、莲花 Exige 跑车上就采用了 VVTL-i 系统。其组成如图 2-45 所示，主要由曲轴位置传感器、空气流量传感器、冷却液温度传感器、车速信号、节气门位置传感器、凸轮轴位置传感器、VVT 机油控制阀、VVTL 机油控制阀、机油压力开关等组成。

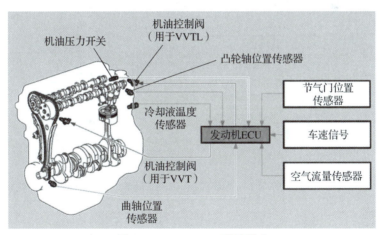

图 2-45　VVTL-i 系统组成

2）VVTL-i 控制系统工作原理

VVTL-i 改变配气正时的原理与 VVT-i 的一样，也是采用叶片式 VVT-i 控制器来调整进气凸轮轴的转角从而实现对配气相位的调整。VVTL-i 系统为每对进、排气门配置了两个凸轮：中、低速凸轮和高速凸轮，如图 2-46 所示。中、低速凸轮升程低，高速凸轮升程高。

微课　可变气门正时
系统工作过程（VVTL）

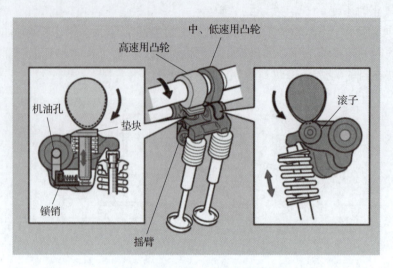

图 2 – 46　低速时中、低速凸轮起作用

（1）低速时

VVTL – i 油路控制系统如图 2 – 47 所示。当发动机转速低于 6 000 r/min 时，VVTL 机油控制阀将回油口打开，因此没有油压作用在高速凸轮锁销左侧，锁销内的弹簧将锁销向左推回，锁销无法进入垫块下面。由于垫块下端与摇臂之间有间隙，垫块受高速凸轮推动向下运动时顶不到摇臂，因此高速凸轮不起作用，中、低速凸轮起作用。

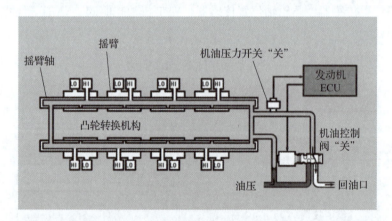

图 2 – 47　低速时 VVTL – i 油路控制（LO – 低速凸轮；HI – 高速凸轮）

（2）高速时

如图 2 – 48 所示，当发动机转速高于 6 000 r/min 且冷却液温度高于 60°时，VVTL 机油控制阀将回油口关闭。因此，油压通过油路作用在高速凸轮的锁销左侧，锁销在油压的作用下克服弹簧力向右移动，锁销进入垫块下面。由于垫块下端与摇臂之间没有间隙，垫块受高速凸轮推动向下运动时会顶到摇臂，摇臂运动打开气门。由于高速凸轮的升程及气门开启延迟角都比中、低速凸轮的大，中、低速凸轮还没推动摇臂时高速凸轮已经推动摇臂将气门打开，因此，此时中、低速凸轮不起作用，如图 2 – 49 所示。高速凸轮起作用时，ECU 通过机油压力开关检测控制油路的油压，以判断高速凸轮是否已经起作用。

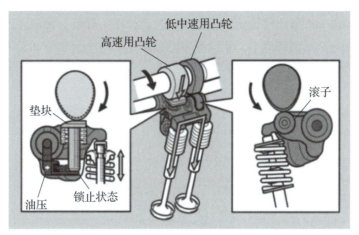

图 2-48　高速时 VVTL-i 控制油路

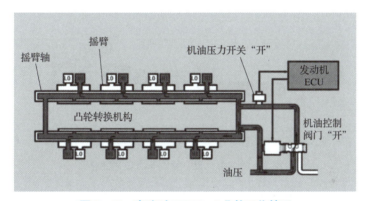

图 2-49　高速时 VVTL-i 凸轮工作情况

扬眉吐气的中国品牌

习近平在党的二十大报告中强调："加快实施创新驱动发展战略。加快实现高水平科技自立自强。以国家战略需求为导向，集聚力量进行原创性引领性科技攻关，坚决打赢关键核心技术攻坚战。加快实施一批具有战略性全局性前瞻性的国家重大科技项目，增强自主创新能力。"本书所述的包括可变气门技术在内的内燃机发展历史悠久，国外品牌一直居于领导地位。然而，以比亚迪为代表的中国品牌却在新能源汽车赛道上实现了"换道超车"，一举打破了洋品牌的垄断地位，大涨中国人的志气。践行了党的二十大报告中"开辟发展新领域新赛道，不断塑造发展新动能新优势"的发展战略。

国产汽车扬眉吐气，比亚迪出海成绩斐然：销量已说明一切。如今的汽车市场，真的可以用天翻地覆来形容了。汽油车遇到劲敌，新能源逐渐成为潮流，而国产汽车品牌们抓住了机会，尤其是比亚迪，长久的坚持，如今也算是硕果累累。其不仅在国内市场销量突出，在海外市场的表现也非常亮眼。

根据中国海关总署最新统计数据显示，2022 年前 8 个月中国汽车出口量达到 198 万辆，这个数量也让我国成为全球第二大汽车出口国，目前仅次于日本。这可以说是一次历史性的突破，在新能源席卷全球的环境下，中国汽车品牌抓住了向全世界分享发展成果的机会。图 2-50 所示为中、日、德汽车出口量变化图。

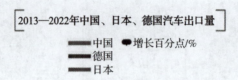

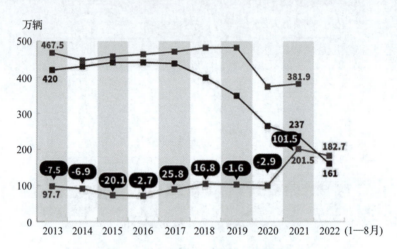

图 2-50 中、日、德汽车出口量变化

比亚迪股份有限公司执行副总裁、汽车工程研究院院长廉玉波分享比亚迪汽车的发展历程和经验，他说："比亚迪之所以能够在新能源汽车领域引领创新，保持技术和产品竞争力，在于其一直坚持'技术为王 创新为本'的企业发展理念，通过掌握新能源汽车全产业链的核心技术，走出了一条从自主创新到全面开放创新的道路。未来，比亚迪将会继续围绕国家'双碳'战略目标，坚持'创新、绿色'的新发展理念，共同构建绿色明天。"

巩 固 提 高 🖋

一、选择题（每题 5 分，共 25 分）

1. VVT-i 智能可变配气正时系统是根据不同的发动机转速来改变（　　）的。

A. 进气门的配气相位
B. 进、排气门的重叠角
C. 排气门的配气相位
D. 进、排气门的配气相位

2. 以下技术属于可变气门正时技术的是（　　）。

A. 丰田 VVT
B. 本田 VTEC
C. 宝马 VANOS
D. 奥迪 AVS

3. 可变气门控制技术主要是通过改变（　　）来达到提高充气效率的目的。

A. 气门个数
B. 气门大小
C. 配气相位
D. 气门升程

4. 关于可变气门正时，说法错误的是（　　）。

A. 气门升程上可变的

B. 气门打开的周期是固定的

C. 在低转速可获得最大转矩

D. 每套进气门和排气门有三个凸轮

5. VVT－i 是丰田公司研发的气门正时控制技术，VVT－i 的意思是（　　）。

A. 可变气门正时及升程电子控制系统

B. 可变气门升程及正时电子控制系统

C. 智能可变气门正时控制系统

D. 智能可变气门升程电子控制系统

二、判断题（每题 5 分，共 25 分）

1. 高速发动机为了提高充气和排气性能，往往采用增加进气提前角和排气迟后角方法，以改善发动机性能。（　　）

2. VVT 传感器是检测进气凸轮轴和排气凸轮轴的相互位置的传感器。（　　）

3. 可变气门控制机构（V－TEC）既可以改变配气相位，同时也可以改变气门升程。（　　）

4. 发动机的配气相位是由制造厂家根据发动机结构和性能要求的不同，通过反复试验来确定的，因此均为定值，是不可改变的。（　　）

5. 可变气门正时系统是用来控制气门的开启时间和打开深度的。（　　）

三、简答题（第 1 题 20 分，第 2 题 30 分，共 50 分）

1. 简述丰田 VVTL－i 智能可变气门正时与升程控制系统的结构与工作原理。

2. 简述可变正时系统故障检修及思路。

任务五　废气涡轮增压控制系统的检修

4S 店学徒小刘接待了一辆大众迈腾的车主。车主反映，车速最高只能达到 80 km/h，加不上油。通过读取故障码，判断涡轮增压系统有故障。你能帮小刘找到具体故障点并进行维修吗？

> 任务分析："废气涡轮增压控制系统的检修"学习任务来源于产业学院的实际工作故障案例库。废气涡轮增压控制系统是利用发动机排出的废气惯性冲力来推动涡轮室内的涡轮的，涡轮又带动同轴的叶轮，叶轮压送由空气滤清器管道送来的空气，使之增压进入气缸。本任务要求学生在了解废气涡轮增压系统的基础上，对废气涡轮增压控制系统及其相关电路进行检查，从相关零部件的工作原理入手，分析故障原因，确定正确的诊断与检测方法，正确使用相关仪器设备，找出故障部位并排除故障。

知识目标

1. 了解增压技术的发展历程；

2. 掌握增压技术的种类及用途；

3. 理解废气涡轮增压系统的组成、结构及工作原理；

4. 掌握废气涡轮增压控制系统相关元器件信号检测方法。

能力目标

1. 会正确使用各种仪器设备检测废气涡轮增压控制系统；

2. 能够正确识读废气涡轮增压系统控制原理图和相关电路图；

3. 能够正确记录、分析各种检测结果并做出故障判断；

4. 能够识别废气涡轮增压系统的故障现象。

素质目标

1. 坚持绿水青山就是金山银山的理念，从涡轮增压技术的原理理解绿色、节约、可持续发展的理念；

2. 具备自主探究学习的意识，提高创新精神；

3. 践行严谨求实的工作作风，切实培养工匠精神；

4. 树立劳动光荣的正确职业理念，具备良好的服务意识。

一、任务实施所需工具、设备、耗材

发动机试验台架、数字万用表、解码器、废气涡轮增压器、示波器。

二、任务工单

废气涡轮增压控制系统的检修		
班级：	姓名：	
一、任务准备		
1. 工具准备： □充足　　□缺少　　备注：		
2. 整理场地（6S）： □符合要求　□不符合要求　备注：		
3. 检查车辆安全防护： □符合要求　□不符合要求　备注：		
4. 登记车辆基本信息：　车辆识别代码　　发动机型号		
5. 仔细阅读废气涡轮增压系统检修注意事项，并确认会遵守要求。签名：		
二、车辆基本检查		
1. 故障码的读取：		
2. 废气涡轮增压系统各机构的安装情况：		

续表

三、废气涡轮增压各机构检测			
1. 废气涡轮增压机构外观连接情况检查 	□正常　□不正常 如不正常，请写出情况说明		

2. 涡轮增压器循环空气阀（N249） 	元件端子	功能	导线颜色
3. 增压压力限制阀（N75）检查 			

使用设备	数据流	标准描述	测量值	是否正常

四、查询维修手册

分析废气涡轮增压控制系统电路图，说明电磁阀各端子的作用

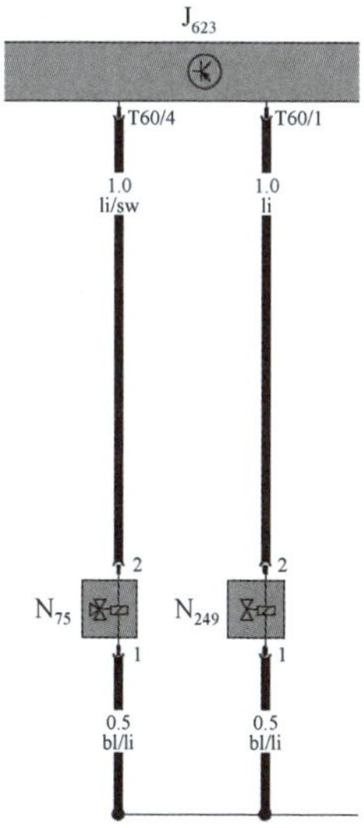

端子名称	作用

五、废气涡轮增压控制电磁阀控制电路信号检测				
1. 涡轮增压器循环空气阀（N249）和增压压力限制阀（N75）控制信号检测	检测条件			
使用设备	检测端子	标准描述	测量值	是否正常
2. 涡轮增压器循环空气阀（N249）和增压压力限制阀（N75）接地（搭铁）信号检测	检测条件			
使用设备	检测端子	标准描述	测量值	是否正常
3. 涡轮增压器循环空气阀（N249）和增压压力限制阀（N75）控制信号波形检测	检测条件			
使用设备	检测端子	标准描述	测量波形	是否正常
4. 涡轮增压器循环空气阀（N249）和增压压力限制阀（N75）控制线路导通性检测	检测条件			
使用设备	检测端子	标准描述	测量值	是否正常
5. 增压压力限制阀（N75）数据流分析	检测条件			
使用设备	数据流	标准描述	测量值	是否正常
6. 涡轮增压器循环空气阀（N249）数据流分析	检测条件			
使用设备	数据流	标准描述	测量值	是否正常

续表

六、增压压力传感器检测			
分析废气涡轮增压控制系统电路图，说明增压压力传感器各端子的作用			

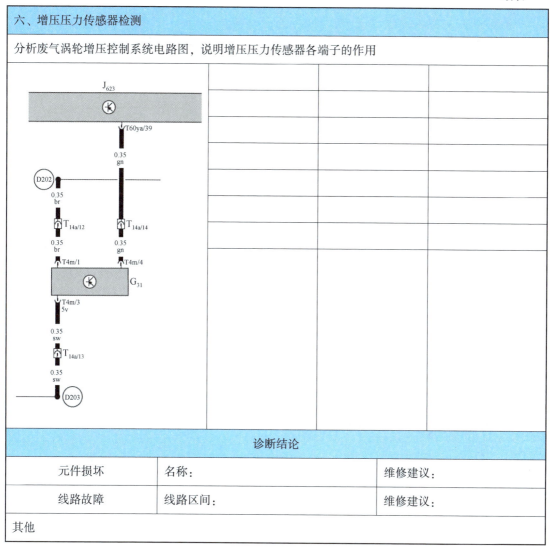

诊断结论			
元件损坏	名称：		维修建议：
线路故障	线路区间：		维修建议：
其他			

三、任务指导

1. 读取故障码

连接汽车故障诊断仪，接通点火开关后读取并记录故障码。

2. 读取数据流

当发动机转速为 2 500 r/min 时，增压压力传感器的数据值应为 1.600 ~ 1.700 bar（160 ~ 170 kPa）；

3. 分析电路图

查询迈腾维修手册，分析涡轮增压相关电路图。

视频　增压压力限制
电磁阀的检测

视频　涡轮增压器
循环空气阀的检测

4. 检测电压信号

> 涡轮增压器循环空气阀（N249）和增压压力限制电磁阀（N75）检修更换过程中，一定不要带电插拔相关元器件，防止损坏相关零部件。

①在断开点火开关的情况下，拔下涡轮增压器循环空气阀（N249）、增压压力限制电磁阀（N75）2孔线束连接器。

②使用万用表选择20 V直流挡位，检测涡轮增压器循环空气阀（N249）、增压压力限制电磁阀（N75）控制信号电压和电源电压。

5. 检测信号线导通性

①关闭电源，拔下涡轮增压器循环空气阀（N249）、增压压力限制电磁阀（N75）线束连接器。

②按照电路图检查2孔线束连接器与发动机电脑端口之间是否有断路。

- 测量增压压力限制电磁阀2孔线束连接器端子2与发动机电脑T60/4之间的阻值。
- 测量涡轮增压器循环空气阀（N249）2孔线束连接器端子2与发动机电脑T60/1之间阻值。标准值：导线最大电阻为1 Ω。

6. 检测信号波形和信号电压

首先选择简易示波器，调整示波量程、示波时基。检测条件：打开点火开关至ON挡，使用示波器测量笔一端连接发动机接地，另一端连接插头2号脚位。将示波器的通道1的衰减比设置为1X，垂直挡位打到10 V每格左右，时基可以设置为10 ms左右。为减少干扰，也可以开启低通滤波功能，观察波形是否正常。

7. 检测完毕

按照上述方法进行增压压力传感器的检测。排除故障后进行车辆复位与清洁（6S）。

评价反馈

废气涡轮增压控制系统的检修评分细则							
序号	评分项	得分标准	分值	评分标准	自评	互评	师评
1	安全/6S/态度	1. 能进行6S整理场地	15	未完成一项扣3分，扣分不得超过15分	☐熟练 ☐不熟练	☐熟练 ☐不熟练	☐熟练 ☐不熟练
		2. 能进行设备工具的准备、检查、存放					
		3. 能进行车辆安全防护					
		4. 遵守实训秩序					
		5. 个人着装符合要求					
		6. 具备节约、绿色环保可持续发展理念					

续表

		废气涡轮增压控制系统的检修评分细则					
序号	评分项	得分标准	分值	评分标准	自评	互评	师评
2	专业技能应用能力	1. 正确使用解码器读取故障码 2. 正确检查增压压力控制电磁阀外观 3. 正确进行增压压力控制电磁阀的检测 4. 正确读取增压压力控制电磁阀供电电压 5. 正确检测增压压力控制电磁阀信号 6. 正确进行增压压力控制电磁阀信号波形的检测 7. 正确进行增压压力控制电磁阀线路的判断	55	检测错误一项扣8分，扣分不超过55分	□熟练 □不熟练	□熟练 □不熟练	□熟练 □不熟练
3	工具及仪器设备的使用能力	1. 正确使用解码器 2. 正确使用示波器 3. 正确使用万用表 4. 正确使用检修工具 5. 正确使用车辆发动机	10	未完成一项扣2分，扣分不得超过10分	□熟练 □不熟练	□熟练 □不熟练	□熟练 □不熟练
4	信息查询及分析能力	1. 正确使用维修手册进行资料查询 2. 准确记录检测结果 3. 根据检测结果合理分析并准确判断故障点 4. 理解并掌握涡轮增压技术的相关理论知识 5. 正确识读废气涡轮增压系统控制原理图和相关电路图	10	未完成一项扣3分，扣分不得超过10分	□熟练 □不熟练	□熟练 □不熟练	□熟练 □不熟练

废气涡轮增压控制系统的检修评分细则							
序号	评分项	得分标准	分值	评分标准	自评	互评	师评
5	整理协作能力	1. 任务工单书写的完整性 2. 实时观察、记录能力 3. 小组分工明确、全员参与 4. 积极探究，严谨求实，追求技术进步	10	未完成一项扣3分，扣分不得超过10分	□熟练 □不熟练	□熟练 □不熟练	□熟练 □不熟练

知识链接

一、发动机增压方式的分类

发动机增压就是在发动机进气过程中预先把空气压缩，提高进气压力和密度，从而提高进入气缸中的空气量。根据驱动压气机的方式不同，增压发动机可以分为机械增压、废气涡轮增压和气波增压三种基本类型。

1. 发动机机械增压

机械增压系统所需的功率取自发动机曲轴，通过曲轴带动压气机旋转，压缩空气，从而提高进气量。机械增压有两种：一种为齿轮增速器驱动；另一种为传动带及电磁离合器驱动。齿轮增速器驱动利用发动机曲轴，经过齿轮配合传递到增压器，增压器旋转压缩空气，提高进入气缸中的压力和密度。传动带及电磁离合器驱动是利用曲轴通过传动带到电磁离合器，通过电磁离合器将动力传给增压器。由于增压器的动力来自发动机曲轴，如图2-51所示，故而，在低速时，增压效果比较好；在高速时，相当于给发动机带了一个负载，发动机油耗增加。

2. 气波增压

气波增压系统利用排气压力波使空气受到压缩，以提高进气压力。气波增压由曲轴经传动带驱动气波增压器转子，在转子中废气直接与空气接触，利用排气压力波使空气收到压缩，提高进气压力和密度，如图2-52所示。气波增压器是利用气波（膨胀波和压缩波）来传递能量的一种能量交换器。

3. 废气涡轮增压

废气涡轮增压系统是利用发动机排出的具有一定能量（高压、高温）的废气驱动涡轮增压器中的动力涡轮高速转动，再带动同轴的增压涡轮一起转动，对从空气滤清器进入的新鲜空气进行压缩，然后送入气缸，如图2-53所示。由于废气涡轮增压系统所需的压缩功率取自高速喷出的废气，显著提高了进气效率，达到提高发动机输出功率的目的。

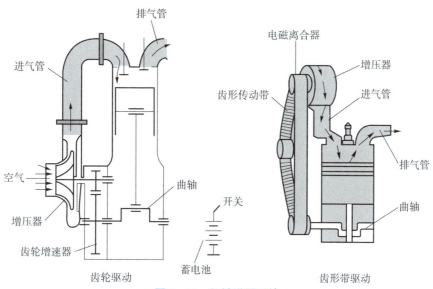

图 2-51 机械增压系统

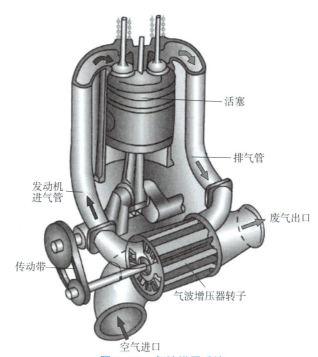

图 2-52 气波增压系统

目前小轿车上采用的汽油发动机中，应用最普遍、最有效的是废气涡轮增压，例如，大众汽车的 1.4T、1.8T、2.0T，标致雪铁龙汽车的 1.2T、1.6T 等。

小知识

涡轮增压的动力来源是发动机废气，相当于废物利用，可以在不消耗发动机本身动力的前提下增加进气效率，提升发动机热效率，可谓一举两得。而且涡轮的结构相比于机械增压要简单很多，制造和维修成本都更加低廉。

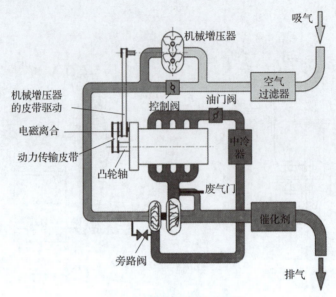

图 2-53 废气涡轮增压系统

二、废气涡轮增压系统

微课 废气涡轮增压系统的结构与工作原理

1. 废气涡轮增压系统结构

废气涡轮增压系统结构示意如图 2-54 所示，主要有废气涡轮增压器（动力涡轮、增压涡轮）、膜片式废气控制阀、废气旁通阀、增压压力限制电磁阀和中冷器等组成。

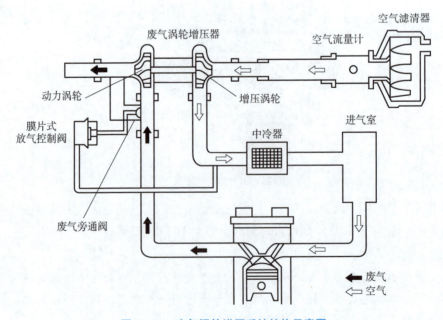

图 2-54 废气涡轮增压系统结构示意图

迈腾 1.8T SI 发动机采用的是单涡轮增压系统，其组成如图 2 - 55 所示。该系统主要有涡轮增压器、膜片执行器、中间冷却器、排气旁通阀和机械式换气阀等。系统的电控元件有发动机控制模块 J623、增压压力限制电磁阀 N75、涡轮增压器循环空气阀 N249、空气流量计 G70、发动机转速传感器 G28 和增压压力传感器 G31 等。

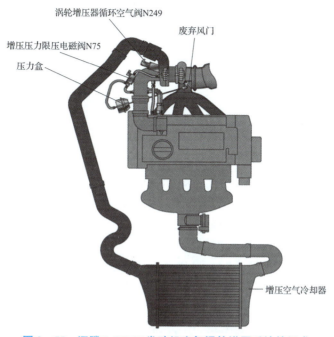

图 2 - 55　迈腾 1.8T SI 发动机废气涡轮增压系统的组成

1）废气涡轮增压器

废气涡轮增压器是废气涡轮增压系统最重要的部件，由动力涡轮、增压涡轮及中间体三部分组成，如图 2 - 56 所示。动力涡轮由蜗壳、涡轮机叶轮和出气道等组成；增压涡轮由蜗壳、增压叶轮和进气道等组成。涡轮机叶轮和增压叶轮同轴连接。

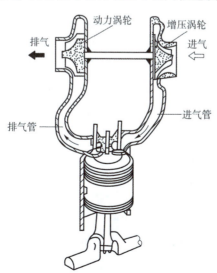

图 2 - 56　废气涡轮增压器工作原理示意

发动机排气经过特定形状的喷管进入径流式动力涡轮。排气流过喷管时降压、降温、增速、膨胀，其压能转变为动能，推动动力涡轮旋转，并带动增压器轴和增压涡轮一起旋转。空气经进气道进入增压涡轮。离心式增压涡轮旋转时，空气在离心力的作用下，沿着增压涡轮片流向叶轮周边，如图2-57所示，其流速、压力和温度均有较大增高，然后进入扩压管（有叶片式和无叶片式两种）。扩压管采用渐扩形流道，空气流经扩压管时减速增压，大部分动能转变为压能，温度也有所升高。

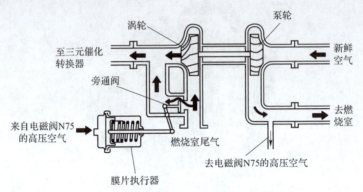

图2-57　涡轮增压器及膜片执行器

涡轮增压器工作时叶轮高速旋转，最高转速可达250 000 r/min，因此，它的平衡及轴和轴承的润滑与冷却非常重要。涡轮增压器一般采用浮动轴承，它与轴以及轴承座之间都有间隙，形成双层油膜。增压器工作时，轴承在轴与轴承座中转动，来自发动机润滑系统主油道的机油，经进油口进入，润滑和冷却增压器轴与轴承，再经出油口返回油底壳。在增压器轴上装有油封，用来防止机油窜入增压涡轮或动力涡轮蜗壳内。增压器工作时产生的轴向推力，由设置在增压涡轮一侧的整体式推力轴承承受。

2）中冷器

由于汽油机增压器的热负荷大，因此，在增压器中间体的动力涡轮侧设置水套，并用水管与发动机的冷却系统相连。有些涡轮增压器在中间体内不设置冷却水套，只靠机油及空气对其冷却。中冷器，如图2-58所示，被用来降低进入气缸前的空气温度，使其密度增加，进而提高发动机功率、降低油耗、降低热负荷以及减轻爆燃。这是因为空气增压后温度升高，密度减少。如果增压空气温度过高，一方面可能会减少进气量，削减增压效果；另一方面可能会引起发动机爆燃。

图2-58　涡轮增压器的中冷器

3）膜片执行器

膜片式控制阀的右室通大气，内有弹簧作用在膜片上；左室则连到增压压力限制电磁阀 N75。与膜片连接的联动杆用来控制排气旁通阀的开启与关闭，如图 2-59 所示。当左室压力低时，弹簧推动膜片左移，并带动联动杆将排气旁通阀关闭。当左室压力高时，膜片右移，并通过联动杆将排气旁通阀打开，使部分排气直接排入大气，从而降低涡轮机转速和增压压力。

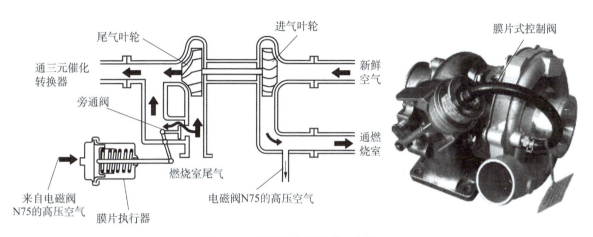

图 2-59　膜片执行器及其工作原理

4）增压压力限制电磁阀

增压压力限制电磁阀是一个二位三通阀，其位置和结构分别如图 2-60 和图 2-61 所示。其三个管口分别通高压空气端（增压器下游）、低压空气端（增压器上游）和增压器膜片执行器。增压压力限制电磁阀 N75 的通断由发动机控制模块 J623 控制。当电磁阀断电时，膜片执行器的左室与低压空气端连通；当电磁阀通电时，膜片执行器的左室与高压空气端连通。

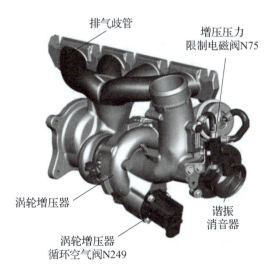

图 2-60　增压压力限制电磁阀 N75 位置

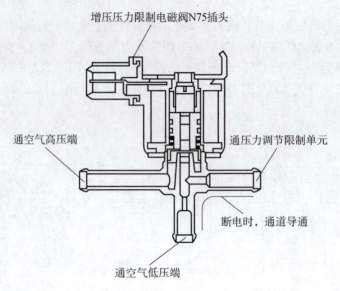

增压压力限制电磁阀N75插头

通空气高压端

通压力调节限制单元

断电时，通道导通

通空气低压端

图 2 – 61　增压压力限制电磁阀 N75 结构

5）涡轮增压器循环空气阀和机械阀

大负荷行驶时，突然松开加速踏板，节气门开度迅速减小，而涡轮转速仍然较高，若不加以控制，增压空气继续流向节气门，可能造成节气门的损坏。此时，ECU 将涡轮增压器循环空气阀（N249）打开，接通涡轮增压器循环空气阀的真空回路，如图 2 – 62 所示。这样，增压气体在管路中形成局部循环，避免了增压空气冲击节气门。

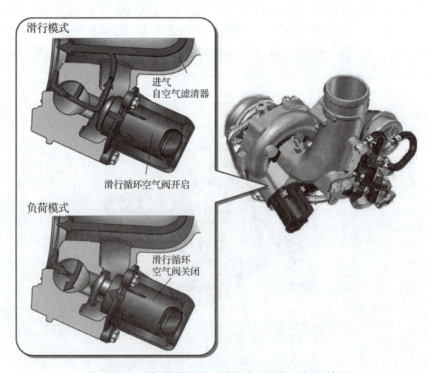

滑行模式

进气
自空气滤清器

滑行循环空气阀开启

负荷模式

滑行循环
空气阀关闭

图 2 – 62　废气涡轮增压系统的怠速和超速切断控制

6）增压压力传感器（图2-63）

图2-63　增压压力传感器实物图

（1）增压压力传感器作用

增压压力传感器作为涡轮增压发动机的一部分，测量进气歧管中的空气压力，并将测得的压力信息发送到发动机调节模块ECM。调节模块综合发动机温度、进气温度、进气压力、排气温度等数据，并调整燃油的喷射量或增压器的增压量，以保证发动机运行在最佳水平。具体如下：

①监控增压压力，当压力过高时，发动机控制模块会适当降低涡轮增压效果，以保护发动机。

②当增压后的进气温度超差时，系统也同样会降低增压压力。

（2）增压压力传感器故障检修方法

当增压压力传感器有问题，发动机调节模块ECM检查到增压压力传感器与歧管压力传感器（MAP）或大气压力传感器的规格不匹配时，将触发P0236故障码。排除方法有：

①消除故障问题码。

②检测线路是不是接触不良。

③清洁传感器。

④更换传感器。

2. 废气涡轮增压系统的控制原理

增压控制系统的控制就是根据发动机的运行工况变化，通过合理调节增压压力，进一步优化发动机的动力性、经济性以及排放性。目前，控制增压压力的方法很多，使用广泛而有效的是调节进入动力涡轮室的废气。

电子控制式废气涡轮增压系统如图2-64所示。采用涡轮增压技术后，由于平均有效压力增加，发动机也较容易产生爆燃，热负荷偏高，易使发动机功率下降，甚至造成机件损坏。同时，由于进气歧管内空气密度增加，被压缩的空气温度随之增高，气缸内过高的空气温度使发动机爆燃倾向增大。为了保证发动机在不同转速及工况下都得到最佳增压值，以防止发动机爆燃和限制热负荷，对涡轮增压系统增压压力必须进行控制。

在ECU的存储器中，存储着发动机增压压力特性图的有关数据。增压压力理论值随发动机转速变化。在发动机工作时，ECU根据增压压力等传感器输入的信息，可以确定当时的实际进气增压压力，然后将实际进气压力与存储的理论值进行比较。若实际值与理论值不相符合，ECU则输出控制信号，对增压压力限制电磁阀进行控制，改变膜片式控制阀上的压力，使废气旁通阀动作。当实际进气压力低于理论值时，废气旁通阀阀门关闭；当进气压力高于理论值时，废气旁通阀阀门打开。

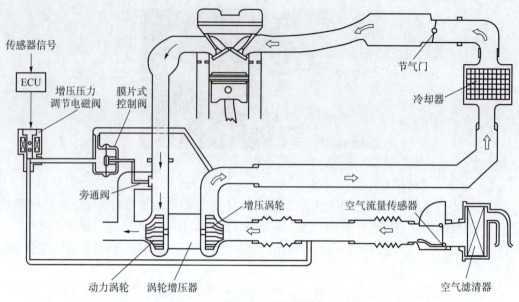

图 2-64　电子控制式废气涡轮增压系统

在实际控制中，为了获得较好的控制效果，大多数采用调节点火正时和调节增压压力相结合的办法。因为单一地降低增压压力，会引起发动机运行性能降低；另外，由于采用涡轮增压后，发动机排气温度较高，也不适宜单独采用调节点火正时的办法来控制爆燃，否则，由于温度的增高，对高温排气驱动的涡轮有不利影响。因此，两种方法并用是首选模式。通常是当 ECU 根据传感器输入的信号判断出发动机爆燃时，既推迟点火提前角，又平行地降低增压压力。当这两方面调节使爆燃消失时，再通过点火正时调节装置将点火提前角调节至最佳，从而保证发动机输出最大功率。当点火提前角达到最佳值时，再慢慢增加充气来增压压力。

> **小知识**
>
> 发动机实际负荷超出公差范围，可能是下列故障造成的：
> ①增压压力限制电磁阀有电气故障；
> ②增压压力限制系统的软管松动、漏气或阻塞；
> ③增压压力限制电磁阀 N75 阻塞；
> ④涡轮增压器与进气歧管之间有漏气之处；
> ⑤旁通阀机构发卡或不灵活；
> ⑥涡轮增压器损坏（涡轮被异物卡死）。

拓展阅读

勇攀科技高峰国产汽车品牌——长城

作为国内首套完全自研的高阶动力总成，长城汽车 3.0T + 9AT 打破合资技术壁垒，以诸多先进创新技术实现性能全面跨越，比肩国际顶尖水平，堪称传统动力领域的里程碑式产品，其量产下线标志着中国汽车品牌正式进军高端产品市场，具备划时代、擎未来的行业地位和价值。这种坚持创新、勇攀高峰的精神值得我们所有人学习！

2003 年 5 月 16 日，在第十届国际智能网联汽车技术年会上，长城汽车董事长魏建军荣获中国汽车工程学会颁发的"中国汽车工业饶斌奖"（以下简称"饶斌奖"）。饶斌奖被称为"中国汽车工业最高荣誉"，由中国汽车工程学会主办，是备受瞩目的中国汽车工业企业家奖。30 多年来，正是在魏建军的带领下，长城汽车见证中国汽车工业加速发展的同时，也在创新中不断成长。

在双碳目标大背景下，行业企业纷纷转向新能源赛道或是选择排量下沉，传统燃油领域的高阶动力变成市场稀有品，当前市场仅有少数豪华品牌拥有相关产品，中国品牌则几乎处于空白阶段。长城汽车 6Z30 3.0T 发动机，如图 2-65 所示，具备 3.0 L 排量，采用 V 型 6 缸布局，最大功率与最大扭矩分别拥有 260 kW 与 500 N·m 的优秀数据表现。550 N·m 峰值扭矩 +38.5% 热效率，笑傲群雄。

长城汽车 6Z30 3.0T 还搭载了"缸内高压直喷（GDI）+进气道喷射（PFI）"双喷射系统；为了解决相关排放法规逐渐严苛，节能减排力度不断增大的难题，长城汽车 6Z30 3.0T 发动机采用 VGT 可变截面涡轮增压器，如图 2-66 所示，通过电控执行器调整叶片的工作角度，调节涡轮转动惯量，进而能更快速起到增压效果，提升动力响应速度。

图 2-65　长城汽车自研的 6Z30 3.0T 发动机

图 2-66　长城汽车 6Z30 3.0T 发动机采用双 VGT 可变截面涡轮增压器

除了领先技术应用，长城汽车 6Z30 3.0T 发动机还以诸多先进设计，进一步提升了发动机整体性能。在排气方面采用了缸盖集成排气歧管设计。在进气方面，长城汽车 6Z30 3.0T 发动机则更进一步，不仅采用了性能表现更好的水冷式中冷器，更通过进气歧管集成水冷式中冷器的设计形式，使得进气管路更紧凑，从而获得更好的车辆加速性能与发动机输出性能；采用先进的米勒循环，通过提前关闭进气门，实现压缩比与膨胀比的分离；采用了全 MAP 机油泵，最终提升发动机 2%~3% 的燃油经济性。

一直以来，长城汽车始终坚持不断研发全新技术，旨在为用户提供更优秀的产品，构建品牌全球竞争力。完全自研的 6Z30 3.0T 发动机不仅一举打破中国汽车品牌动力"羸弱"的现状，全面满足用户对国产高阶动力的需求与期待。同时，其所采用的诸多先进技术更是突破了国外品牌在大排量高阶发动机领域的技术封锁。

一、选择题（每题5分，共25分）

1. 机械增压和涡轮增压的共同点是（　　）。

A. 有中冷器　　　　B. 响应速度慢　　　　C. 机械效率高　　　　D. 响应速度快

2. 涡轮增压器的轴承形式为（　　）。

A. 全浮式润滑轴承　B. 半浮式润滑轴承　　C. 滚子轴承　　　　　D. 球轴承

3. 废气旁通阀打开时，（　　）。

A. 增压压力降低　　B. 增压压力少　　　　C. 增压压力不变　　　D. 无法判断

4. 增压压力和温度传感器安装在（　　）。

A. 中冷器和节气门之间　　　　　　　　　B. 空气滤清器壳体上

C. 进气歧管　　　　　　　　　　　　　　D. 涡轮增压器和中冷器之间

5. 电磁式增压旁通执行器的作用是（　　）。

A. 防止增压压力过高　　　　　　　　　　B. 防止增压压力过低

C. 防止排气压力过高　　　　　　　　　　D. 防止排气压力过低

二、判断题（每题5分，共25分）

1. 涡轮增压技术可以提高发动机的进气量，提高发动机的功率和扭矩。（　　）

2. 发动机废气涡轮增压系统利用的能量来源于发动机排气的动能。（　　）

3. 涡轮增压器包括压气机、涡轮机和中间体。（　　）

4. 废气涡轮增压发动机的低速增压效果好。（　　）

5. 废气涡轮增压系统不包括增压压力循环电磁阀。（　　）

三、简答题（第1题20分，第2题30分，共50分）

1. 简述配备涡轮增压器的发动机的优点。

2. 简述废气涡轮增压系统的组成及工作原理。

项目三 燃油供给系统的检修

燃油供给系统根据发动机各工况的要求向发动机提供清洁的、具有适当压力并经精确计量的燃油。为了更好地控制喷油量，并实现精确检测以及故障诊断，需要对燃油供给系统常见故障进行检测与故障分析。燃油供给系统主要包括燃油压力调节器、冷却液温度传感器、电动燃油泵、喷油器和缸内直喷控制系统，下面主要以这四部分的检修为案例开展任务学习，帮助学生掌握燃油供给系统的检修分析逻辑，正确进行故障诊断。

任务一 燃油压力的检测

一辆卡罗拉轿车，客户反映：冷车起动正常，停车 15 min 左右后起动困难。判定该故障症状为：冷车起动正常，热车起动困难。在诊断中检查燃油压力，发现燃油压力不符合规定。

> 任务分析："燃油压力的检测"学习任务来源于产业学院的实际工作故障案例库，燃油压力调节器是发动机电控汽油喷射系统中的重要组成部分，其功能是使喷油器上下压差保持恒定，它的技术状况的好坏，将直接影响燃油喷射的准确性。

知识目标

1. 熟悉燃油供给系统的组成及基本原理；
2. 掌握燃油压力调节器的作用、安装位置、工作原理；
3. 掌握燃油喷射系统燃油压力的测量方法及常见故障分析。

能力目标

1. 能够熟练阅读燃油喷射系统的电路图；
2. 能够规范使用常用检测设备对燃油压力调节器进行检测；
3. 能够按照维修手册检测标准对燃油喷射系统的燃油压力进行测量并分析。

素质目标

1. 能够执行燃油压力检测操作规范，增强问题意识，树立良好的安全文明操作意识；
2. 能够在检测过程中，养成团队合作意识、锻炼沟通能力。

一、任务实施所需工具、设备、耗材

发动机试验台架、燃油压力表、拆装工具等。

二、任务工单

燃油压力的检测			
班级： 姓名：			
一、任务准备			
1. 工具准备： □充足 □缺少 备注：			
2. 整理场地（6S）： □符合要求 □不符合要求 备注：			
3. 检查车辆安全防护： □符合要求 □不符合要求 备注：			
4. 登记车辆基本信息： 车辆识别代码 发动机型号			
5. 仔细阅读燃油压力检修注意事项，并确认会遵守要求。 签名：			
二、车辆基本检查			
1. 故障码的检测：			
2. 外观检查：			
三、检测燃油供给系统压力			
条件	标准值	测量值	是否正常
怠速时			
急加速时			
大负荷时			
拔下燃油压力调节器真空管时			
保持压力			
四、释放燃油压力步骤			
五、燃油压力表安装方法			

续表

六、燃油压力的预置方法		
诊断结论		
元件损坏	名称：	维修建议：
线路故障	线路区间：	维修建议：
其他		

三、任务指导

由于燃油压力调节器故障会导致燃油压力变化，所以需要检测发动机运转时燃油管路内的油压。检测燃油压力时，应查找维修手册，选择合适的油压表及专用的油管接头，按下列步骤进行燃油压力的检测。

1. 燃油压力的释放

在拆卸燃油管道安装油压表或更换燃油滤清器、喷油器等部件时，为避免松开油管接头时燃油喷出，造成人身伤害或者火灾，必须先释放燃油系统压力。

微课　燃油压力
的检测

①起动发动机，怠速运转。

②在发动机运转时拔下电动燃油泵继电器（或继电器熔丝、电动燃油泵电源插头），待发动机自行熄灭。

③转动起动开关，起动发动机 2～3 次，燃油压力即可完全释放。

④关闭点火开关，插上电动燃油泵继电器（或继电器熔丝、电动燃油泵电源插头）。

> **小提示**
>
> 燃油进油管内有压力。戴好护目镜并穿好防护服，以免受伤或接触到皮肤。在松开软管连接前，在连接处放一块抹布，然后小心拔出软管泄压。

2. 燃油压力的检测

燃油供给系统的故障可以使用燃油压力表测量燃油管路中燃油压力进行诊断。发动机正常工作时，燃油压力一般为 200～300 kPa，随进气压力的增大而增大。检测方法如下：

（1）安装燃油压力表

进行燃油压力检查前，首先按照要求安装燃油压力表（简称油压表）。如果油路中有油压检测阀，可将油压表直接接在油压检测阀上；没有油压检测阀的，可将三通管接头串联在进油管中，在三通管上接油压表。

（2）测量静态油压

利用故障诊断仪接通燃油泵，或短接燃油泵检查连接器接通燃油泵，或直接用跨接线接通燃油泵，点火开关置"ON"挡，燃油泵运转。油压应与规定相符，一般约为300 kPa。若指针摆动剧烈，油压可能不正常。

（3）测量急加速至3 000 r/min时的油压

发动机怠速时，读取燃油系统的供油压力，然后急加速至3 000 r/min以上，立刻读取此时的油压值，应高于供油压力的20 kPa以上。

（4）测量最大油压

最大油压是指发动机怠速运转中，将回油管夹住时燃油系统的油压，应升高为怠速时的2~3倍。

> **小知识**
>
> 燃油压力过高，将造成发动机油耗增加，排放超标，主要原因可能是更换的燃油泵不匹配、燃油压力调节器损坏等。
>
> 燃油压力过低，将造成发动机起动困难，动力下降，主要原因可能是燃油泵供油能力不足，油管泄漏，油压调节器损坏或燃油滤清器堵塞等。

（5）调节压力

调节压力是指发动机怠速时，断开燃油压力调节器真空软管后，燃油系统升高后的油压与供油压力的差值。油压应升高50 kPa左右，若燃油压力升高过低或者不升高，说明燃油压力调节器或其真空软管有故障。

（6）保持油压

发动机怠速时，读取燃油系统的供油压力，然后将发动机熄火，并等待10 min，观察其油压下降值是否与规定相符，燃油压力值应大于150 kPa，若油压过低，说明燃油系统有泄漏。

> **小经验**
>
> 在对燃油系统进行任何拆卸操作之前，注意清洁燃油管接头、软管接头、接头周围等部位，以免污染系统。
>
> 燃油压力检查操作时，应在通风良好的环境下进行，避免烟火。

3. 燃油压力的预置

燃油系统压力预置的目的是避免首次起动发动机时，因系统内无压力而导致起动时间过长。

方法一：通过反复打开和关闭点火开关来完成。

方法二：用专用导线进行跨接。

①检查燃油系统元件和油管接头是否安装好。

②用专用导线将诊断座上的燃油泵测试端子跨接到12 V电源上。

③将点火开关转至"ON"位置，使电动燃油泵工作约10 s。

④关闭点火开关，拆下诊断座上的专用导线。

方法三：使用解码器的动作测试功能，驱动油泵运转，为燃油系统建立压力。

评价反馈

燃油压力的检测评分细则							
序号	评分项	得分标准	分值	评分标准	自评	互评	师评
1	安全/6S/态度	1. 能进行6S整理场地 2. 能进行设备工具的准备、检查、存放 3. 能进行车辆安全防护 4. 遵守实训秩序 5. 个人着装符合要求	15	未完成一项扣3分，扣分不得超过15分	□熟练 □不熟练	□熟练 □不熟练	□熟练 □不熟练
2	专业技能能力	1. 能正确检查燃油供给系统外观 2. 能正确对燃油系统卸压 3. 正确使用燃油压力表 4. 正确安装燃油压力表 5. 正确读取燃油压力表 6. 正确拆卸燃油压力表	55	检测错误一项扣9分，扣分不超过55分	□熟练 □不熟练	□熟练 □不熟练	□熟练 □不熟练
3	工具使用能力	1. 正确使用万用表 2. 正确使用燃油压力表 3. 正确使用维修工具	10	未完成一项扣3分，扣分不得超过10分	□熟练 □不熟练	□熟练 □不熟练	□熟练 □不熟练
4	信息查询及分析能力	1. 正确使用维修手册进行资料查询 2. 准确记录检测所需信息 3. 能判断分析燃油压力值是否正常	10	未完成一项扣3分，扣分不得超过10分	□熟练 □不熟练	□熟练 □不熟练	□熟练 □不熟练
5	整理协作能力	1. 任务工单书写的完整性 2. 实时观察、记录能力 3. 小组分工明确、全员参与	10	未完成一项扣3分，扣分不得超过10分	□熟练 □不熟练	□熟练 □不熟练	□熟练 □不熟练

一、燃油供给系统

1. 燃油供给系统的作用

燃油供给系统的作用是根据发动机各工况的要求向发动机提供清洁的、具有适当压力并经精确计量的燃油。当发动机运行时，发动机电控单元根据空气流量信号、发动机转速信号及其他信号，计算出发动机燃烧所需的燃油量，并在合适的时刻发出喷油信号，打开喷油器，向进气道或气缸内喷射适量的燃油，并与空气混合，供给发动机运行。

燃油供给系统的结构如图 3-1 所示，主要由燃油箱、燃油滤清器、电动燃油泵、燃油分配管、燃油压力调节器、喷油器等组成。

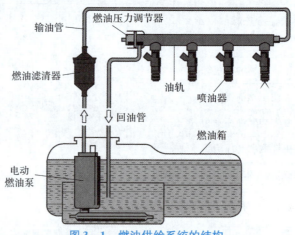

图 3-1　燃油供给系统的结构

2. 燃油供给系统的分类

电控燃油供给系统按照有无回油管路，可分为回油式燃油供给系统、机械无回油式燃油供给系统、电子无回油式燃油供给系统。

（1）回油式燃油供给系统

回油式燃油供给系统结构如图 3-2 所示，电动燃油泵运转，将燃油从燃油箱中吸出并加压后，经燃油滤清器过滤杂质后，通过管道输送至燃油分配管，由燃油压力调节器保持燃油分配管中的燃油压力与进气歧管压力的差值保持恒定（一般燃油压力比进气歧管压力高出 250～300 kPa），然后在 ECU 的控制下（喷油开始时刻和喷油持续时间）由喷油器向各进气管中喷射燃油，多余的燃油经燃油压力调节器流回油箱。

回油式燃油供给系统性能可靠，但是由于回油管的燃油导致燃油箱内油温升高，加速燃油箱内燃油的蒸发速度，导致发动机的热起动性能较差、排放物中碳氢化合物增多。

（2）机械无回油式燃油供给系统

采用恒压式燃油压力调节器，没有回油管路，燃油压力与进气歧管的真空度无关，燃油压力通过燃油泵或燃油滤清器中的燃油压力调节器进行调节，燃油压力一般保持在 0.35 MPa 左右。

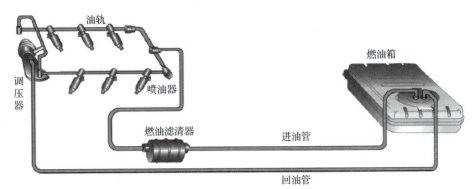

图 3-2 回油式燃油供给系统结构

目前有些发动机的燃油供给系统采用了无回油管系统来减少燃油蒸发排放，将燃油滤清器、燃油压力调节器与燃油泵一体装入油箱，形成了单管路燃油系统。图 3-3 所示为丰田威驰 SA-FE 型发动机的燃油供给系统示意图。

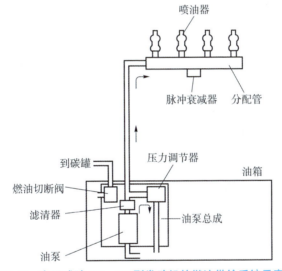

图 3-3 丰田威驰 SA-FE 型发动机的燃油供给系统示意图

（3）电子无回油式燃油供给系统

该系统使电动燃油泵正好提供发动机期望燃油压力的所需燃油量，不需要燃油压力调节器。在燃油分配管上安装燃油压力传感器，检测当前的燃油压力，向 ECU 传递信号，ECU 根据此信号，以占空比的方式向燃油泵模块发送指令，燃油泵控制模块根据此指令调节燃油泵的转速，实现燃油压力控制，并可精确计量喷油量。喷油量的调整是由发动机 ECU 控制燃油泵控制模块的工作电压的占空比实现的，如图 3-4 所示。

二、燃油分配管

燃油分配管又叫燃油导轨、供油总管等，安装在发动机进气歧管上方，如图 3-5 所示。其作用是储存燃油、固定喷油器，并将燃油均匀、等压地分配给各缸喷油器。因为燃油液体具有可压缩性，因此，燃油分配管还有抑制油压波动的功能。

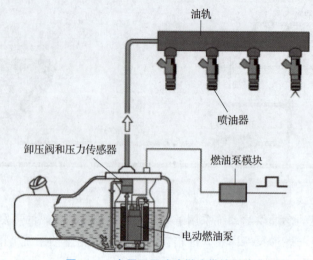

图 3-4 电子无回油式燃油供给系统

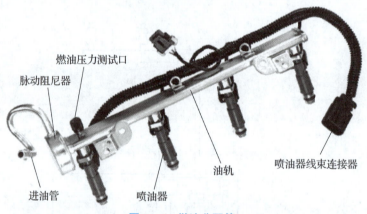

图 3-5 燃油分配管

三、燃油压力调节器

微课 燃油压力
调节器

作为决定发动机性能的参数，喷油器的喷油量取决于喷油器的喷孔截面、喷油时间和喷油压差（即燃油分配管内的油压与进气歧管内的气体压力之差）。在 EFI 系统中，ECU 通过控制喷油器的喷油时间来实现对喷油量的控制。要保证燃油喷射量的精确控制，在喷油器的结构尺寸一定时，必须保持恒定的喷油压差，才能使喷油器喷出的燃油量唯一取决于喷油器的开启时间。

但是由于进气歧管内的气体压力是随发动机转速和负荷的变化而变化的，要保持恒定的喷油压差，必须根据进气歧管内压力的变化来调节燃油压力。即进气歧管内的压力增高时，燃油压力也应相应增高；反之，则降低。

因此，需要设置燃油压力调节器（又称回油阀），其作用是根据进气歧管压力的变化来调节系统油压（即燃油分配管内油压），使两者的压力差保持恒定，一般为 250 ~ 300 kPa。

1. 组成结构

燃油压力调节器如图3－6所示，位于燃油分配管的一端或与汽油泵一体安装于油箱内。

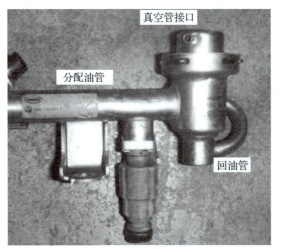

图3－6 燃油压力调节器

主要由膜片、弹簧和回油阀等组成，其结构如图3－7所示，膜片将油压调节器分隔成上、下两个腔。上腔通过软管与进气歧管相通，下腔有进油口连接燃油分配管，回油口与汽油箱连通。这样，膜片上方承受的压力为弹簧的弹力和进气歧管内气体的压力之和，膜片下方承受油压。

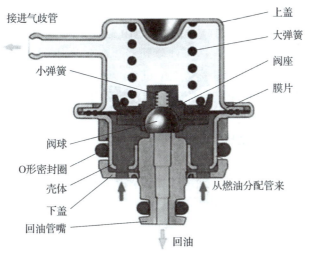

图3－7 燃油压力调节器结构

2. 燃油压调节器的工作原理

发动机工作时，由于电动燃油泵泵送的油量远大于喷射所需的油量，故在油压作用下膜片移向弹簧室一侧，阀门打开，部分燃油流回油箱，燃油分配管内保持一定的油压，此时膜片上、下压力处于平衡状态。

当进气歧管内气体压力下降（真空度增大）时，膜片向上移动，使回油阀开度增大，回油量增加，从而使燃油分配管内油压下降，保持与变化了的歧管压力差值恒定；反之，当进气歧管内的压力升高（真空度降低）时，膜片带动回油阀向下移动，回油阀开度减小，回油量减少，使燃油分配管内油压升高。发动机停止工作时，燃油分配管内压力下降，回油阀在弹簧作用下逐渐关闭，使汽油泵单向阀与燃油压力调节器回油阀之间的油路内保持一定的保持压力。

> **小知识**
>
> 对于单点燃油喷射系统，喷油器安装在节气门体上，燃油喷射在节气门前方，燃油压力调节器不需要根据进气压力调节油压，而是根据大气压力调节油压。

拓展阅读

热效率43%，比亚迪DM-i在百年汽车史上写下了一个数字

党的二十大报告中指出："必须坚持科技是第一生产力、人才是第一资源、创新是第一动力。"通过热效率的提升，引导学生理解科技创新的重要地位，科技是国家强盛之基，创新是民族进步之魂。

如果说汽车行业是整个制造业的标杆，那么发动机这颗汽车的"心脏"，就是一家汽车企业技术研发制造水平的标杆。

比亚迪发布了DM-i超级混动的核心部件之一——骁云-插混专用1.5 L高效发动机。作为新能源汽车的领导者，比亚迪骁云-插混专用1.5 L高效发动机运用了"阿特金森循环+歧管喷射+超高压缩比+冷却EGR技术+高能点火+降低摩擦+优化控制系统"等技术，从而实现热效率43%的目标。

一方面，这款骁云-插混专用1.5 L高效发动机运用了阿特金森循环，通过升级进气控制模型，精确控制阿特金森循环的深度（浅度阿特金森高动力，深度阿特金森低油耗）；另一方面，得益于插电混动系统的独特优势，电机在汽车低速工况的介入，解决了阿特金森循环在低转速情况下输出不足的问题，让发动机专注于最佳工作区间，满足不同工况下的油耗和动力需求。在将发动机压缩比提高到15.5∶1的同时，比亚迪在发动机控制策略上建立了新的爆震阈值标准，在满足发动机可靠性的前提下，实现高效可控的先进燃烧。

此外，骁云-插混专用1.5 L高效发动机还采用了冷却EGR技术，即废气再循环系统，把一小部分发动机排出的废气再送回到进气歧管，与新鲜混合气一起进入气缸，参与燃烧，最终达到降低排放、降低油耗和抑制爆震的目的。

依托插混系统的先天优势，这款发动机的创新之处还包括取消了皮带轮，实现附件电气化，相当于整套动力系统没有了传统发电机、空调压缩机、机械真空泵和机械水泵等附件，以上零部件均有单独的电驱动来工作。这样做的好处是发动机不需要前端轮系，减少摩擦损失之余，还能让发动机更加专注于经济转速区间工作，从而实现低油耗目标。

最后，再加上低活塞环组弹力气门驱动、低摩擦油封、可变排量机油泵等技术的加持，使得这款骁云-插混专用1.5 L高效发动机比上一代发动机摩擦损失减少20%、整机轻量化减重10 kg，从而实现了"逆天"的热效率。

可以说，是大量扎实的技术创新，成就了骁云-插混专用1.5 L高效发动机拿下"全球最高"的勋章，更为比亚迪DM-i超级混动技术的"超低油耗"夯实了基础。

从蹒跚学步，到技术输出，比亚迪正在完成一场漂亮的"反击战"。以比亚迪为代表的中国汽车品牌，坚持在核心技术上自立自强，凭借在新能源领域的技术优势，打造出具有竞争力的产品，实现品牌力的全面提升。崛起的中国汽车品牌在新能源时代必将搬开大山、收复失地。

人类在汽车工业140多年的发展历史中不断探索和超越，这些里程碑式的技术突破，推动了人类社会生活方式的变迁，在当前新能源大趋势下，中国品牌一定可以在这部历史上书写一段属于中国的新篇章。

（摘自：钛媒体App官方网站）

巩固提高

一、填空题（每空4分，共40分）

1. 燃油压力调节器一般安装于_____或_____。

2. 发动机正常工作时，燃油压力随进气压力的增大而_____。

3. 燃油压力调节器主要由_____、_____和_____组成。

4. 燃油分配管安装在_____。

5. 燃油分配管具有_____、_____和_____作用。

二、选择题（每题5分，共10分）

1. 如果燃油滤清器堵塞，输出油压将（　　）。

A. 升高　　　　　　B. 降低　　　　　　C. 不变

2. 燃油压力调节器使压力差保持一般保持在（　　）。

A. 250～300 kPa　　　　　　　　B. 250～300 Pa

C. 25～30 Pa　　　　　　　　　　D. 50～100 kPa

三、判断题（每题4分，共20分）

1. 回油式燃油供给系统会导致燃油箱内油温升高。　　　　　　　　（　　）

2. 燃油系统不需要进行燃油压力的预置。　　　　　　　　　　　　（　　）

3. 转动起动开关，起动发动机2～3次，燃油压力可完全释放。　　（　　）

4. 电子无回油式燃油供给系统需要燃油压力调节器。　　　　　　　（　　）

5. 机械无回油式燃油供给系统采用恒压式燃油压力调节器。　　　　（　　）

四、问答题（每题10分，共30分）

1. 简述燃油压力调节器的结构和工作原理。

2. 如何检查燃油压力调节器的故障？

3. 简述燃油压力的释放过程。

任务二　冷却液温度传感器的检修

任务描述

一辆丰田轿车车主反映发动机故障指示灯异常点亮，经使用故障诊断仪初步检测，判断是发动机冷却液温度传感器电路电压过高。你能找到具体故障原因并进行维修吗？

> **任务分析：**"冷却液温度传感器的检修"学习任务来源于产业学院的实际工作故障案例库。本任务在学生了解温度传感器的基础上，根据温度传感器出现的故障现象，从相关工作原理入手，分析故障原因，确定正确的诊断与检测方法，使用相关仪器设备，找出故障部位并排除。

 学习目标

知识目标

1. 掌握冷却液温度传感器的安装位置、种类和作用；

2. 理解冷却液温度传感器的工作原理。

能力目标

1. 能够使用各种检测工具正确检测冷却液温度传感器；

2. 能借助维修手册，规范检测冷却液温度传感器及连接电路；

3. 能够描述温度传感器的检查项目和技术要求。

素质目标

1. 能在工作过程中与小组其他成员合作、交流，养成团队协作意识和沟通能力；

2. 能准确执行操作规程，培养认真严谨的工作作风、精益求精的工匠精神。

 任务实施

一、任务实施所需工具、设备、耗材

发动机试验台架、数字万用表、解码器、冷却液温度传感器。

二、任务工单

冷却液温度传感器的检修			
班级：	姓名：		
一、任务准备			
1. 工具准备：	□充足	□缺少	备注：
2. 整理场地（6S）：	□符合要求	□不符合要求	备注：
3. 检查车辆安全防护：	□符合要求	□不符合要求	备注：
4. 登记车辆基本信息：	车辆识别代码	发动机型号	
5. 仔细阅读检修注意事项，并确认会遵守要求。	签名：		

续表

二、车辆基本检查
1. 故障码的检测：
2. 外观检查：

三、冷却液温度传感器电阻值

1. 冷却液温度传感器外观检查		□正常　　□不正常	
	元件端子	功能	导线颜色

2. 冷却液温度传感器电阻值		检测条件		
使用设备	检测端子	标准描述	测量值	是否正常

四、冷却液温度传感器电压

1. 冷却液温度传感器供电电压		检测条件		
使用设备	检测端子	标准描述	测量值	是否正常

2. 冷却液温度传感器控制信号电压		检测条件		
使用设备	检测端子	标准描述	测量值	是否正常

五、冷却液温度传感器线路
检测条件：

使用设备	检测端子	标准描述	测量值	是否正常

六、冷却液温度传感器信号波形
检测条件：

使用设备	检测端子	标准描述	测量值	是否正常

诊断结论			
元件损坏	名称：	维修建议：	
线路故障	线路区间：	维修建议：	
其他			

三、任务指导

1. 读取故障码

连接汽车故障诊断仪，将点火开关打至 ON 挡，读取故障代码，若有冷却液传感器的故障码，说明冷却液传感器或相关电路可能存在故障，需要执行相关的检查。

> **小提示**
>
> 丰田卡罗拉发动机读取的传感器相关故障码：
>
> P0115 – 发动机冷却液温度电路故障；
>
> P0116 – 发动机冷却液温度电路范围/性能故障。

2. 检测冷却液温度传感器电阻值

①关闭点火开关，拔下冷却液传感器连接器接头，用数字式万用表电阻挡位就车检查传感器接头两端子间电阻。其电阻值应在表 3 – 1 所示的范围内。若电阻值偏差过大、过小或为∞，说明传感器失效，应更换新的传感器。

微课　冷却液温度
传感器的检测

表 3 – 1　冷却液温度传感器电阻值范围

冷却液温度/℃	电阻值/kΩ
20	2.32 ~ 2.59
80	0.31 ~ 0.326

> **小提示**
>
> 不同车型的冷却液温度传感器的标准电阻值有所不同。

②从车上拆下冷却液温度传感器，并将其置于水杯中，缓慢加热提高水温，同时用万用表测量传感器两端子的电阻值，如图 3 – 8 所示，其电阻值应在表 3 – 1 所示的范围内，否则，说明传感器已损坏，应更换传感器。

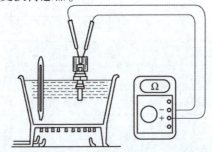

图 3 – 8　水温升高时传感器电阻值的测量

> **小经验**
>
> 在水中检查发动机冷却液温度传感器时，要保持端子的干燥。检查后，将冷却液温度传感器擦干。

3. 检测冷却液温度传感器电压

①拆下冷却液温度传感器线束插头，打开点火开关，测量冷却液温度传感器的供电电压，标准值应为 4.5～5.5 V。

小知识

若电压不在标准值范围内，可能是传感器线路故障、控制单元损坏等原因造成的。

②测量输出信号电压。在发动机运转时，从冷却液温度传感器连接器信号输出端 THW 接线柱或从 ECU 的连接器 THW 端子上，用万用表的电压挡测量冷却液温度传感器输出的电压信号值。其电压大小应随冷却液温度变化而发生变化，温度低时信号电压高，温度高时信号电压低，测量的结果应符合规定，否则，应更换传感器。

4. 检测冷却液温度传感器线路

用数字式万用表电阻挡位测量传感器信号端 THW 与 ECU THW 端子间电阻、传感器搭铁端 E2 与 ECU E2 端子间电阻，线路应导通，若不导通或电阻大于 1 Ω，说明传感器线束存在断路或连接器接头接触不良，需进一步检查或更换。

5. 检测冷却液温度传感器信号波形

使用示波器检测冷却液温度传感器信号波形，选择冷却液温度传感器，调整示波量程。起动发动机怠速运转，使用示波器测量笔连接冷却液温度传感器并连接插头 1 号与 2 号脚位，观察冷却液温度传感器波形是否正常，若波形不正常，则有可能是冷却液温度传感器线路故障或者元件故障。

6. 冷却液温度传感器的更换

①释放冷却液压力。
②断开蓄电池负极。
③断开冷却液温度传感器电气连接器。
④将密封剂涂在传感器螺纹上，按照相反顺序安装传感器。
⑤起动发动机，检查冷却液是否泄漏，检查冷却液液位是否符合要求。

评价反馈

冷却液温度传感器的检修评分细则							
序号	评分项	得分标准	分值	评分标准	自评	互评	师评
1	安全/6S/态度	1. 能进行 6S 整理场地	15	未完成一项扣 3 分，扣分不得超过 15 分	□熟练 □不熟练	□熟练 □不熟练	□熟练 □不熟练
		2. 能进行设备工具的准备、检查、存放					
		3. 能进行车辆安全防护					
		4. 遵守实训秩序					
		5. 个人着装符合要求					

续表

		冷却液温度传感器的检修评分细则					
序号	评分项	得分标准	分值	评分标准	自评	互评	师评
2	专业技能能力	1. 正确使用解码器读取故障 2. 正确查找温度传感器的位置 3. 正确进行传感器内阻的检测 4. 正确读取传感器供电电压 5. 正确检测传感器控制信号 6. 正确进行传感器波形的检测 7. 正确进行传感器线路的判断	55	检测错误一项扣8分，扣分不超过55分	□熟练 □不熟练	□熟练 □不熟练	□熟练 □不熟练
3	工具及设备的使用能力	1. 正确使用解码器 2. 正确使用示波器 3. 正确使用万用表 4. 正确使用维修工具	10	未完成一项扣2分，扣分不得超过10分	□熟练 □不熟练	□熟练 □不熟练	□熟练 □不熟练
4	信息查询及分析能力	1. 正确使用维修手册进行资料查询 2. 准确记录检测所需信息 3. 根据结果正确分析并判断故障点	10	未完成一项扣3分，扣分不得超过10分	□熟练 □不熟练	□熟练 □不熟练	□熟练 □不熟练
5	整理协作能力	1. 任务工单书写的完整性 2. 实时观察、记录能力 3. 小组分工明确、全员参与	10	未完成一项扣3分，扣分不得超过10分	□熟练 □不熟练	□熟练 □不熟练	□熟练 □不熟练

一、温度传感器的类型及功用

目前应用在发动机上的温度传感器主要有冷却液温度传感器、进气温度传感器、排气温度传感器和机油温度传感器等。

微课　温度传感器

温度传感器的功用是将被测对象的温度信号转变为电信号输入发动机电子控制单元ECU，以便ECU根据此信号修正喷油、点火、电子冷却风扇等控制参数或判断检测对象的热负荷状态。

二、温度传感器的分类

温度传感器按结构不同，可分为热敏电阻式、热敏铁氧体式、双金属片式、石蜡式四种。汽车上应用最广泛的是热敏电阻式温度传感器，具有灵敏度高、响应特性好、结构简单、成本低廉等优点。

热敏电阻是一种半导体测温元件，是利用某些金属氧化物或单晶锗、硅等材料，按特定工艺制成的感温元件。热敏电阻尺寸小、热惯性小、结构简单，可以根据不同的要求制成各种各样的形状；响应速度快、灵敏度高；化学性能好、机械性能好、价格低廉。但是热敏电阻的阻值随温度变化是非线性的，并且同一型号的热敏电阻的重复性和互换性也比较差。

热敏电阻式温度传感器主要由绝缘套、塑料外壳、防水插座和热敏电阻等组成。

按照温度系数不同，热敏电阻分为正温度系数热敏电阻、负温度系数热敏电阻、临界温度系数热敏电阻。汽车上一般采用负温度系数的热敏电阻。

1. 正温度系数热敏电阻

阻值随温度升高而增大的热敏电阻称为正温度系数热敏电阻，简称PTC热敏电阻。主要材料掺杂的 $BaTiO_3$ 半导体陶瓷，在检测温度范围内，其阻值随着温度的升高而增加。PTC热敏电阻感温元件在现代和将来都属于一种高科技尖端产品，被广泛应用于轻工、交通、航天、医疗、环保等。

图片　热敏电阻的
电阻-温度
特性曲线

2. 负温度系数热敏电阻

阻值随温度升高而减小的热敏电阻称为负温度系数热敏电阻，简称NTC热敏电阻。主要材料是金属氧化物半导体陶瓷，其阻值随着温度的升高而降低，一般用于检测 $-50 \sim 300 ℃$ 的温度。在实现小型化的同时，还具有灵敏度高、温度稳定性好、响应快、寿命长等特点。

3. 临界温度系数热敏电阻

在某一特定温度下阻值会发生突变的热敏电阻称为临界温度系数热敏电阻，简称CTR热敏电阻。在某一温度下，电阻值随温度的增加而急剧减小，具有很大的负温度系数。主要材料是二氧化钒和一些金属氧化物的掺杂，主要用于温度开关类的控制。

三、冷却液温度传感器

1. 冷却液温度传感器的作用

冷却液温度传感器俗称水温传感器，如图3-9所示。冷却液温度传感器一般安装在发动机冷却水道上，其功用是检测发动机冷却液温度，并将温度信号变换为电信号输送给ECU，ECU根据此信号修正喷油时间和点火时间，使发动机处于最佳工作状态。

冷却液温度传感器控制内容主要有：

①发动机冷起动时，提供特浓混合气，以确保顺利起动。

②发动机起动后暖机控制及点火正时控制。

③发动机水温较低时，控制自动变速器不允许升入超速挡和锁止离合器结合。

④发动机水温较高时，提高冷却风扇的转速，暂时停止空调的工作等。

图3-9 冷却液温度传感器

2. 冷却液温度传感器的工作原理

冷却液温度传感器的结构如图3-10所示。它主要由半导体的热敏电阻、外壳和插接器针脚等组成。

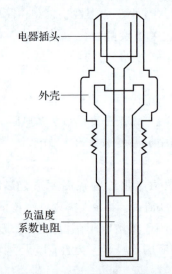

电器插头

外壳

负温度系数电阻

图3-10 冷却液温度传感器的结构

冷却液温度传感器采用负温度系数的热敏电阻构成，即当冷却液温度较低时，传感器的电阻较大，而当冷却液温度升高时，传感器的电阻却明显变小。在实际使用中，传感器感知冷却液温度的变化，并将这种变化通过电路的连接转换为电信号输送给ECU，ECU根据输入的电信号（对应着冷却液温度的变化信号）来对电喷发动机的喷油量及喷油时间进行修正，同时调整空燃比，使进入发动机内的混合气能稳定地燃烧，冷机时供给较浓的可燃混合气，热机时供给较稀的可燃混合气，使发动机稳定而良好地工作。冷却液温度传感器的特性如图3-11所示。

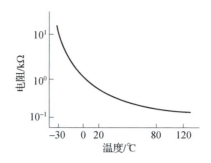

图 3 – 11 冷却液温度传感器的特性

3. 冷却液温度传感器的连接电路

冷却液温度传感器的接头端子与 ECU 的连接及电路特点如图 3 – 12 所示。其中，THW 为信号端子，E2 为车体搭铁线。

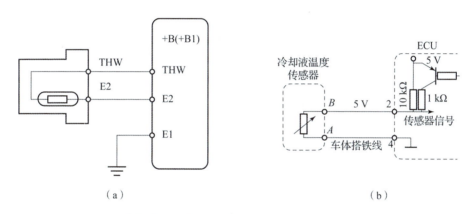

（a）　　　　　　　　　　　　　　　（b）

图 3 – 12 冷却液温度传感器的接头端子与 ECU 的连接及电路特点
（a）连接电路；（b）电路图

从图 3 – 12（b）中可以看出，ECU 是使 5 V 的电压通过 1 kΩ 电阻和晶体三极管串联后再与 10 kΩ 电阻并联的电路，然后经过传感器连接搭铁。在温度较低时，传感器的热敏电阻的阻值较大，ECU 使晶体三极管截止，5 V 的电压通过 10 kΩ 电阻及传感器后连接搭铁，由于传感器的热敏电阻的阻值与 10 kΩ 电阻的阻值相差不大，传感器所测得的数值比较准确；而当温度达到一个特定值时，热敏电阻的阻值发生较大变化，其阻值相对 10 kΩ 较小，测得的数值不准确，此时 ECU 使晶体管导通，5 V 电压通过 1 kΩ 电阻和晶体三极管串联，再与 10 kΩ 电阻并联，经过传感器连接搭铁。由于并联后的阻值与 1 kΩ 相差不大，即与温度升高后的传感器阻值相差不大，因此，即使温度升高后，也能使测量结构准确。

> **小知识**
>
> 热敏电阻内置于发动机冷却液温度传感器内，其电阻值根据发动机冷却液温度的变化而变化。
>
> 传感器结构以及与 ECM 的连接都与进气温度传感器相同。

四、进气温度传感器

1. 进气温度传感器的作用

进气温度传感器用于检测进气管的进气温度，并将温度信号变换为电信号传送给电子控制单元 ECU。进气温度信号是各种控制功能的修正信号，对于发动机能否在最佳工况工作有着很重要的意义，如果进气温度传感器信号出现故障，发动机就会出现热起动困难、废气排放量大等问题。

进气温度传感器通常安装在空气滤清器之后的进气软管上或空气流量传感器上。有的还在空气流量传感器和谐振腔上各安装一个，目的是提高喷油器的控制精度。

2. 进气温度传感器的工作原理

进气温度传感器的结构如图 3 – 13（a）所示，主要由绝缘套、塑料外壳、防水插座、铜垫圈、热敏电阻等组成。

进气温度传感器采用负温度系数的热敏电阻组成，用来检测发动机的进气温度，并将这种温度信号通过电路的连接以电信号的形式输入给 ECU，ECU 则根据输入的电信号对喷油量进行修正。

进气温度传感器内部的负温度系数热敏电阻的阻值随着进气温度的变化而改变。外界温度越高，电阻值越小，负温度系数热敏电阻的阻值大小与进气温度的高低成反比，成非线性关系，如图 3 – 13（b）所示。

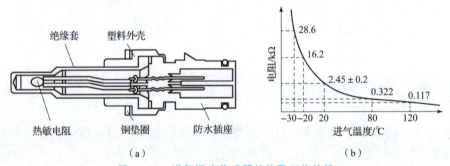

图 3 – 13　进气温度传感器结构及工作特性
（a）结构；（b）工作特性

3. 进气温度传感器的连接电路

进气温度传感器与 ECU 的连接电路如图 3 – 14 所示。在 ECU 中有一个标准电阻与传感器热敏电阻串联，并由 ECU 提供 5 V 标准电压，端子 E 通过 ECU 的 21 端子搭铁。当热敏电阻随进气温度变化时，ECU 通过 THA 端子测得电压，ECU 根据此分压值判断进气温度的大小。

4. 进气温度传感器信号不良原因分析

引起进气温度信号不良的原因主要是进气温度检测电路工作不良。具体原因：进气温度传感器损坏，连接器连接不良，进气温度传感器线路短路、断路或虚接，发动机 ECU 工作不良。如果进气温度检测电路工作不良，发动机就不能精确检测进气温度，进而不能精确检测进气量，引起混合气空燃比偏差，但是由于进气温度对喷油量的修正很少，发动机故障症状较为轻微。

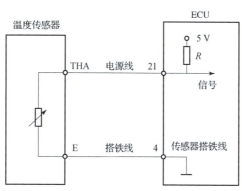

图3-14 进气温度传感器与ECU的连接电路

汽车上其他温度传感器简介

孔子曰："闻一以知十。"不同种类的温度传感器，其结构大同小异，学习过程中发挥学习者主观能动性，加强贯彻举一反三、触类旁通的灵活的原则。

在汽车上，除了进气温度传感器和冷却液温度传感器外，还有车内、外空气温度传感器（空调系统），以及燃油温度传感器、排气温度传感器、机油温度传感器等。车用温度类传感器的工作原理、电路与冷却液温度传感器的基本相同。

1. 车内、外空气温度传感器

车内、外空气温度传感器用于测量车内、外的空气温度，把信号传送给电子控制装置，为汽车空调控制系统工作温度的控制提供信息。车内、外空气温度传感器用负温度系数热敏电阻制成。当车外空气温度发生变化时，电阻值发生变化，温度升高时，电阻值下降；温度降低时，电阻值升高。

车内、外空气温度传感器均采用负温度系数的热敏电阻组成，即电阻值随空气温度的升高而明显减小。车内空气温度传感器将热敏电阻装在塑料壳内，利用抽风装置（如利用空调组件内的气流工作或设有专用电动机吸进空气）将车内空气从吸气孔处吸入塑料壳内来检测车内温度。车外空气温度传感器一般安装在汽车前部；车内空气温度传感器，一个安装在驾驶车内仪表板下面，另一个则安装在后挡风玻璃下面。

2. 排气温度传感器

排气温度传感器安装在汽车排气装置的三元催化转化器上，用来检测废气再循环的废气温度，用于判断废气再循环系统工作是否正常。

排气温度报警系统用于检测三元催化转化器内的排气温度，当排气温度过高时，此中的传感器将这种温度信号以电信号的形式输入给ECU，ECU经过分析处理后，起动异常高温报警系统，使排气温度报警指示灯点亮，从而向驾驶人员发出报警。

3. EGR监测温度传感器

EGR系统即废气再循环系统，其监测温度传感器安装在EGR阀的出气道上。

EGR监测温度传感器也采用负温度系数的热敏电阻为检测元件，它用来监测EGR阀内部再循环气体的温度变化情况并监测EGR阀的正常工作，从而控制从排气歧管出来的部分废气再循环地进入进气歧管中，降低气缸的最高燃烧温度，并减少尾气中 NO_x 的含量，从而降低对环境的污染程度。

4. 液压油温度传感器

液压油温度传感器内部是一个半导体热敏电阻，它具有负的温度电阻系数。温度越高，电阻越低。电控单元根据其电阻的变化测出自动变速器液压油的温度。液压油温度传感器安装在自动变速器油底壳内的阀板上。

液压油温度传感器是用于检测自动变速器液压油的温度，以作为电控单元进行换挡控制、油压控制和锁止离合器控制的依据。

5. 燃油温度传感器

燃油温度传感器的结构性能等同于冷却液温度传感器。由于这两种传感器工作温度范围相近，因此，可以用同一类型和封装的温度传感器。燃油温度传感器用于实时测量燃油温度，用于喷油量修正、转矩修正、共轨压力修正及热保护。柴油机电控系统具有燃油加热功能时，必须设置燃油温度传感器。

燃油温度传感器信号用来监测燃油温度，其可测量的温度范围为 $-40 \sim 120$ ℃，温度不同，燃油密度也不相同。发动机控制单元根据这个信号来计算供油始点和供油量。此外，此信号也用来控制燃油冷却泵开关闭合。

巩 固 提 高

一、填空题（每空 2 分，共 20 分）

1. 冷却液温度传感器安装在_____，其作用是_____。

2. 按照温度系数不同，热敏电阻分为_____、_____、_____。

3. 进气温度传感器通常安装在_____或_____。

4. 进气温度传感器采用_____系数的热敏电阻组成。

5. 温度传感器的功用是将被测对象的_____信号转变为_____信号输入发动机电子控制单元 ECU。

二、选择题（每题 4 分，共 20 分）

1. 负温度系数的热敏电阻的阻值随温度的升高而（　　）。

A. 升高　　　　　B. 降低　　　　　C. 不受影响　　　　　D. 先高后低

2. 如果 ECU 检测到冷却液温度传感器信号电压接近 0 V，则说明传感器或其电路发生了（　　）故障。

A. 断路　　　　　B. 短路　　　　　C. 接触不良　　　　　D. 元件老化

3. 如果 ECU 检测到冷却液温度传感器信号电压接近 5 V，则说明传感器或其电路发生了（　　）故障。

A. 断路　　　　　B. 短路　　　　　C. 接触不良　　　　　D. 元件老化

4. 若传感器搭铁端 E2 与 ECU E2 端子间电阻值为 ∞，说明线路（　　）。

A. 导通　　　　　B. 断路　　　　　C. 短路　　　　　D. 不确定

5. 以下传感器用于检测自动变速器液压油的温度的是（　　）。

A. 液压油温度传感器　　　　　　　　　　B. 燃油温度传感器

C. 排气温度传感器　　　　　　　　　　　D. 进气温度传感器

三、判断题（每题 4 分，共 20 分）

1. 冷却液温度传感器与进气温度传感器的结构和原理都相同。　　　　　（　　）
2. 冷却液温度传感器内部是一个正温度系数的热敏电阻。　　　　　　　（　　）
3. 临界温度系数热敏电阻在特定温度下阻值会发生突变。　　　　　　　（　　）
4. 进气温度传感器信号不准确，会引起混合气空燃比偏差。　　　　　　（　　）
5. 冷却液温度传感器安装在进气管道上。　　　　　　　　　　　　　　（　　）

四、简答题（每题 10 分，共 40 分）

1. 简述冷却液温度传感器的检测步骤。
2. 冷却液温度传感器的作用是什么？常安装在什么位置？
3. 进气温度传感器的作用是什么？常安装在什么位置？
4. 进气温度传感器的工作原理是什么？

任务三　电动燃油泵的检修

任务描述

一辆迈腾 B8 轿车车主反映打开点火开关，仪表盘显示正常，起动发动机，起动机正常运转，但发动机无着车征兆。作为一名维修技工，需根据维修手册、诊断仪器，参考相关资料排除故障，恢复发动机各系统功能。

任务分析："电动燃油泵的检修"学习任务来源于产业学院的实际工作故障案例库，电动燃油泵是发动机电控汽油喷射系统中的重要组成部分，其功能是向燃油喷射系统供给一定压力的燃油，它的技术状况的好坏，将直接影响到燃油喷射系统的正常运转和喷油质量。

学习目标

知识目标

1. 了解电动燃油泵的组成；
2. 理解电动燃油泵的控制电路；
3. 掌握电动燃油泵的工作原理。

能力目标

1. 会规范检查燃油泵；
2. 能够正确识读燃油泵控制电路；
3. 能完成电动燃油泵及其电路的检测与分析。

素质目标

1. 通过电动燃油泵的发展，引导学生坚持守正创新，具有创造精神；
2. 培养学生自主学习能力和科技创新意识。

一、任务实施所需工具、设备、耗材

发动机试验台架、数字万用表、解码器、示波器、燃油泵。

二、任务工单

电动燃油泵的检修				
班级： **姓名：**				
一、任务准备				
1. 工具准备： □充足 □缺少 备注：				
2. 整理场地（6S）： □符合要求 □不符合要求 备注：				
3. 检查车辆安全防护： □符合要求 □不符合要求 备注：				
4. 登记车辆基本信息： 车辆识别代码 发动机型号				
5. 仔细阅读燃油泵检修注意事项，并确认会遵守要求。 签名：				
二、车辆基本检查				
1. 故障码的检测：				
2. 燃油泵动作测试：□正常 □不正常				
三、电动燃油泵内阻检测				
1. 电动燃油泵外观检查		□正常 □不正常		
	元件端子	功能	导线颜色	
2. 电动燃油泵内阻的检测		检测条件		
使用设备	检测端子	标准描述	测量值	是否正常

续表

四、电动燃油泵控制电路检测				
1. 电动燃油泵控制单元的供电与搭铁		检测条件		
使用设备	检测端子	标准描述	测量值	是否正常
2. 电燃油泵控制单元输出信号波形		检测条件		
使用设备	检测端子	标准描述	测量值	是否正常
3. 电燃油泵控制单元控制信号波形		检测条件		
使用设备	检测端子	标准描述	测量值	是否正常
4. 线路检测		检测条件		
使用设备	检测端子	标准描述	测量值	是否正常
诊断结论				
元件损坏	名称：	维修建议：		
线路故障	线路区间：	维修建议：		
其他				

三、任务指导

微课　电动燃
油泵的检测

1. 检查电动燃油泵是否工作

①打开油箱盖，然后打开点火开关（不要起动发动机），在油箱口处仔细听有无电动汽油泵运转的声音。

②若听不清汽油泵运转的声音，在发动机上方听有无"嘶嘶"的燃油流动声，也可用手检查进油软管压力。若有"嘶嘶"的燃油流动声，或进油软管有压力，则说明电动燃油泵正常。

③拆下发动机进油管，打开点火开关或起动起动机，此时若油管内有大量汽油流出，说明电动汽油泵工作正常。

　　燃油进油管内有压力，戴好护目镜并穿好防护服，以免受伤和接触到皮肤。在松开软管连接前，在连接处放一块抹布，然后小心拔出软管泄压。

　　2. 静态检测电动燃油泵

　　①找到燃油泵总成及线束所在位置，拔下燃油泵线束插头，如图3－15所示，插接器上有5个针脚。结合分析燃油泵相关电路图查看，如图3－16所示，其中，T5aw/1号针脚为燃油泵供电线，T5aw/2号针脚为燃油液位传感器信号线，T5aw/3号针脚为燃油液位传感器供电线，T5aw/4号针脚为燃油液位传感器接地线，T5aw/5号针脚为燃油泵搭铁线。

图3－15　燃油泵线束插头

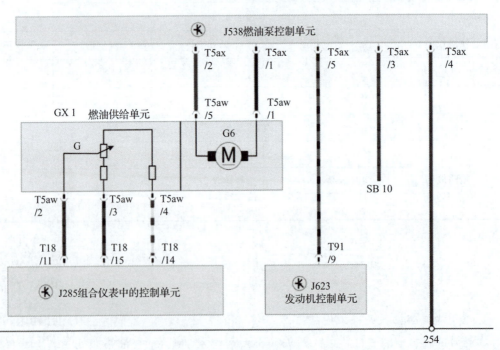

图3－16　燃油泵电路

　　用万用表测量燃油泵1号针脚与5号针脚之间的电子，即燃油泵电机的内阻，标准值应为0.2～3 Ω。

　　②用蓄电池电源短时间加在电动汽油泵两接线柱上，如正常，应能听到声音。

　　③将电动汽油泵浸在汽油桶内，用专用导线连接蓄电池和电动汽油泵；接通电源后，电动汽油泵出油口应有大量高压汽油泵出。

　　以上检验如有异常，应更换电动汽油泵。

应在通风良好处进行；接线要牢固；蓄电池要远离电动汽油泵；最好使用非可燃性的专用喷油嘴检验液代替汽油。

3. 电动燃油泵控制单元的检测

①读取燃油系统的高低压数据流，燃油低压标准值：4.0～7.0 bar，燃油高压标准值：100.0～200.0 bar。

②分析燃油泵控制单元 J538 电路图。其中，T5ax/1 号针脚为燃油泵供电线，T5ax/2 号针脚为燃油泵搭铁线，T5ax/3 号针脚为油泵控制器供电线，T5ax/4 号针脚为油泵控制器接地线，T5ax/5 号针脚为信号线。

③测量燃油泵控制单元的输出信号波形。将示波器调制合适量程，测量 T5ax/1 号针脚与 T5ax/2 号针脚之间的波形，标准波形如图 3－17 所示。否则，说明燃油泵控制单元没有信号输出。

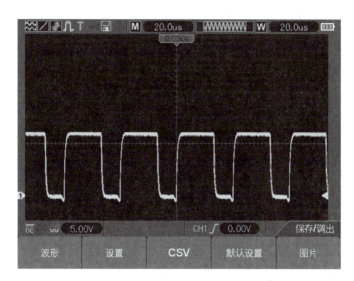

图 3－17　燃油泵标准波形

④测量燃油泵控制单元的供电与搭铁线。测量燃油泵控制单元 3 号针脚与 4 号针脚之间的电压，标准值应为蓄电池电压。若测量值为 12 V，说明燃油泵控制单元供电线和搭铁线正常。

⑤测量燃油泵控制单元的控制信号波形。将红表笔连接 5 号针脚，黑表笔连接 4 号针脚，标准波形如图 3－17 所示。测量波形与标准波形符合，说明信号波形正常；若测量波形与标准波形不符合，说明无信号到燃油泵控制单元端，此时需要检测发动机控制单元输出端的信号波形，即红表笔连接 T91/9，黑表笔接地，观察其波形是否有信号输出。

⑥线路检测。关闭点火开关，断开燃油泵控制单元插头，将万用表调至电阻挡位，分别检测燃油泵控制单元各端子与对应线路端子的电阻值，标准值应小于 2 Ω，以此判断线路间是否存在断路故障。

评价反馈

电动燃油泵的检修评分细则							
序号	评分项	得分标准	分值	评分标准	自评	互评	师评
1	安全/6S/态度	1. 能进行6S整理场地 2. 能进行设备工具的准备、检查、存放 3. 能进行车辆安全防护 4. 遵守实训秩序 5. 个人着装符合要求	15	未完成一项扣3分，扣分不得超过15分	□熟练 □不熟练	□熟练 □不熟练	□熟练 □不熟练
2	专业技能能力	1. 正确检测电动燃油泵电路 2. 正确检测电动燃油泵继电器 3. 正确拆卸电动燃油泵总成 4. 正确测量电动燃油泵电阻 5. 正确安装电动燃油泵 6. 正确检查电动燃油泵是否泄漏	55	检测错误一项扣9分，扣分不超过55分	□熟练 □不熟练	□熟练 □不熟练	□熟练 □不熟练
3	工具使用能力	1. 正确使用维修工具 2. 正确使用万用表 3. 正确使用解码器	10	未完成一项扣5分，扣分不得超过10分	□熟练 □不熟练	□熟练 □不熟练	□熟练 □不熟练
4	信息查询及分析能力	1. 正确使用维修手册进行资料查询 2. 准确记录检测所需信息 3. 根据结果正确分析并判断故障点	10	未完成一项扣3分，扣分不得超过10分	□熟练 □不熟练	□熟练 □不熟练	□熟练 □不熟练

电动燃油泵的检修评分细则							
序号	评分项	得分标准	分值	评分标准	自评	互评	师评
5	整理协作能力	1. 任务工单书写的完整性 2. 实时观察、记录能力 3. 小组分工明确、全员参与	10	未完成一项扣 3 分，扣分不得超过 10 分	□熟练 □不熟练	□熟练 □不熟练	□熟练 □不熟练

知识链接

一、电动燃油泵的作用

电动燃油泵是燃油供给系统的动力源，其作用是将燃油从油箱中吸出，并以足够的泵油量和泵油压力向燃油系统供油。为防止发动机供油不足及高温而产生的气阻，燃油泵的最高输出油压需要 470 kPa 左右，曾经在货车上采用过机械膜片式燃油泵，现代轿车则广泛采用电动燃油泵，其组成如图 3-18 所示。

微课　电动燃油泵

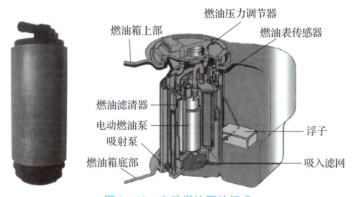

燃油压力调节器
燃油箱上部
燃油表传感器
燃油滤清器
电动燃油泵
吸射泵
燃油箱底部
浮子
吸入滤网

图 3-18　电动燃油泵的组成

电动燃油泵常见的安装位置有两种，即油箱外置型和油箱内置型。

油箱外置型电动燃油泵安装在油箱外，串联在输油管路上，易布置，安装自由度大，但噪声大，易产生气阻，所以只有少数车型上应用。

油箱内置型电动燃油泵安在油箱内部，浸泡在燃油里，这样可以防止产生气阻和燃油泄漏，且噪声小。此外，内置式还在油箱中设一个小油箱，将燃油泵放在小油箱中，这样可以防止在燃油不足而汽车转弯或倾斜时，燃油泵吸入空气而产生气阻，如图 3-19 所示。目前大多数电控燃油喷射系统均采用油箱内置型电动燃油泵。

对燃油泵的要求如下：

①在额定电压下，保持 60~200 L/h 的输油量。

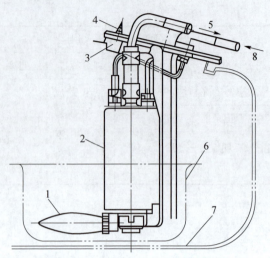

图3-19 （油箱）内置式电动燃油泵

1—进油滤网；2—油泵；3—隔振橡胶；4—支架；5—出油管；6—小油箱；7—油箱；8—回油管

②输出压力在300 kPa以上。

③电压为额定电压的50%~60%时，能保证起动的喷油压力。

二、电动燃油泵结构组成

无论是哪种型式的电动燃油泵，其结构基本上是相同的，都是由直流电动机、油泵、限压阀、单向阀和外壳等组成，如图3-20所示，不同的只是所采用的油泵的型式。

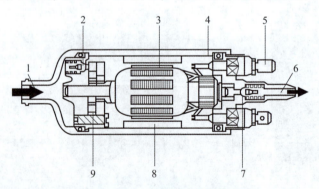

图3-20 电动燃油泵结构

1—进油口；2—限压阀；3—电动机；4—泵壳；5—接线插头；6—出油口；7—单向阀；8—永久磁铁；9—泵体

泵安装于直流电动机的一端，由直流电动机的电枢轴带动旋转，直流电动机则由ECU控制。

当点火开关打开时，直流电动机的电路接通，电枢受到电磁力的作用转动，带动油泵一起转动，将汽油从汽油箱中吸出，经进油口进入燃油泵，当燃油泵内油压超过单向阀的弹簧压力时，汽油经出油口泵入燃油分配管，再分配到各个喷油器。

当油泵内的油压超过规定值（一般为320 kPa）时，油压将克服限压阀弹簧的弹力使限压阀打开，部分汽油经限压阀返回到进油口一侧，使泵内压力不致过高而损坏油泵。

电动燃油泵常见的结构型式有4种，即滚柱式、涡轮式、转子式和侧槽式，目前应用较多的是滚柱式和涡轮式两种。

1. 滚柱式

滚柱式电动燃油泵的构造如图3-21所示，由直流电动机、滚柱式油泵、单向阀、限压阀等组成。其中，滚柱泵结构由滚柱、泵转子、泵壳体等组成。

微课 滚柱式
电动燃油泵

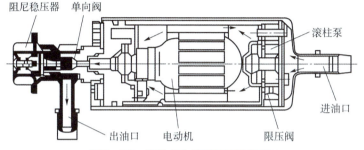

图3-21 滚柱式电动燃油泵的构造

装有滚柱的泵转子偏心安装在电动机的电枢轴上，随电动机一起旋转。滚柱安装在泵转子的凹槽内，可以自由移动，泵壳体侧面有进油口和出油口，如图3-22所示。

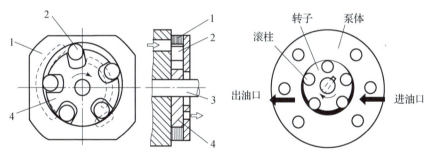

图3-22 滚柱式电动燃油泵工作原理
1—泵体；2—滚柱；3—转子轴；4—泵转子

转子旋转时，位于转子凹槽内的滚柱在离心力的作用下，压靠在泵壳体的内表面上，两个相邻的滚柱之间形成一个封闭的空腔。由于转子被偏心安装，腔室的容积在转动过程中不断变化，在腔室容积增大的一侧设有进油口，而在腔室容积变小的一侧设有出油口。当腔室容积变大时，其内部形成低压，将燃油吸入；当腔室容积变小时，其内部压力增大，将燃油压出，这样就可以将燃油从油箱吸出并加压后供到供油管路中。

此外，在油泵的出口处有单向阀和缓冲器。单向阀的功能是当电动机停转、油泵不工作时，阻止燃油倒流回油箱并保持一定燃油压力，以便再次起动。而缓冲器用来减小出口处因油压脉动产生的噪声。

滚柱式电动燃油泵有如下特点：

①滚柱式电动燃油泵是利用容积变化对汽油压缩来提升油压的，油泵出口端输油压力脉动较大，在出口端必须安装阻尼减振器，以减轻油泵后方燃油管内的压力脉动，这使得燃油泵体积增大，故一般都安装在油箱外面，属外置型。

②由于外置安装，安装自由度大，容易布置。

③滚柱泵依靠滚柱与泵壳体内壁的紧密贴合构成泵油室，故滚柱和泵壳体易磨损，运转中噪声较大，使用寿命不长。

2. 涡轮式

涡轮式电动燃油泵的结构如图3-23所示，由直流电动机、涡轮泵、出油阀、泄压阀等组成，其中，涡轮泵由叶轮、叶片和泵体组成。

微课 涡轮式电动燃油泵

涡轮式电动燃油泵的叶轮安装在电动机的电枢轴上，叶轮的圆周上制有小槽，叶片安装在小槽内部。燃油泵电动机通电，旋转时带动叶轮一起转动，由于离心力的作用，使叶轮周围小槽内的叶片紧贴泵壳，并将燃油从进油腔带往出油腔。由于进油腔的燃油被不断带走，故产生一定的真空度，油箱内的燃油经进油口吸入，而出油腔供油不断增多，燃油压力升高。当油压升到一定值时，顶开出油口的出油阀输出。

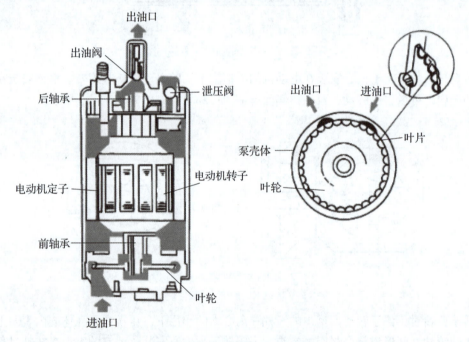

图3-23 涡轮式电动燃油泵结构

电动燃油泵工作时，燃油流经泵内，对燃油泵电动机起到冷却和润滑的作用。电动燃油泵不工作的时候，出油阀处于关闭状态，可以阻止燃油倒流回燃油箱，保持油路中有一定的残余压力，便于下次起动和防止气阻产生。泄压阀安装在进油室和出油室之间，当燃油泵的输出油压达到0.4 MPa时，泄压阀开启，使燃油泵内的进、出油室联通，燃油泵工作只能使燃油在其内部循环，以防止输油压力过高。

涡轮式电动燃油泵有如下特点：

与滚柱式电动燃油泵相比，涡轮式电动燃油泵工作时，涡轮与泵壳不直接接触，故工作时噪声低、振动小、磨损小、可靠性高。不存在因容积变化而产生对汽油的压缩，出口端燃油压力脉动小，可取消阻尼减振器，便于直接装入油箱，使用寿命长，应用广泛。

> **小经验**
>
> 　　对内置型燃油泵，由于其生热件是靠流动的汽油来冷却润滑的，因此，汽车绝对不可在油箱缺油的情况下继续行驶。否则，会使电动燃油泵损坏。

三、电动燃油泵控制电路

1. 电动燃油泵的控制功能

①运转功能，即当点火开关打开而不起动发动机时，燃油泵能预先运转 3～5 s，向油管中预防充压力燃油，保证顺利起动。

②起动运转功能，即在发动机起动过程中，燃油泵能同时运转，保证起动供油。

③恒速运转功能，即在发动机正常运转过程中，燃油泵能始终恒速运转，保证正常的泵油压力和泵油量。

④变速运转功能，即根据发动机工况的变化控制燃油泵高、低速运转变换。发动机高速、大负荷工况下耗油较多时，燃油泵以高速运转；发动机在低速、中小负荷工况工作时，使燃油泵以低速运转，以减少不必要的燃油泵磨损和电能消耗。

⑤自动停转保护功能，发动机熄火后，即使点火开关仍处于接通状态，燃油泵也能自动停转。这一功能可防止汽车因碰撞等事故造成油管破裂时的燃油大量外溢，而避免因点火开关处于接通而引起火灾。

燃油泵控制电路的上述功能不一定全反映在某一车型上，各车型控制电路所能实现的控制功能不尽相同，有的控制功能较少，有的控制功能较多，下面介绍几种常见的燃油泵控制电路：ECU 控制、燃油泵开关控制、燃油泵继电器控制。

2. ECU 控制的油泵控制电路

此种控制电路应用于 D 型和采用热丝（膜）、卡门旋涡式空气流量传感器的 L 型电控燃油喷射系统中，燃油泵转速不变、输油量恒定。ECU 控制的燃油泵控制电路如图 3 – 24 所示。

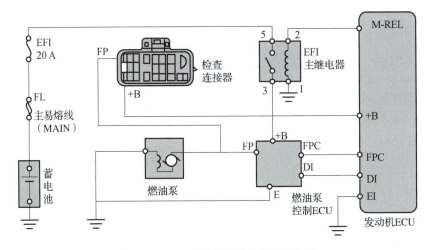

图 3 – 24　ECU 控制的燃油泵控制电路

蓄电池电源经主易熔线、20 A 保险、主继电器进入 ECU 的 +B 端子，燃油泵控制 ECU 通过 FP 端子向燃油泵供电。燃油泵 ECU 通过发动机 ECU 的 FPC 端子和 DI 端子的信号，控制 +B 端子与 FP 端子的连通回路，来改变输送给燃油泵的电压，从而实现对燃油泵转速的控制。

当发动机高速、大负荷工作时，发动机 ECU 的 FPC 端子向燃油泵控制 ECU 发出指令，使 FP 端子向燃油泵提供 12 V 的蓄电池电压，燃油泵高速工作。

当发动机低速、小负荷工作时，发动机 ECU 的 DI 端子向燃油泵控制 ECU 发出指令，使 FP 端子向燃油泵提供较低的电压，燃油泵低速运转。

对这种形式的控制电路，用连接线将检查插座中的 +B 和 FP 插孔连接起来，可使燃油泵运转。用此方法可判断燃油泵及其控制电路的故障。

3. 燃油泵开关控制的油泵控制电路

此种控制电路应用于装叶片式空气流量计的 L 型电控燃油喷射系统。以丰田轿车为例来说明其控制电路，如图 3 - 25 所示。

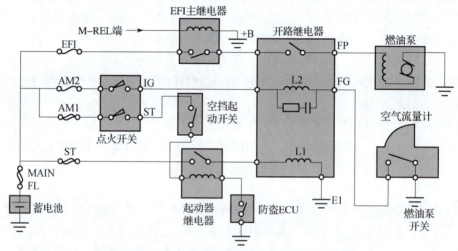

图 3 - 25 丰田轿车燃油泵开关控制的油泵控制电路

起动发动机时，点火开关 ST 端子与电源接通，起动机继电器线圈通电，使继电器触点闭合，蓄电池经起动继电器向开路继电器 L1 线圈供电，使开路继电器触点闭合，从而电源通过 EFI 主继电器、开路继电器向燃油泵供电，燃油泵工作。

汽油机起动后正常运转时，点火开关处于点火位置，点火开关 IG 端子与电源接通，同时，空气流量计内的测量板转动，使燃油泵开关闭合，开路继电器内的线圈 L2 通电，仍保持开路继电器触点闭合，燃油泵继续工作。

因此，发动机运转过程中，燃油泵始终保持工作状态。当汽油机停转时，空气流量计内的燃油泵开关断开，开路继电器内的 L1 和 L2 线圈均不通电，燃油泵电路断开，燃油泵停止工作。

其中，开路继电器的 FC 端子，可使汽油机熄火时，延长电动燃油泵工作 2 ~ 3 s，以保持燃油供给系统内有一定的残余压力。

4. 燃油泵继电器控制的油泵控制电路

燃油泵可根据发动机转速和负荷的变化，通过燃油泵继电器改变燃油泵供电线路，从而控制燃油泵工作转速。以 LS400 轿车为例，其控制电路如图 3-26 所示。

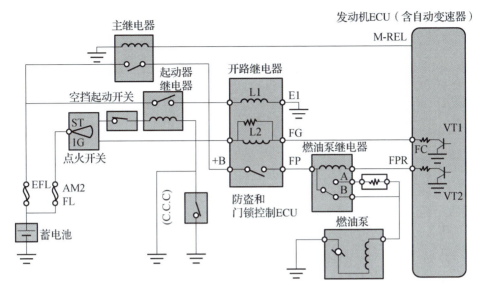

图 3-26 LS400 轿车燃油泵与 ECM 的连接电路

起动发动机时，点火开关 ST 端子与电源接通，起动器继电器线圈通电，使继电器触点闭合，蓄电池经起动器继电器向开路继电器 L1 线圈供电，使开路继电器触点闭合，从而电源通过主继电器、开路继电器 +B 端子向燃油泵供电，燃油泵工作。

汽油机正常运转时，点火开关处于点火位置，并且 ECU 中的晶体管 VT1 导通，开路继电器中的 L2 线圈通电，保持开路继电器触点闭合，燃油泵继电器 FP 端子与电源接通，燃油泵保持工作状态。

当汽油机停转时，ECU 中的晶体管 VT1 截止，开路继电器内的 L1 和 L2 线圈均不通电，燃油泵电路断开，燃油泵停止工作。

汽油机低速、中小负荷工作时，ECU 中的晶体管 VT2 导通，燃油泵继电器线圈通电，使触点 A 闭合，由于将电阻串联到燃油泵电路中，因而油泵两端电压低于蓄电池电压，油泵低速运转；汽油机高速、大负荷工作时，ECU 中的晶体管截止，燃油泵继电器触点 B 闭合，直接给燃油泵输送蓄电池电压，燃油泵高速运转。

四、大众迈腾燃油泵控制逻辑

文本 丰田卡罗拉
燃油泵控制电路

大众迈腾 B8L 燃油泵控制单元 J538 电路图如图 3-27 所示。燃油泵控制单元 J538 通过保险丝 SB10 供电，经由燃油泵控制单元 J538 T5ax/4 端子搭铁形成回路。燃油泵电机 G6 通过燃油泵控制单元 J538 的 T5ax/1 端子供给正极信号，经由燃油泵控制单元 J538 的 T5ax/2 端子搭铁形成回路，从而燃油泵电机 G6 正常工作。而燃油泵控制单元 J538 通过 T5ax/5 端子向发动机控制单元 J623 的 T91/9 的端子传递燃油泵控制单元工作信号。

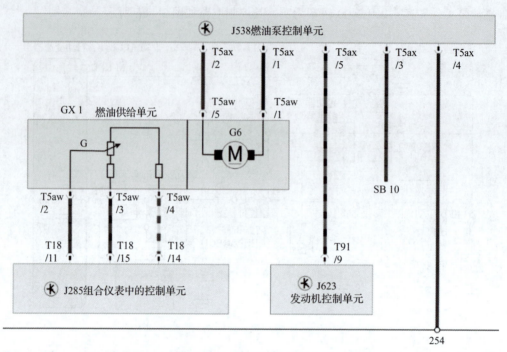

图 3 – 27　迈腾 B8L 燃油泵控制单元 J538 电路图

汽车燃油泵产业未来发展前景

习近平总书记指出："科技成果只有同国家需要、人民要求、市场需求相结合，完成从科学研究、试验开发、推广应用的三级跳，才能真正实现创新价值、实现创新驱动发展。"

汽车零部件行业是我国重点鼓励发展的产业，是支撑经济社会发展和保障国家安全的战略性和基础性产业。为加快新能源汽车以及相关核心零配件行业的发展，国家层面先后印发《关于科技创新驱动加快建设交通强国的意见》《关于加强车联网网络安全和数据安全工作的通知》等鼓励性、支持性政策。汽车零部件产业将在政策支持下加速发展。

随着我国城市化进程的加快，社会稳定和城市安全等问题逐渐浮出水面，汽车燃油泵技术是实现基础设施建设的关键技术。因此，随着社会经济和信息技术的进一步发展，汽车燃油泵的应用将成为未来的新趋势。

汽车燃油泵技术在人们的日常生活和工作中得到越来越广泛的应用。随着我国社会经济的不断发展，对汽车燃油泵的应用需求也会增加。

汽车燃油泵因其具有物联化、互联化和智能化的特点，所以，建设汽车燃油泵重点应关注底层基础设施建设，进而充分发挥汽车燃油泵的物联化、互联化和智能化的特点。汽车燃油泵的发展趋势是智慧和生态，将成为新的标准和新的亮点。因此，汽车燃油泵需要不断提高自身的创新能力，突破行业"瓶颈"，实现高质量的发展。

市场瞬息万变，科技飞速发展，不少企业跟进新产品的速度也在加快，新的包围圈正在形成。汽车燃油泵行业的公司必须有"突破，然后突破"的理念。

只有创新者才能进步，只有创新者才能强大，只有创新者才能赢，一个好的公司只能规模化高质量，一个强大的公司必须依靠技术的创新和应用。汽车燃油泵行业公司也是如此。

（摘自《2023 汽车燃油泵行业分析报告及未来五至十年行业发展报告》）

巩固提高 ✎

一、填空题（每空 2 分，共 20 分）

1. 电动燃油泵按照安装位置不同，可分为_____和_____两种。

2. 电动燃油泵种类有_____、_____、_____和_____。

3. 滚柱式电动燃油泵由_____、_____、_____限压阀等组成。

4. 滚柱式电动燃油泵是利用_____变化对汽油压缩来提升油压。

二、选择题（每题 4 分，共 20 分）

1. 以下部件不属于涡轮式电动燃油泵的结构组成的是（　　）。

A. 直流电动机　　　B. 出油阀　　　　　C. 泄压阀　　　　　D. 滚柱泵

2. ECU 控制的燃油泵控制电路，燃油泵转速（　　）。

A. 不变　　　　　　B. 变小　　　　　　C. 变大　　　　　　D. 不确定

3. 内置型电动燃油泵的特点是（　　）。

A. 自由度大　　　　B. 噪声大　　　　　C. 易产生气阻　　　D. 噪声小

4. 用万用表测量燃油泵控制单元中 T5ax/1 与 T5aw/1 间阻值为无穷大，说明 T5ax/1 与 T5aw/1 之间线路（　　）。

A. 正常　　　　　　B. 短路　　　　　　C. 断路　　　　　　D. 不确定

5. 用万用表测量燃油泵控制单元中端子 T5ax/3 对地电压，正常值为（　　）。

A. 12 V　　　　　　B. 0 V　　　　　　C. 5 V　　　　　　D. 不确定

三、判断题（每题 4 分，共 20 分）

1. 电动燃油泵的控制包括恒速运转功能。　　　　　　　　　　　　　　　（　　）

2. 电动燃油泵设置单向阀态，可以阻止燃油倒流回燃油箱，可以保持油路中有一定的残余压力，便于下次起动和防止气阻产生。　　　　　　　　　　　　　　（　　）

3. ECU 控制的燃油泵控制电路根据发动机转速和负荷的变化，来改变输送给燃油泵的电压，从而控制燃油泵工作转速。　　　　　　　　　　　　　　　　　（　　）

4. 单向阀用来减小出口处因油压脉动产生的噪声。　　　　　　　　　　　（　　）

5. 发动机熄火时，延长电动燃油泵工作 2～3 s，是为了保持燃油供给系统内有一定的残余压力。　　　　　　　　　　　　　　　　　　　　　　　　　　　　　（　　）

四、简答题（每题 10 分，共 40 分）

1. 简述电动燃油泵的作用。

2. 简述内置型和外置型电动燃油泵的优缺点。

3. 简述电动燃油泵控制电路的检测。

4. 绘制电动燃油泵控制电路，并对各端子进行说明。

任务四 喷油器的检修

4S店学徒小王接待了一辆丰田卡罗拉轿车车主，车主反映发动机故障指示灯常亮，车辆行驶无力，急速时发动机严重抖动，需要进行检修，经使用故障诊断仪初步检测判断是喷油器相关故障。你能帮小王找到具体故障原因并进行维修吗？

任务分析："喷油器的检修"学习任务来源于产业学院的实际工作故障案例库，喷油器是发动机中的重要精密耦合部件，它的损坏不仅影响汽车的经济性、动力性，还会造成环境污染等问题。本任务在学生了解喷油器的基础上，根据喷油器出现的故障现象，从相关零部件的工作原理入手，分析故障原因，确定正确的诊断与检测方法，使用相关仪器设备，找出故障部位并排除。

知识目标

1. 了解喷油器的类型；

2. 理解喷油器的组成、结构及工作原理；

3. 掌握喷油器的端子及线束电压、电阻、频率或波形的检测方法。

能力目标

1. 会使用喷油器的各检测设备；

2. 能够正确识读喷油器电路图；

3. 能检测喷油器的端子及线束电压、电阻、频率或波形；

4. 能检测喷油器的喷油量、雾化效果。

素质目标

1. 坚定学生绿水青山就是金山银山的理念，自觉践行保护生态环境的重任；

2. 具备自主探究学习的意识，提高创新精神。

一、任务实施所需工具、设备、耗材

发动机试验台架、数字万用表、解码器、喷油器。

二、任务工单

喷油器的检修				

班级：		姓名：		

一、任务准备

1. 工具准备：	□充足	□缺少	备注：

2. 整理场地（6S）：	□符合要求	□不符合要求	备注：

3. 检查车辆安全防护：	□符合要求	□不符合要求	备注：

4. 登记车辆基本信息：	车辆识别代码		发动机型号

5. 仔细阅读喷油器检修注意事项，并确认会遵守要求。　　　　　签名：

二、车辆基本检查

1. 故障码的检测：

2. 喷油器动作测试：

三、喷油器内阻检测

1. 喷油器外观检查		□正常　　　　□不正常	

	元件端子	功能	导线颜色

2. 喷油器内阻的检测	检测条件			
使用设备	检测端子	标准描述	测量值	是否正常

四、喷油器控制电路检测

1. 喷油器供电电压	检测条件			
使用设备	检测端子	标准描述	测量值	是否正常

2. 喷油器控制信号	检测条件			
使用设备	检测端子	标准描述	测量值	是否正常

3. 喷油器信号波形	检测条件			
使用设备	检测端子	标准描述	测量值	是否正常

续表

4. 喷油器线路		检测条件		
使用设备	检测端子	标准描述	测量值	是否正常
五、清洗及检测喷射阀				
1. 喷油器的清洗步骤				
2. 喷油器喷油雾化检测				
3. 喷油量检测				
诊断结论				
元件损坏	名称：	维修建议：		
线路故障	线路区间：	维修建议：		
其他				

三、任务指导

1. 就车诊断喷油器工作情况

接通点火开关，使发动机怠速运转，用旋具（螺丝刀）或听诊器（触杆式）测试各缸喷油器工作声音。若各缸喷油器工作声音清脆均匀，说明各缸喷油器控制电路正常，且无卡滞；若某缸喷油器工作声音很小，可能是针阀卡滞；若听不到喷油器工作声音，说明喷油器不工作，则应检查该缸喷油器的电磁线圈电阻及喷油器控制线路。

微课 喷油器
的检测

> **小经验**
>
> 　　喷油器在正常工作时，会发出有节奏的"嗒嗒"声，同时会发生规律的震动，所以也可以通过手触摸喷油器判断喷油器是否正常，若有振动感，说明喷油器控制电路正常且无卡滞。

　　2. 检测喷油器的电阻值

　　拔下喷油器线束插头，用万用表测量喷油器两端子之间的电阻，低阻型喷油器应为 2 ~ 3 Ω，高阻型喷油器应为 13 ~ 16 Ω，否则，应更换喷油器。

　　3. 检查喷油器控制电路

　　（1）检测喷油器供电电压

　　使用万用表检测喷油器供电电压，选择万用表 20 V 直流挡位。检测条件：打开点火开关至 ON 挡，万用表检测位置传感器插头 1 号与 2 号脚位之间的电压，实际测量值在 11 ~ 14.7 V，则正常。

　　（2）检测喷油器控制信号

　　如图 3 – 28 所示，使用试灯法检测喷油器控制信号，将试灯带有鳄鱼夹的一端跨接测量线，将试灯跨接测量线一端连接喷油器并连插头 1 号脚位，另一端测量喷油器并连插头 2 号脚位。发动机运转时，试灯应闪烁，则喷油器信号正常。

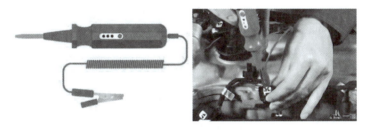

图 3 – 28　试灯法检测喷油器控制信号

　　（3）检测喷油器信号波形

　　如图 3 – 29 所示，使用示波器，选择饱和开关型喷油器驱动器，调整示波量程、示波时基。检测条件：打开点火开关至 ON 挡，使用示波器测量笔一端连接发动机接地，另一端连接插头 2 号脚位。观察波形是否正常。

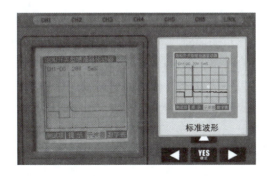

图 3 – 29　喷油器信号波形

不同类型的喷油器产生的波形不同，要细心辨别喷油器类型。

（4）检测喷油器线路

使用万用表检测喷油器线路断路故障。检测条件：关闭点火开关，选择万用表通断挡位，使用万用表检测喷油器 2 号脚位与对应 ECU 的脚位之间线路是否导通。

4. 清洗及检测喷油器

（1）喷油器的拆装

首先释放燃油供给系统压力；依次断开各个喷油器的插接器；拆下燃油管夹，使用燃油管拆卸专用工具，并听到"咔"的一声后脱开燃油输入管；选用合适的工具拆下输油管的固定螺栓，并取下；依次取下喷油器，并按顺序进行编号；依次拆下喷油器隔震垫，并对喷油器安装孔进行遮挡，防止异物进入进气歧管。

按与拆卸相反的顺序安装喷油器及相关部件。

（2）目测检验

拆装及检测过程中要注意汽油使用安全，防止火灾。

在工作台铺一块干净的白布，将喷油器内部残余的燃油倒在白布上，若发现有铁锈或水珠，则说明喷油器已锈蚀，应更换。

（3）密封性检查

喷油器密封性可在专用设备上进行，在检测喷油量之前，直接给燃油泵通电工作，油压达到正常时，观察喷油器有无滴漏现象。也可将喷油器和输油管从安装位置上拆下，再与燃油系统悬空连接好，打开点火开关，让燃油泵通电工作，观察喷油器有无滴漏现象。一般要求 2 min 内喷油器滴油不超过 1 滴，说明喷油器密封性良好，否则应更换喷油器。

低阻型喷油器不能直接与蓄电池连接，必须串联一个 $8\sim10\ \Omega$ 的附加电阻。

（4）喷油量及雾化质量检查

用喷油器清洗机上的喷油量测量仪检查喷油量。检查方法是：燃油泵工作后，用导线让蓄电池直接给喷油器通电，并用量杯检查喷油器的喷油量。每个喷油器应重复检查 2~3 次，各缸喷油器的喷油量和均匀度应符合标准。各车型喷油器的喷油量和均匀度标准不同，一般喷油量为 50~70 mL/15 s，各缸喷油器的喷油量相差不超过 10%，否则，应清洗或更换喷油器。同时，观察燃油从喷油孔喷出的形状，应为 35°左右的圆锥雾状。

（5）喷油器的清洗

积碳易造成喷油器堵塞，导致怠速不稳，容易熄火；劣质燃油含水分，易使针阀腐蚀，导致喷油器卡滞；拆下喷油器用喷油器清洗机清洗，能恢复喷油器的良好性能。

喷油器的 O 形密封圈不可重复使用。安装 O 形密封圈前，应先涂上燃油。

评价反馈

喷油器的检修评分细则							
序号	评分项	得分标准	分值	评分标准	自评	互评	师评
1	安全/6S/态度	1. 能进行6S整理场地 2. 能进行设备工具的准备、检查、存放 3. 能进行车辆安全防护 4. 遵守实训秩序 5. 个人着装符合要求	15	未完成一项扣3分，扣分不得超过15分	☐熟练 ☐不熟练	☐熟练 ☐不熟练	☐熟练 ☐不熟练
2	专业技能能力	1. 正确使用解码器读取故障 2. 正确检查喷油器外观 3. 正确进行喷油器内阻的检测 4. 正确读取喷油器供电电压 5. 正确检测喷油控制信号 6. 正确进行喷油器波形的检测 7. 正确进行喷油器线路的判断	55	检测错误一项扣8分，扣分不超过55分	☐熟练 ☐不熟练	☐熟练 ☐不熟练	☐熟练 ☐不熟练
3	工具及设备的使用能力	1. 正确使用解码器 2. 正确使用示波器 3. 正确使用万用表 4. 正确使用维修工具 5. 正确使用喷油器清洗机	10	未完成一项扣2分，扣分不得超过10分	☐熟练 ☐不熟练	☐熟练 ☐不熟练	☐熟练 ☐不熟练
4	信息查询及分析能力	1. 正确使用维修手册进行资料查询 2. 准确记录检测所需信息 3. 根据结果正确分析并判断故障点	10	未完成一项扣3分，扣分不得超过10分	☐熟练 ☐不熟练	☐熟练 ☐不熟练	☐熟练 ☐不熟练
5	整理协作能力	1. 任务工单书写的完整性 2. 实时观察、记录能力 3. 小组分工明确、全员参与	10	未完成一项扣3分，扣分不得超过10分	☐熟练 ☐不熟练	☐熟练 ☐不熟练	☐熟练 ☐不熟练

微课　喷油器的结构

一、喷油器的结构

喷油器是发动机电控燃油供给系统的一个关键的执行器，通常安装在各进气歧管或进气道附近的缸盖上，并用燃油分配管固定。其作用是在 ECU 的控制下，将汽油呈雾状定时定量喷入进气歧管内。

> **小知识**
>
> 喷油器是一种高精度器件，要求其动态流量范围大，抗堵塞与污染能力强，雾化性能好。为满足这些性能要求，电控燃油喷射系统采用电磁式喷油器。

按照喷油器电磁线圈的电阻值不同，喷油器分为高阻（13～18 Ω）喷油器和低阻（2～3 Ω）喷油器。

按总体结构不同，可分为轴针式、球阀式和片阀式，目前常用的是轴针式喷油器，如图 3-30 所示。

（a）　　　　　　　（b）　　　　　　　（c）

图 3-30　喷油器形式

（a）轴针式；（b）球阀式；（c）片阀式

以轴针式喷油器为例，其结构如图 3-31 所示，由喷油器外壳、滤网、电接头、电磁线圈、衔铁、针阀、喷油轴针等组成。喷油器内部的电磁线圈经线束与电脑连接，喷油器头部的针阀与衔铁连接为一体。它的一端为进油口，与燃油分配管连接；另一端为喷油口，插入进气歧管中，两端分别用 O 形密封圈密封。

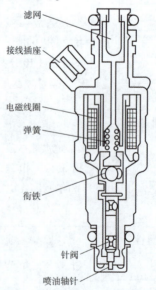

滤网

接线插座

电磁线圈

弹簧

衔铁

针阀

喷油轴针

图 3-31　轴针式喷油器结构

二、喷油器的工作原理

喷油器相当于电磁阀，当电磁线圈通电时，便产生吸力，将街铁和针阀吸起，打开喷孔，燃油经针阀头部的轴针与喷孔之间的环形间隙高速喷出，并被粉碎成雾状。电磁线圈不通电时，磁力消失，弹簧将街铁和针阀下压，关闭喷孔，停止喷油。

喷油器的通电、断电由 ECU 以电脉冲控制，喷油量由电脉冲宽度决定，即脉冲宽度决定喷油持续时间，决定喷油量。喷油器喷油时间极短，持续在 2～10 ms 范围内，一般针阀升程约为 0.1 mm。

球阀式和片阀式喷油器，其结构和工作过程与轴针式喷油器基本一致，主要区别在于阀体结构不同，如图 3-32 所示。

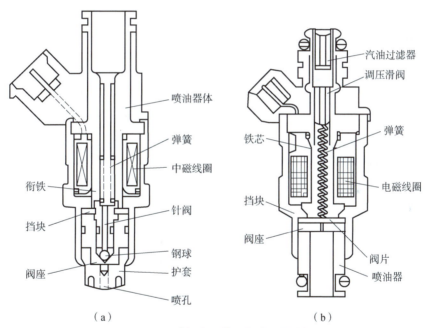

（a）　　　　　　　　　　　（b）

图 3-32　球阀式和片阀式喷油器结构
(a) 球阀式；(b) 片阀式

三、喷油器的驱动方式

喷油器按电磁线圈的控制方式不同，可分为电压驱动式和电流驱动式两种。

1. 电压驱动式

电压驱动式是指通过控制喷油器的工作电压来控制喷油器工作，如图 3-33 所示。在电压驱动式电路中，使用高阻值喷油器时，可将蓄电池电压直接加在喷油器；而使用低阻值喷油器时，则应在电路中串入附加电阻，将蓄电池电压分压后加在喷油器上。这是因为低阻喷油器电磁线圈匝数少、电阻小，如果直接和蓄电池电源连接，则电流大、发热快、易烧坏电磁线圈，串入附加电阻可保护低阻喷油器。

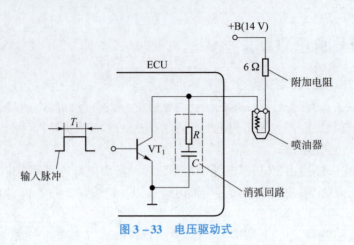

图 3-33　电压驱动式

2. 电流驱动式

电流驱动式是指通过控制喷油器的工作电流来控制喷油器的工作，即喷油器的驱动脉冲信号开始时用一个较大的电流，使电磁线圈产生较大的电磁吸力，以迅速打开喷口，随后用较小的电流保持喷口的开启状态，从而防止电磁线圈过热，因此驱动效果好，如图 3-34 所示。电流驱动方式只适用于低阻值喷油器，蓄电池电压直接加在喷油器上，由于喷油器阻值小，驱动电路接通时，通过喷油器电磁线圈的电流很快上升，使针阀迅速打开。随着电流的上升，检测点 A 的电位也很快升高。当 A 点电位上升到设定值时，电流控制回路会控制晶体管 VT1 以 20 MHz 的频率交替地导通和截止，使通过喷油器电磁线圈的平均电流保持为 1~2 A，保持针阀的开启状态。

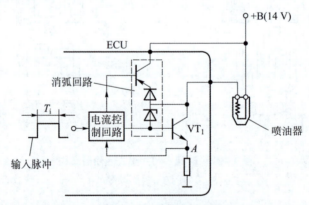

图 3-34　电流驱动式

电流驱动式的特点是电流的变化速度快，所以针阀开启速度也较快，这样有利于扩大喷油器的动态喷射量范围。电压驱动式较电流驱动式回路要简单，但加入附加电阻使回路阻抗加大，导致流过线圈的电流减小，喷油器上产生的电磁力降低，针阀开启迟滞时间延长。一般来说，电流驱动式喷油器的迟滞时间（无效喷射）最短，其次为电压驱动式低电阻值型，电压驱动式高电阻值型最长。

小提示

电压驱动式一般应用于多点喷射系统中，电流驱动式一般应用于单点喷射系统中。

四、喷油器的控制电路

喷油器的基本控制电路如图 3–35 所示。曲轴位置传感器、空气流量计等传感器信号输入 ECU 后，ECU 根据数学计算和逻辑判断结果，发出脉冲信号指令控制喷油器喷油。当脉冲信号的高电平加到驱动晶体管 VT 的基极时，VT 导通，喷油器的电磁线圈电流接通，产生电磁吸力将针阀吸开，喷油器开始喷油；当脉冲信号的低电平加到驱动晶体管 VT 的基极时，VT 截止，喷油器的电磁线圈电流切断，在复位弹簧弹力作用下针阀关闭，喷油器停止喷油。

由此可见，ECU 是通过控制喷油器的搭铁回路来实现对喷油器的控制的。

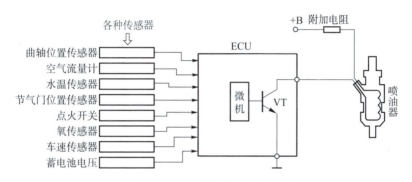

图 3–35　喷油器的基本控制电路

各车型喷油器的控制电路基本一致，一般都是喷油器由点火开关和主继电器或燃油泵继电器供电，由 ECU 控制搭铁。图 3–36 所示为丰田卡罗拉的喷油器电路连接图，4 个喷油器均通过 IG2 继电器供电，由 ECU 控制搭铁，从而实现喷油量和喷油正时的控制。

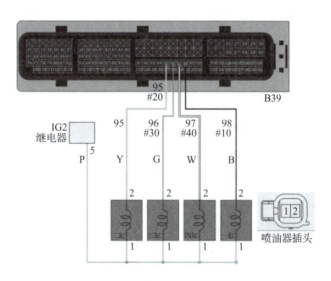

图 3–36　丰田卡罗拉的喷油器电路连接

五、喷油量的控制

当喷油器的结构和喷油压差一定时，喷油量的多少就取决于喷油时间。在汽油机电控燃油喷射系统中，喷油量的控制是通过对喷油器喷油时间（喷油脉宽）的控制来实现的。

小提示

发动机工况不同，对混合气浓度的要求也不相同。为使发动机在各种运行工况下，都能获得最佳的混合气浓度，以提高发动机的经济性和降低排放污染，需要对喷油量进行控制。

喷油量的控制根据发动机的工况不同，可以分为发动机起动时的喷油量控制和发动机起动后的喷油量控制。

1. 发动机起动时的喷油量控制

发动机起动时转速很低，且转速波动较大，在这种情况下，无论是空气流量计还是进气歧管绝对压力传感器，其检测精度都偏低，输出的信号误差较大，不能精确计量进气量。

微课 起动时
喷油量的控制

小知识

如何判断发动机处于起动状态？

1. 点火开关处于"STA"；

2. 曲轴位置传感器信号表明：发动机转速低于 300 r/min；

3. 节气门位置传感器表明：节气门处于关闭状态。

因此，在起动时，ECU 按照可编程只读存储器中预先编制的起动程序和预定空燃比控制喷油，然后根据冷却液温度传感器信号确定基本喷油量。

起动时，ECU 首先根据点火开关、曲轴位置传感器和节气门位置传感器提供的信号，判定发动机是否处于起动工况，以便决定是否按起动程序控制喷油，然后根据冷却液温度传感器信号确定基本喷油量，最后用进气温度和蓄电池电压等参数进行修正，得到起动时的喷油量。温度越低，喷油量越大；温度越高，喷油量越少。

2. 发动机起动后的喷油量控制

在发动机起动后进入正常运转工况下，为了提高控制精度，喷油器的总喷油量由基本喷油量、喷油修正量和喷油增量三部分组成。

$$总喷油量 = 基本喷油量 + 喷油修正量 + 喷油增量$$

基本喷油量由进气量传感器（空气流量计或进气歧管绝对压力传感器）和发动机转速传感器（曲轴位置传感器）的信号计算确定；喷油修正量由与进气量有关的进气温度、大气压力、氧传感器信号和蓄电池电压信号计算确定；喷油增量由反映发动机工况的点火开关信号、冷却液温度和节气门位置等传感器信号计算确定。

1）基本喷油量

基本喷油量是在标准大气状态（温度为 20 ℃，压力为 101 kPa）下，根据发动机每个工作循环的进气量、发动机转速 n 和设定的空燃比（即目标空燃比 A/F）确定。

2）喷油修正量

当发动机实际运行条件改变时，应对基本喷油量进行适当的修正，以保证发动机正常运行，通常考虑进气温度、大气压力和蓄电池电压修正三个方面的影响。修正量的大小用修正系数表示：

$$修正系数 = 修正后的喷油量/基本喷油量$$

（1）进气温度修正

由于进气温度会影响到进气的密度，从而影响进气量。当进气温度升高时，空气密度增大，同样体积进气量的气体，质量会随着温度的升高而降低，若不对喷油量进行修正，则混合气会变浓。

对于采用进气压力传感器和体积流量（叶片式、卡门旋涡式）传感器进行进气量检测的喷射系统，由于检测的是空气的体积流量，因此需要 ECU 根据进气温度传感器的信号对喷油量进行修正，使发动机在各种运行条件下都能获得最佳的喷油量。

进气温度修正的方法为：当进气温度高于 20 ℃时，ECU 将确定修正系数小于 1，适当减少喷油量（缩短喷油时间）进行修正；反之，当进气温度低于 20 ℃时，ECU 将确定修正系数大于 1，适当增加喷油（延长喷油时间）进行修正。

（2）大气压力修正

大气压力也会影响到进气的密度，从而影响进气量。当汽车行驶到高原地区时，海拔高度增加，大气压力降低，使空气密度降低，对于同样体积的空气流量，其质量就会降低。为避免混合气过浓以及油耗过高，应根据大气压力对喷油器的喷油时间进行修正。

大气压力修正的方法为：当大气压力低于 101 kPa 时，ECU 将减小修正系数，使喷油量减少（缩短喷油时间）进行修正，避免混合气过浓和油耗过高；反之，当大气压力高于 101 kPa 时，ECU 将适当增加喷油（延长喷油时间）进行修正。

（3）蓄电池电压修正

由于喷油器针阀的机械惯性、电磁线圈的磁滞特性以及磁路效率的影响，在喷油脉冲加到喷油器电磁线圈后，针阀并不是随着电脉冲同步升起并上升到最大值，而是有一段滞后时间。通常把从脉冲开始出现到针阀呈现最大升程所需的时间称为开阀时间 T_0；同样，从脉冲消失到针阀落座关闭也需要一定的时间，此段时间称为关闭时间 T_c。开阀时间与关阀时间之差（$T_0 - T_C$）称为无效喷射时间，在这段时间内，喷油器并不喷油。其中，开阀时间受蓄电池电压的影响较大，而关阀时间受蓄电池电压的影响较小。当蓄电池电压变化时，会影响到喷油器开启时刻，从而造成喷油量的误差，所以，ECU 也会根据蓄电池电压对喷油量进行修正。通常采用修正通电时间的方法来消除蓄电池电压变化对喷油量的影响。

蓄电池电压修正的方法为：以蓄电池电压 14 V 为基准，当蓄电池输入 ECU 的电压低于 14 V 时，ECU 将增大喷油脉冲的占空比，即增大修正系数，使喷油器的喷油时间增长；反之，当蓄电池电压升高时，ECU 将减小占空比，即减小修正系数，使喷油时间缩短。

（4）空燃比反馈控制修正

试验证明：当混合气的空燃比控制在理论空燃比附近时，三元催化转换器转换效率最高。如果仅仅利用空气流量传感器和发动机转速传感器计算求得充气量，那么很难将空燃比控制在理论空燃比附近。

为了达到排气净化的目的，电控发动机都安装了三元催化转换器和氧传感器，借助于安装在排气管上的氧传感器反馈空燃比信号，对喷油量进行反馈优化控制，将空燃比精确控制在理论空燃比附近，使三元催化转换器发挥最高的转换效率。为保证发动机具有良好的工作性能，空燃比并不是在发动机的所有工况下都进行反馈控制。在下述情况下，ECU 对空燃比不进行反馈控制：

①发动机起动工况。

②发动机起动后暖机工况。

③发动机大负荷工况。

④加速工况。

⑤减速工况。

⑥氧传感器温度低于正常工作温度。

⑦氧传感器输入 ECU 的信号电压持续 10 s 以上时间保持不变。

3）喷油增量

当发动机运行工况发生变化时，需要在基本喷油量的基础上额外增加一部分喷油量，以加浓混合气。一般在发动机起动后、暖机过程、加速过程、大负荷等工况下，需要加浓混合气。增量的大小用增量比表示：

$$增量比 = (基本喷油量 + 增量)/基本喷油量$$

（1）低温起动后喷油增量

发动机冷车起动后，由于低温混合气雾化不良，燃油会在进气管上沉积而导致混合气变稀，发动机运转不稳甚至熄火。

为此，在起动后的短时间内，必须增加喷油量，使混合气加浓，保证发动机稳定运转而不致熄火。喷油增量比例的大小取决于起动时发动机的温度，并随起动后时间的增长而逐渐减小至 1，如图 3 - 37 所示。

（2）暖机过程喷油增量

暖机过程喷油增量是指暖机过程中根据冷却液温度确定的喷油增量。在冷车起动结束后的暖机过程中，发动机温度较低，燃油雾化较差，部分燃油凝结在进气管和气缸壁上，会使混合气变稀，燃烧不稳定。因此，在暖机过程中必须增加喷油量，其燃油增量的比例取决于冷却水液温度传感器，如图 3 - 38 所示。

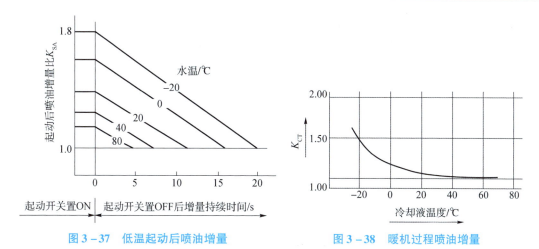

图 3-37　低温起动后喷油增量　　　　图 3-38　暖机过程喷油增量

（3）大负荷工况喷油增量

当发动机在大负荷工况下运行时，为获得良好动力性，需要供给浓混合气。ECU 根据进气管绝对压力传感器或空气流量计信号以及节气门位置传感器信号判断发动机负荷状况，大负荷时适当增加喷油量，供给浓于理论空燃比的功率混合气，满足输出最大功率的要求。

（4）加速增量

当汽车加速时，为了保证发动机能够输出足够的扭矩，改善加速性能，必须增大喷油量。

在发动机运转过程中，ECU 将根据节气门位置传感器信号和进气量传感器信号的变化速率，判定发动机是否处于加速工况。

汽车加速时，节气门突然开大，节气门位置传感器信号的变化速率增大，与此同时，空气流量突然增大，歧管压力突然增大，进气量传感器信号突然升高，ECU 接收到这些信号后，立即发出增大喷油量的控制指令，使混合气加浓。燃油增量比例大小与加浓时间取决于加速时发动机冷却液的温度。冷却液温度越低，燃油增量比例越大，加浓持续时间越长，如图 3-39 所示。

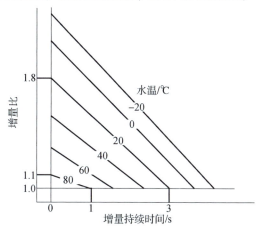

图 3-39　水温和燃油增量比例图

柳州源创自主创造"中国芯"

党的二十大报告指出："自力更生是中华民族立于世界民族之林的奋斗基点，自主创新是我们攀登世界科技高峰的必由之路。"聚焦国产品牌柳州源创，引导学生树立民族自信心和自豪感。

喷油器是汽车发动机的核心部件，以前只有少数几个发达国家能制造。柳州源创电喷技术有限公司自 2004 年开始十年磨一剑，通过投入巨资进行自主研发，终于成功制造出 200 多款产品，并于2013年实现了批量工业化生产，填补了国内汽车发动机普遍缺乏"中国芯"的空白。

自主研发创新，打破制造喷油器国际技术垄断

汽车发动机性能的好坏是由燃烧模式决定的，而燃烧模式则由喷油器来决定。在整个电喷系统中，喷油器制造难度最大，以前全世界只有德国、美国、日本等国的七家企业能研发生产。我国曾经计划用"市场换技术"的方式获取该技术，但未能如愿以偿。面对技术壁垒，柳州源创技术研发人员带着"中国汽车必须有'中国芯'"的理想，走上了自主研发之路。这一年是2004年，当时喷油器在中国的工业基础几乎为零。因为从它的设计标准到设计验证的手段，还有零部件的制造，到最后的专用设备的生产，整个工业基础所需具备的条件，中国都没有。

十年来，注册资金为6 500多万元的柳州源创，先后累计投入1.9亿元进行相关产品研发和设备制造。在争创喷油器"中国芯"坚强理念的支撑下，依靠一种坚持到底的勇气、决心和毅力，柳州源创技术人员终于成功研发出第一支合格的喷油器。后来经过不断测试、试验、改造，修改产品设计，提升测量设备的精度，现在已开发汽油甲醇喷射器、尿素喷射器、特种喷射器等系列产品超过170款，涵盖汽车、摩托车、天然气、甲醇及柴油车排放处理等几大类。并拥有了"摩托车高速响应电磁阀式喷油器"等两项发明专利、"单孔雾化电磁式喷油器"等三项实用新型专利和一项外观设计专利。这些产品设计跟制造标准，都已经达到国外同等水平。

柳州源创还联合国内知名科研机构，起草了第一部汽油机电磁阀式喷油器总成技术条件和试验方法的国家标准。

2014年7月，柳州源创承接国家工信部强基工程"汽油机缸内直喷喷油器总成"项目，计划将创新的触角越过国外的缸内直喷技术，用更简单实用的方式，以不逊于缸内直喷技术的"源创"技术，助力中国汽车技术的发展。

推工业化生产，实现喷射器产能快速扩张

喷油器制造在中国没有工业基础，从产品标准、测量、生产专用设备到工艺技术都无参照标准。为此，柳州源创在开展喷油器产品、工艺技术开发的同时，对喷油器检测、生产设备乃至技术标准进行同步研究。

几年下来，他们自主研发、制造了喷油器系列测试仪器和喷油器装配系列设备共计30多款177台，建立了国内首个汽油机电磁阀式喷油器专项试验室和三条喷油器生产线，使国产喷油器具备了工业化生产的必要条件，实现了年产能从30万支到300多万支的快速扩张。

随着柳州源创电喷技术有限公司不断地科技创新，已成长为广西首家国家工信部强基工程承担企业，也是国内唯一有能力为主机厂配套的喷油器生产企业，为全球八大喷油器制造商之一，大力推动了民族汽车工业的发展。

巩固提高

一、填空题（每空2分，共20分）

1. 按总体结构不同，可分为_____、_____、_____。
2. 喷油器按电磁线圈的控制方式不同，可分为_____和_____两种。
3. 喷油器的总喷油量由_____、_____、_____三部分组成。

4. 暖机过程喷油增量是指暖机过程中根据_____确定的_____。

二、选择题（每题 4 分，共 20 分）

1. 缸外喷射的喷油器通常安装在（　　　）。

A. 进气歧管或进气道附近的缸盖上　　　　　B. 油箱

C. 行李箱　　　　　　　　　　　　　　　　D. 曲轴箱

2. 喷油器在（　　　）的控制下，将汽油呈雾状定时定量喷入进气歧管内。

A. 车速传感器　　　　B. 爆震传感器　　　　C. 电动燃油泵　　　　D. ECU

3. 喷油器按（　　　）不同进行分类，可以分为轴针式、球阀式和片阀式。

A. 供电类型　　　　　　　　　　　　　　　B. 总体结构

C. 驱动方式　　　　　　　　　　　　　　　D. 电磁线圈的电阻值

4.（　　　）驱动方式对高阻值和低阻值喷油器均可使用。

A. 电阻　　　　　　　B. 电流　　　　　　　C. 电压　　　　　　　D. 电功率

5. 喷油器相当于（　　　）。

A. 电源　　　　　　　B. 电磁阀　　　　　　C. 继电器　　　　　　D. 保险

三、判断题（每题 4 分，共 20 分）

1. 电流驱动只适用于低阻值喷油器。　　　　　　　　　　　　　　　（　　　）

2. 喷油脉冲宽度决定喷油持续时间，决定喷油量。　　　　　　　　　（　　　）

3. 各车型喷油器控制电路差异很大。　　　　　　　　　　　　　　　（　　　）

4. 喷油器常见故障有不喷油、喷油雾化不良、漏油等。　　　　　　　（　　　）

5. 喷油器出现故障易造成发动机起动困难、动力下降、加速迟缓等。　（　　　）

四、简答题（每题 10 分，共 40 分）

1. 写出下列序号的名称。

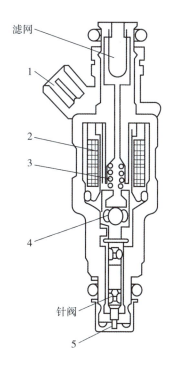

2. 根据卡罗拉维修手册绘制 2 号喷油器的控制电路。

3. 简述喷油器的检测过程。

4. 简述喷油器的控制过程。

任务五　缸内直喷控制系统的检修

一辆大众轿车，客户反映：发动机起动时候，起动机带动发动机正常运转，但发动机却无法起动。

> 任务分析："缸内直喷控制系统的检修"学习任务来源于产业学院的实际工作故障案例库，缸内直喷控制系统是喷油器直接将燃油喷入气缸内与进气混合的技术，喷射压力进一步提高，燃油雾化更加细致，真正实现了精准地按比例控制喷油并与进气混合。

知识目标

1. 熟悉缸内直喷的优点和组成；

2. 掌握缸内直喷控制系统各部件的结构及原理。

能力目标

1. 能够规范使用常用检测设备对缸内直喷各部件进行检测；

2. 能按照维修手册检测标准对缸内直喷系统进行检测并分析。

素质目标

1. 能够执行缸内直喷检测操作规范，树立良好的安全文明操作意识；

2. 通过操作过程的 6S 养成，培养学生的劳动精神。

一、任务实施所需工具、设备、耗材

发动机试验台架、拆装工具等。

二、任务工单

缸内直喷控制系统的检修

班级：　　　　　　　姓名：

一、任务准备

1. 工具准备：	□充足	□缺少	备注：
2. 整理场地（6S）：	□符合要求	□不符合要求	备注：
3. 检查车辆安全防护：	□符合要求	□不符合要求	备注：
4. 登记车辆基本信息：	车辆识别代码		发动机型号

5. 仔细阅读缸内直喷系统检修注意事项，并确认会遵守要求。　　　　签名：

二、车辆基本检查

1. 故障码的检测：

2. 车辆油、电、水的检查：□正常　□不正常

三、燃油压力调节阀的检测

1. 电阻的检测　　　　　　　　　　检测条件

使用设备	检测端子	标准描述	测量值	是否正常

2. 短路检测　　　　　　　　　　检测条件

使用设备	检测端子	标准描述	测量值	是否正常

3. 控制电压　　　　　　　　　　检测条件

使用设备	检测端子	标准描述	测量值	是否正常

四、燃油压力传感器

1. 电阻的检测　　　　　　　　　　检测条件

使用设备	检测端子	标准描述	测量值	是否正常

续表

2. 电压的检测		检测条件		
使用设备	检测端子	标准描述	测量值	是否正常

五、高压喷油器				
1. 电阻的检测		检测条件		
使用设备	检测端子	标准描述	测量值	是否正常
2. 控制电路检测		检测条件		
使用设备	检测端子	标准描述	测量值	是否正常
3. 控制信号检测		检测条件		
使用设备	检测端子	标准描述	测量值	是否正常
诊断结论				
元件损坏	名称：	维修建议：		
线路故障	线路区间：	维修建议：		
其他				

三、任务指导

1. 燃油压力调节阀的检测

①关闭点火开关，拔下燃油压力调节阀的插接器。

②用万用表检测燃油压力调节阀 2 个引脚间的电阻，标准阻值为 1.09 ~ 1.21 Ω。

③用万用表分别测量燃油压力调节阀 2 个引脚与高压油泵壳体之间的阻值，理论值为∞，表明元件内部无搭铁短路。

④用万用表检测调节阀静态高电平控制电压，应在 10.0 ~ 12.0 V；检测调节阀静态低电平控制电压，应在 2.0 ~ 5.0 V。

若测量值不在以上范围，则更换燃油压力调节阀。

2. 燃油压力传感器

①关闭点火开关，拔下燃油压力传感器（图3-40）的插接器。燃油压力传感器的3个引脚中，引脚1为接地，引脚2为信号，引脚3为5 V供电。

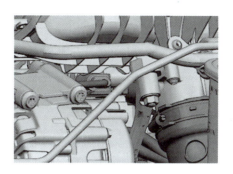

图3-40　燃油压力传感器G247

②用万用表检测燃油压力传感器引脚1与搭铁之间的阻值，应小于2 Ω。

③打开点火开关，用万用表检测燃油压力传感器引脚3与搭铁之间的电压，标准值为4.8~5.2 V。

④起动发动机，用万用表检测燃油压力传感器引脚2与搭铁之间的电压标准值为1~5 V，并观察信号电压随转速变化的情况。

若有异常，则更换燃油压力传感器。

> **小提示**
>
> 燃油系统处于高压状态。打开燃油系统前，务必释放高压部分的压力。

3. 缸内直喷喷油器

①关闭点火开关，拔下故障喷油器的插接器。

②用万用表检测喷油器2个引脚间的电阻，标准阻值为1.35~1.65 Ω。

③用万用表分别检测喷油器2个引脚与壳体之间的阻值，理论值为∞。

若测量值不在以上范围，则更换喷油器；若在以上范围内，则进一步测量喷油器与ECU之间的连接电路是否存在线路故障。

微课　缸内
直喷喷油器

4. 高压燃油系统卸压

高压燃油系统的最高油压可达15 MPa，高压流出的燃油会对皮肤和眼睛造成严重伤害。在拆卸处于高压力下的部件前，必须对燃油系统泄压。泄压操作通常的步骤如下：

①连接故障诊断仪。

②指令燃油泵继电器断开，从而切断低压燃油泵。

③起动发动机，并怠速运行直至熄火。

④使用故障诊断仪读取燃油压力数据，确认燃油压力很小或没有，如果仍有燃油压力，则继续泄压操作。

> **小提示**
>
> 结束所有工作后，检查燃油系统的密封性。

评价反馈

缸内直喷控制系统的检修评分细则							
序号	评分项	得分标准	分值	评分标准	自评	互评	师评
1	安全/6S/态度	1. 能进行 6S 场地整理 2. 能进行设备工具的准备、检查、存放 3. 能进行车辆安全防护 4. 遵守实训秩序 5. 个人着装符合要求	15	未完成一项扣 3 分，扣分不得超过 15 分	☐熟练 ☐不熟练	☐熟练 ☐不熟练	☐熟练 ☐不熟练
2	专业技能能力	1. 能正确检查缸内直喷控制系统的外观 2. 能正确测量燃油压力调节阀 3. 正确检查高压油泵 4. 正确测量高压喷油器 5. 正确测量燃油压力传感器	55	检测错误一项扣 11 分，扣分不超过 55 分	☐熟练 ☐不熟练	☐熟练 ☐不熟练	☐熟练 ☐不熟练
3	工具使用能力	1. 正确使用万用表 2. 正确使用故障诊断仪 3. 正确使用维修工具	10	未完成一项扣 3 分，扣分不得超过 10 分	☐熟练 ☐不熟练	☐熟练 ☐不熟练	☐熟练 ☐不熟练
4	信息查询及分析能力	1. 正确使用维修手册进行资料查询 2. 准确记录检测所需信息 3. 能判断分析高压喷油器电路是否正常	10	未完成一项扣 3 分，扣分不得超过 10 分	☐熟练 ☐不熟练	☐熟练 ☐不熟练	☐熟练 ☐不熟练
5	整理协作能力	1. 任务工单书写的完整性 2. 实时观察、记录能力 3. 小组分工明确、全员参与	10	未完成一项扣 3 分，扣分不得超过 10 分	☐熟练 ☐不熟练	☐熟练 ☐不熟练	☐熟练 ☐不熟练

一、缸内直喷技术的特点

微课 缸内直喷
控制系统

缸内直喷就是将喷油器安装于气缸，燃油直接喷入气缸内，在气缸内直接与空气混合，如图3－41所示。ECU可以根据吸入的空气量精确地控制燃油的喷射量和喷射时间，高压的燃油喷射系统可以使油气充分混合，雾化效果好，从而降低油耗，提高发动机的动力性能。

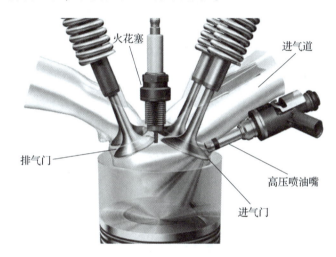

火花塞
进气道
排气门
高压喷油嘴
进气门

图3－41 缸内直喷示意图

缸内直喷控制系统有以下优点：
①怠速及部分负荷燃油消耗率可以降低。
②怠速转速可设定在较低值，比一般喷射发动机的输出功率高。
③可大幅度降低CO_2的排放。
④燃烧稳定性更好，怠速转速更低，并且减少40%的燃油消耗。
⑤冷起动性能提高。

二、缸内直喷系统的组成

缸内直喷系统组成如图3－42所示，主要分为低压燃油系统和高压燃油系统。燃油箱内燃油通过电动汽油泵以0.6 MPa左右的压力泵至高压油泵，高压油泵对燃油再次加压至5～20 MPa（取决于负荷和转速），送至高压油轨，再分配给各个高压喷油器。

1. 低压燃油系统

低压燃油系统主要采用电子无回油燃油供给系统。低压燃油系统包括油泵、油泵控制模块、低压油管、低压燃油压力传感器。

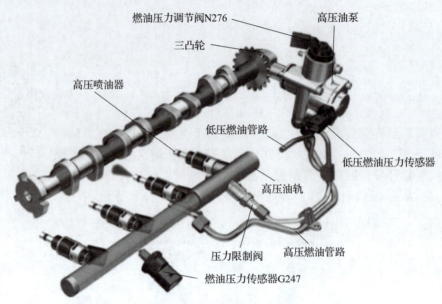

燃油压力调节阀N276　高压油泵

三凸轮

高压喷油器

低压燃油管路

低压燃油压力传感器

高压油轨

压力限制阀　高压燃油管路

燃油压力传感器G247

图3－42　缸内直喷系统组成

2. 高压燃油系统

高压燃油系统是直喷发动机的关键系统，需要喷油系统具备更大的压力。高压燃油系统主要由发动机控制模块（ECM）、高压油轨、高压油泵和喷油嘴等组成。其中，发动机控制模块主要起控制喷油时机，实现最高燃烧效率的作用；高压油泵主要负责燃油的加压；高压油轨主要起均衡各喷油嘴喷射压力的作用；喷油任务则由喷油嘴来执行。此外，还有多个传感器提供燃油压力等信息，确保整个系统的高效率。

三、缸内直喷系统的主要部件

1. 高压油泵

如图3－43所示，高压油泵是燃油加压的关键环节，在低压油泵将燃油送到高压油泵后，高压油泵将燃油加压升至规定范围内，最高可达20 MPa的超高压力，将其送入高压油轨。高压油泵一般为单活塞高压泵，通常安装在发动机凸轮轴附近，由凸轮轴驱动，内部则由双头或者三头凸轮加压。

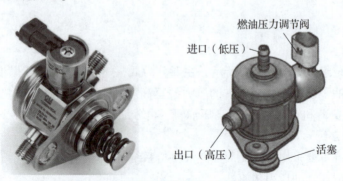

燃油压力调节阀

进口（低压）

出口（高压）　活塞

图3－43　高压油泵与燃油压力调节阀

燃油压力控制主要分为吸油、回油、供油三个阶段。

（1）吸油行程

在吸油行程时，凸轮位于下降沿，此时燃油压力调节阀不通电，进油阀由针阀通过针阀弹簧力打开，在泵柱塞的整个下降过程中，泵腔的容积不断增大，燃油就被吸入泵腔内，如图 3-44（a）所示。

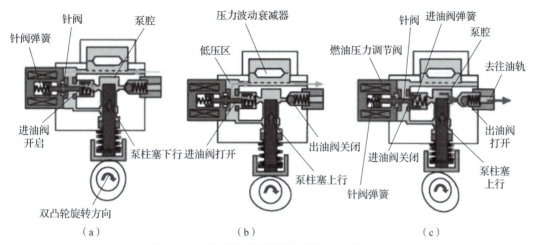

图 3-44 高压油泵燃油压力控制的工作过程
（a）吸油行程；（b）回油行程；（c）供油行程

（2）回油行程

在回油行程时，凸轮位于上升沿的开始，此时燃油压力调节阀不通电，为了使燃油量与实际油耗相一致，在泵柱塞开始向上运动时，进油阀仍然保持打开状态。多余的燃油经泵柱塞被压回低压区中，以此来调节实际供油量。由此产生的脉动由减压器和燃油供油管内的节流阀来消除，如图 3-44（b）所示。

（3）供油行程

在供油行程时，凸轮位于上升沿，此时燃油压力调节阀会被短时通上电。针阀克服弹簧作用力向上运动，进油阀在进油阀弹簧力作用下关闭。由于泵活塞是向上运动的，因此，泵腔内建立起油压。如果泵腔内的压力大于油轨内的压力，出油阀被开启，燃油就被泵往高压油轨，如图 3-44（c）所示。

> **小经验**
>
> 高压油泵只能在发动机冷态下拆卸；
> 装配高压泵时请注意，不能有污物进入燃油系统中；
> 用抹布收集溢出的燃油；
> 检测高压泵的 O 形圈，损坏时更换；
> 用发动机机油浸润高压管路，并且务必无应力地拧紧。

2. 燃油压力调节阀

高压油泵内部安装有高压燃油压力调节阀，它是一个由 ECM 控制的电磁阀，ECM 以脉冲宽度调制的方式控制油压调节器，燃油压力调节阀控制高压燃油泵的进口阀，从而控制燃油压力，以保证发动机在各种工况下均高效运转。当驱动线路失效时，高压油泵进入低压模式，发动机仍可应急运行。燃油压力调节阀电路如图3－45所示，安装在高压油泵G18内，通过两根导线与发动机控制单元J623相连接，分别传递低电平控制信号、高电平控制信号。

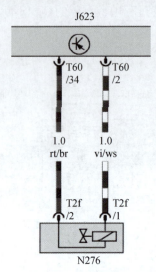

图3－45　迈腾B8L 2.0 L发动机燃油压力调节阀电路

3. 高压油轨总成

高压油轨也称为高压燃油分配管，如图3－46所示。其功能是将一定的高压燃油分配到高压喷油器，并且提供足够大的容积来补偿压力波动，保证各个喷油器的燃油压力均等。燃油分配管是高压储存器，也是喷油器、燃油压力传感器、压力限制阀的安装架以及高、低压系统之间的连接部分。

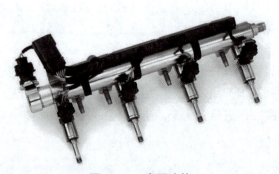

图3－46　高压油轨

4. 燃油压力传感器

燃油压力传感器一般由壳体、插头、ASIC、接触桥片、隔块、印刷电路板、应变电阻、压力接口等组成，如图3－47所示。

缸内直喷发动机一般配有低压燃油压力传感器和高压燃油压力传感器。低压燃油压力传感器位于底盘燃油管上，电路如图3－48所示。低压燃油压力传感器检测燃油管中的燃油压力，向发动机模块提供一个燃油压力信号，用于提供"闭环"燃油压力控制，属于低压燃油供给系统。

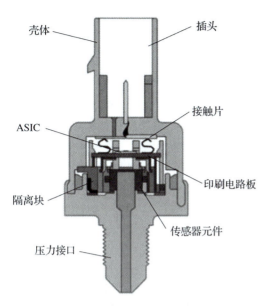

图 3-47　燃油压力传感器结构

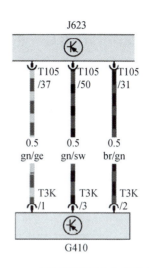

图 3-48　低压燃油压力传感器电路

高压燃油压力传感器也称为燃油导轨压力传感器，安装在高压油轨上，能测量高达 20 MPa 的压力。该传感器的原理是内部有一个钢膜，在钢膜上镀有应变电阻。压力作用到钢膜的一侧时，由于钢膜弯曲，就引起应变电阻的阻值变化，压力升高时，电阻降低，于是信号电压升高，由此来检测高压燃油压力。当燃油压力较低时，钢膜只有轻微的变形，变形测量器的电阻较大，信号电压较低。当燃油压力较高时，钢膜有较大的弯曲变形，变形测量器的电阻较小，信号电压较高。信号电压被电子元件放大并传给发动机控制单元。燃油压力通过燃油压力调节阀并调节。

发动机控制单元给传感器供电，供电电压为 5 V。当燃油压力较低时，信号电压较低，当燃油压力较高时，电压较高。信号电压在 0.3~4.65 V 之间变化。当电压值低于 0.25 V 或高于 4.75 V 时，说明传感器或线路损坏，发动机控制单元将记录故障代码。

燃油压力传感器电路如图 3-49 所示，通过 3 根导线与发动机控制单元 J623 相连接。J623 为燃油压力传感器提供一个 5 V 参考电压电路、一个低电平参考电压电路和传感器信号。

5. 缸内直喷喷油器

缸内直喷喷油器也称为高压喷油器，直接安装在气缸盖上，喷油器喷嘴伸入燃烧室内。高压喷油器的结构和工作原理与普通汽油机喷油器的类似，一般由连接器、滤网、电磁线圈、密封圈、衔铁、喷嘴针、压力弹簧等组成。

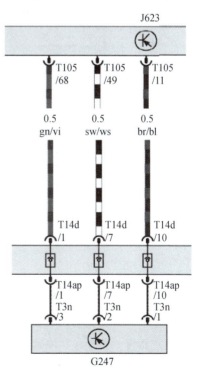

图 3-49　燃油压力传感器电路

相比普通喷油器，高压喷油器的工作条件、环境更加苛刻，其结构与制造工艺更加精密。其功能是将精确计量的燃油直接喷入燃烧室的特定区域中雾化，以便形成所需的均匀可燃混合气。

喷油阀将燃油直接喷入燃烧室，在短时间内喷出很多燃油，雾化效果良好。该喷油器的工作电压受发动机控制单元控制，在控制单元内部通过 DC 升压至 40 V 以上。当需要喷油时，发动机控制单元将给喷油器的电磁线圈通电，所产生的磁力将针阀吸起，喷油器开始喷油。喷油器开启后，ECU 给喷油器提供 12 V 电压，维持喷油器的工作。

高压喷油器控制电路如图 3 – 50 所示，两根导线直接与发动机控制单元 J623 连接，控制单元既给喷油器供电，又完成喷油器控制。迈腾 B8L 发动机的 4 个高压喷油器 N30、N31、N32、N33 分别通过两根导线与发动机控制单元 J623 连接。每个喷油器线束有两个端子，一个端子为喷油器高压控制，另一个端子为喷油器高压电源。

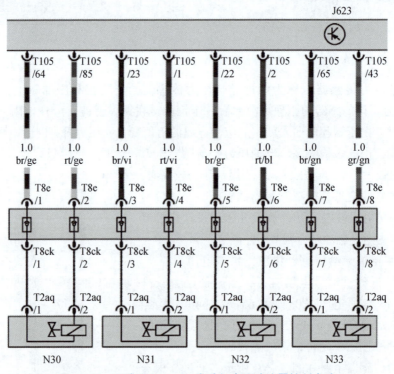

图 3 – 50　迈腾 B8L 2.0 L 发动机高压喷油器控制电路

一汽解放氢气直喷发动机行业首发点火成功

习近平总书记指出："推动形成绿色发展方式和生活方式，是发展观的一场深刻革命。"聚焦国产品牌，围绕碳达峰碳中和目标，引导学生从汽车大国向汽车强国迈进，为推动中国商用车低碳发展、绿色发展、转型发展作出新的更大贡献。

2022 年 6 月 8 日，由一汽解放自主设计研发的国内首款重型商用车缸内直喷氢气发动机成功点火并稳定运行。本款氢气发动机属 13 L 重型发动机，运转功率超 500 马力[①]，同级排量动力最强，指示热效率突破 55%，标志着我国氢气直喷发动机自主研发取得重大突破。

付炳锋对一汽解放氢气直喷发动机点火成功表示祝贺，他指出，一汽解放氢基内燃动力的发布，为商用车产业可持续发展提供了新的解决方案，是应对新一轮产业变革的强有力的措施，是积极践行"双碳"目标的最好证明，是适应汽车产业发展格局的正确选择。

李骏院士对一汽解放近年来新能源的发展给予高度肯定并寄予厚望，他表示，一汽解放氢气直喷发动机成功点火，开启了零碳发动机的科技创新，标志着一汽解放已经成为行业落实"双碳"目标的"领头羊"，彰显了一汽解放作为商用车领军企业的责任担当，引领中国商用车进入了零碳燃料时代。

胡汉杰在活动致辞中指出，一汽解放作为"国车长子"，积极贯彻落实国家"双碳"目标，吹响了向新能源转型的"冲锋号"。今天，氢气直喷发动机的成功点火，是一汽解放为商用车传统动力可持续发展、零碳动力变革转型提供的又一划时代解决方案，标志着"15333"新能源战略迈出又一坚实步伐。本次发布氢气直喷发动机所基于的零碳氢基内燃动力孵化平台，具备氢气单燃料缸内直喷、氢气单燃料缸内和气道混合喷射、氨气和氢气双燃料喷射能力，可灵活转化成氢气、氨气等净零碳燃料产品，是一汽解放零碳动力研发领域的重要里程碑，必将持续引领中国商用车零碳动力转型发展。

面对百年未有之大变局及全球能源格局的深刻调整，一汽解放将继续坚定技术领先和产品领先战略，围绕"双碳"目标，勇当世界和中国商用车新能源智能转型发展的引领者、产业链供应链的构建者、产业生态系统的主导者、人 – 车 – 社会和谐发展的创造者，努力为强大中国汽车产业，推动中国商用车低碳发展、绿色发展、转型发展作出新的更大贡献。

（来源《人民网》）

巩固提高

一、填空题（每空 2 分，共 20 分）

1. 缸内直喷系统主要分为_____燃油系统和_____燃油系统。

2. 高压燃油压力传感器安装在_____。

3. 燃油压力控制主要分为_____、_____、_____阶段。

4. 高压燃油系统主要有_____、_____、_____和_____作用。

二、选择题（每题 4 分，共 20 分）

1. （　　）行程泵腔的容积不断增大，燃油就被吸入泵腔内。

A. 吸油　　　　　　　B. 回油　　　　　　　C. 供油

2. 迈腾 B8L 2.0 L 发动机燃油压力传感器，有（　　）个接线端子。

A. 1　　　　　　　B. 2　　　　　　　C. 3　　　　　　　D. 4

3. 燃油加压的主要部件是（　　）。

A. 喷油器　　　　　　　　　　　B. 高压油泵

C. 高压油轨　　　　　　　　　　D. 燃油压力调节阀

---

① 1 马力 = 0.735 kW。

4. 燃油压力调节阀静态高电平控制电压，应在（　　）V。

A. 0 　　　　　　B. 0.5~4.5 　　　　　　C. 5 　　　　　　D. 10.0~12.0

5. 以下（　　）不属于燃油压力传感器组成。

A. 电磁线圈 　　　　　　　　　　　　B. 壳体

C. 应变电阻 　　　　　　　　　　　　D. 接触桥片

三、判断题（每题4分，共20分）

1. 高压燃油压力调节阀安装在高压油泵内部。　　　　　　　　　　　　　　（　　）

2. 低压燃油压力传感器安装在高压油轨上。　　　　　　　　　　　　　　　（　　）

3. 高压喷油器与普通汽油机喷油器无区别。　　　　　　　　　　　　　　　（　　）

4. 高压油轨主要起均衡各喷油嘴喷射压力的作用。　　　　　　　　　　　　（　　）

5. 回油行程凸轮位于上升沿，燃油压力调节阀会被短时通上电。　　　　　　（　　）

四、问答题（每题10分，共40分）

1. 简述燃油压力传感器的检修过程。

2. 简述高压油泵的工作原理。

3. 简述缸内直喷的优点。

4. 简述缸内直喷喷油器的工作过程。

项目四 电控点火系统的检修

电子控制点火系统可在各种工况和环境条件下获得最佳点火时刻，从而使发动机的动力性、经济性和排放性等性能均处于最佳状态。为了更好地控制点火时刻，并实现精确检测以及故障诊断，需要对电子控制点火系统常见故障进行检测与故障分析。电子控制点火系统主要包括点火线圈及火花塞、曲轴位置传感器、凸轮轴位置传感器和爆震传感器，下面主要以这四部分的检修为案例开展任务学习，帮助学生掌握电子控制点火系统的检修分析逻辑，正确进行故障诊断。

任务一 电控点火系统的检修

任务描述

4S店学徒小王接待了一位丰田卡罗拉车主，车主反映，发动机故障指示灯常亮，车辆行驶无力，怠速时发动机严重抖动，需要进行检修。经使用故障诊断仪检测，初步判断是点火线圈相关故障。你能帮小王找到具体故障原因并进行维修吗？

> 任务分析："电控点火系统的检修"学习任务来源于产业学院的实际工作故障案例库，电控点火系统控制发动机的点火能量和点火正时，任何组成部件的损坏不仅影响汽车的经济性、动力性，还会造成环境污染等问题。本任务在学生了解点火系统结构的基础上，根据出现的故障现象，从相关零部件的工作原理入手，分析故障原因，确定正确的诊断与检测方法，使用相关仪器设备找出故障部位并排除。

学习目标

知识目标

1. 了解电控点火系统的组成及工作原理；
2. 理解点火线圈及火花塞的组成、结构及工作原理；
3. 掌握点火线圈的电压、电阻的检测方法；
4. 掌握点火波形的检测方法；
5. 掌握火花塞的检查及清洗方法。

能力目标

1. 会使用点火线圈及火花塞的各检测设备；
2. 能够正确识读点火线圈及喷油器的电路图；
3. 能够检测点火线圈的电压、电阻；
4. 能够检测点火波形；
5. 能够检查火花塞的情况并进行清洗。

素质目标

1. 通过点火线圈和火花塞的规范操作，培养学生的标准意识和规范意识；
2. 培养学生文明诚信、爱岗敬业的职业道德，引导学生成为高技能人才。

一、任务实施所需工具、设备、耗材

发动机试验台架、数字万用表、解码器、示波器、火花塞、点火线圈。

二、任务工单

电控点火系统的检修			
班级：		姓名：	
一、任务准备			
1. 工具准备：	□充足	□缺少	备注：
2. 整理场地（6S）：	□符合要求	□不符合要求	备注：
3. 检查车辆安全防护：	□符合要求	□不符合要求	备注：
4. 登记车辆基本信息：	车辆识别代码		发动机型号
5. 仔细阅读电控点火系统检修注意事项，并确认会遵守要求。签名：			
二、点火线圈及相关电路的检查			
1. 车辆基本检查			
（1）故障码的检测：			
（2）数据流的读取：			

序号	参数	数值	是否正常
1			
2			

2. 点火线圈的供电电压检测

点火线圈的供电电压检测		检测条件		
使用设备	检测端子	标准描述	测量值	是否正常

3. 点火线圈的线路检测

（1）点火线圈线路的断路检测		检测条件		
使用设备	检测端子	标准描述	测量值	是否正常

（2）点火线圈线路的短路检测		检测条件		
使用设备	检测端子	标准描述	测量值	是否正常
使用设备	检测端子	标准描述	测量值	是否正常

4. 模拟测试

模拟测试		检测条件		
使用设备	调换点火线圈顺序	故障码		结论

5. 点火线圈的波形检测

IGT 和 IGF 端的波形检测		检测条件		
使用设备	检测端子	标准描述	测量值	是否正常

三、火花塞的检查

1. 检查电极绝缘电阻：□正常□异常

2. 检查电极状况：□正常□颜色异常□烧蚀

3. 检查螺纹和绝热器：□正常□螺纹有破损□陶瓷有裂纹□其他

4. 检查火花塞间隙：□正常□异常

四、点火线圈和火花塞的拆卸与安装

1. 点火线圈和火花塞的拆卸主要步骤

续表

四、点火线圈和火花塞的拆卸与安装		
2. 点火线圈和火花塞的安装主要步骤		
诊断结论		
元件损坏	名称：	维修建议：
线路故障	线路区间：	维修建议：
其他		

三、任务指导

1. 点火线圈与相关电路的检查

（1）读取故障码

连接汽车故障诊断仪，将点火开关打至 ON 挡，读取故障代码，若有点火线圈的故障码，说明点火线圈或相关电路可能存在故障，需要执行相关的检查。

> **小提示**
>
> 丰田卡罗拉发动机读取的点火线圈相关故障码：
> P0351－点火线圈"A"初级/次级电路；
> P0352－点火线圈"B"初级/次级电路；
> P0353－点火线圈"C"初级/次级电路；
> P0354－点火线圈"D"初级/次级电路。

（2）检查点火线圈的供电电压

断开点火线圈的连接器，如图 4－1 所示，将点火开关转到 ON 挡，使用万用表检测点火线圈的供电电压，选择万用表 20 V 直流挡位。使用万用表检测点火线圈插头 1 号与 4 号脚位之间的电压，检测值在 11～14 V 之间，则正常，进行下一步检查，若不在，说明该缸点火线圈到 IG2 号继电器的电路存在断路故障。

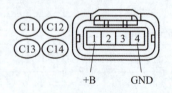

图 4－1　线束连接器前视图（至点火线圈）

（3）检查点火线圈线路

断开点火线圈连接器，断开 ECM 连接器，如图 4－2 所示，关闭点火开关，选择万用表通断挡位，使用万用表检测点火线圈插接器 2 号脚位与 ECM 的 C20 插接器的 81 号脚位之间的线路是否导通。选择万用表电阻挡，测量点火线圈插接器 2、3 号脚位或 ECM 的 C20 插接器的 81、82、83、84、85 号脚位分别与车身接地是否阻值大于 10 kΩ。若符合标准，则可能是 ECU 存在故障，可更换 ECU 及进行替换试验；若不符合标准，则维修或更换该缸点火线圈到 ECU 的连接电路。

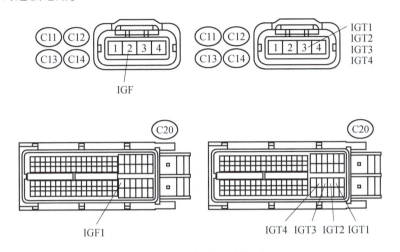

图 4 - 2　线束连接器前视图

（4）进行模拟测试

连接汽车故障诊断仪，将点火开关转到 ON 挡，打开汽车故障诊断仪，清除原始故障码后，改变点火线圈的排列（1~4 号气缸之间），然后进行模拟测试，并重新读取故障码，若出现相同故障码，则更换 ECM，若输出不同的故障码，则说明是点火线圈故障，需更换点火线圈。

例如，若首次读出故障码显示为 2 缸的故障码，可调换 2、3 缸的点火线圈，重新读取故障码后，若显示为 3 缸的故障码，则更换点火线圈，若仍为 2 缸的故障码，需对点火线圈相关电路或 ECM 进行检修。

小提示

改变点火线圈排列时，不要切换连接器。

（5）检测点火线圈的波形

用示波器连接点火线圈的 IGT 和 IGF 端，起动发动机，检测点火线圈 IGT 和 IGF 信号的波形，标准波形如图 4 - 3 所示。

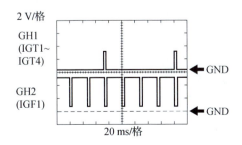

图 4 - 3　IGT 和 IGF 信号的标准波形

2. 火花塞的检查

（1）检查电极

①使用万用表电阻挡测量绝缘电阻，标准值为 10 MΩ 或更高。如果结果不符合规定，可用火花塞清洁剂清洁火花塞，并再次测量电阻。

微课　火花塞的检测

②检查火花塞电极状况。

若火花塞电极颜色异常，如图 4 - 4 所示，需清洁或更换。

若火花塞烧蚀严重，如图 4 - 5 所示，必须更换火花塞。

图 4 - 4　火花塞电极颜色异常

图 4 - 5　火花塞烧蚀严重

（2）检查火花塞的螺纹和绝热器是否损坏

如果有任何损坏，如图 4 - 6 所示，则更换火花塞。

检查陶瓷是否有裂纹，如图 4 - 7 所示。

图 4 - 6　火花塞螺纹损坏

图 4 - 7　火花塞陶瓷异常

（3）检查火花塞间隙

火花塞电极间隙如果过宽，可能会引起缺火；若太窄，可能导致电极过早地被烧蚀。使用塞尺检查火花塞电极间隙，如图 4-8 所示，旧火花塞最大电极间隙为 1.3 mm，如果间隙大于最大值，应更换火花塞；新火花塞电极间隙为 1.0～1.1 mm。

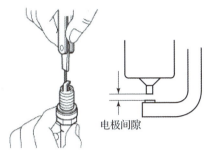

电极间隙

图 4-8 使用塞尺检查火花塞电极间隙

小提示

　　不要试图调整火花塞的电极间隙。

（4）清洁火花塞

如果电极上有湿碳痕迹，用火花塞清洁剂清洁后使其干燥。

小提示

　　不要用钢丝刷清洁火花塞，另外，只有在电极上没有油渍时，才可使用火花塞清洁剂。如果电极上有油渍，用汽油将其清除，然后使用火花塞清洁剂。

3. 点火线圈和火花塞的拆卸与安装

1）拆卸点火线圈和火花塞

（1）拆卸 2 号气缸盖罩

①抬起 2 号气缸盖罩后部，以脱开 2 个接头。

②抬起 2 号气缸盖罩前部，以脱开 2 个接头，再拆下 2 号气缸盖罩。

（2）拆卸点火线圈总成

①断开凸轮轴正时机油控制阀连接器，如图 4-9 所示。

②断开 4 个点火线圈连接器，并拆下 4 个螺栓和 4 个点火线圈，如图 4-10 所示。

**图 4-9 断开凸轮轴正时
机油控制阀连接器**

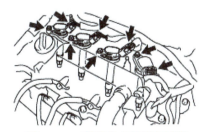

**图 4-10 断开点火线圈连接器
并拆下螺栓和点火线圈**

（3）拆卸火花塞

拆下 4 个火花塞。

2）安装点火线圈和火花塞

（1）安装火花塞

安装4个火花塞，将火花塞放入火花塞专用套筒内（该套筒内有磁吸力），并接好接杆，轻轻将火花塞放入安装孔内，用手稍许拧紧。严禁直接将火花塞放入安装孔内，否则，容易造成火花塞侧电极变形，影响电极间隙。用扭力扳手将火花塞拧紧到规定扭矩。丰田为20 N·m。

（2）安装点火线圈总成

①用4个螺栓安装4个点火线圈，扭矩为10 N·m。

②连接4个点火线圈连接器。

③连接凸轮轴正时机油控制阀连接器。

3）安装2号气缸盖罩

结合4个接头，并通过施加压力来安装2号气缸盖罩。

> **小提示**
>
> 安装2号气缸盖罩前，确保机油加注口盖和发动机机油尺安装正确。

电控点火系统的检修评分细则							
序号	评分项	得分标准	分值	评分标准	自评	互评	师评
1	安全/6S/态度	1. 能进行6S整理场地 2. 能进行设备工具的准备、检查、存放 3. 能进行车辆安全防护 4. 遵守实训秩序 5. 个人着装符合要求	15	未完成一项扣3分，扣分不得超过15分	□熟练 □不熟练	□熟练 □不熟练	□熟练 □不熟练
2	专业技能能力	1. 正确使用解码器读取故障 2. 正确检查点火线圈的供电电压及线路 3. 正确进行模拟测试 4. 正确检测点火线圈的波形 5. 正确检查火花塞电极、螺纹及绝热器 6. 正确清洗火花塞 7. 正确进行点火线圈和火花塞拆装	55	检测错误一项扣8分，扣分不超过55分	□熟练 □不熟练	□熟练 □不熟练	□熟练 □不熟练

电控点火系统的检修评分细则							
序号	评分项	得分标准	分值	评分标准	自评	互评	师评
3	工具及设备的使用能力	1. 正确使用解码器 2. 正确使用示波器 3. 正确使用万用表 4. 正确使用维修工具 5. 正确使用塞尺	10	未完成一项扣 2 分，扣分不得超过 10 分	☐熟练 ☐不熟练	☐熟练 ☐不熟练	☐熟练 ☐不熟练
4	信息查询及分析能力	1. 正确使用维修手册进行资料查询 2. 准确记录检测所需信息 3. 根据结果正确分析并判断故障点	10	未完成一项扣 3 分，扣分不得超过 10 分	☐熟练 ☐不熟练	☐熟练 ☐不熟练	☐熟练 ☐不熟练
5	整理协作能力	1. 任务工单书写的完整性 2. 实时观察、记录能力 3. 小组分工明确、全员参与	10	未完成一项扣 3 分，扣分不得超过 10 分	☐熟练 ☐不熟练	☐熟练 ☐不熟练	☐熟练 ☐不熟练

一、微机控制点火系统的类型

微机控制点火系统即电控点火系统（ESA），最早在 1975 年由美国克莱斯勒汽车公司首先研制成功，该系统根据各传感器检测发动机的运行工况信息，由 ECU 对点火提前角和通电时间进行控制。近年来，随着微电子技术的高速发展和排放法规的不断严格，促进了微机控点火系统的不断完善和发展。现代汽车普遍采用微机控制点火系统。

微机控制点火系统可在各种工况和环境条件下获得最佳点火提前角，从而使发动机的动力性、经济性、排放性等性能均处于最佳状态。在整个工作过程中，始终对点火线圈初级电路的通电时间加以控制，从而恒定了点火能量，不仅提高了点火的可靠性，还降低了点火线圈的电能损耗，延长了使用寿命。微机控制点火系统通过爆震传感器实现了闭环控制，使正常工作的发动机点火提前角处于爆震的临界状态（微爆状态），优化了燃烧过程，优化了发动机的动力性。

微机控制点火系统可分为带分电器式和无分电器式两大类。

带分电器式微机控制点火系统由于仍有本身机械装置，因此没有办法保证发动机各种工况下点火提前角都处于最佳。此外，由于分电器中旋转部件的磨损，影响点火提前角的稳定性和准确性，所以已经被淘汰，在此不再论述。

无分电器式微机控制点火系统是一种全电子化的点火系统，取消了机械的分电器。其又可细分为分组式微机控制点火系统和独立式微机控制点火系统。无分电器式微机控制点火系统的特点是：不存在机械磨损，因此减少了分火头与旁电极之间跳火间隙造成的能量损耗以及由此产生的射频干扰，无机构磨损，不需要调整，工作可靠，也使发动机的各部件布置更加合理、容易。

小知识

为了保证在各种工况和使用条件下可靠而准确地点火，点火系统应满足下列要求：

1. 提供足以击穿火花塞间隙的高电压；
2. 提供足够的火花能量与持续时间；
3. 提供适时的点火时刻。

二、微机控制点火系统的基本组成

微课 微机控制点火系统的组成

微机控制点火系统是现代汽车中应用广泛的一种新型点火系统，其组成主要由曲轴位置传感器等传感器、电子控制单元（ECU）及点火控制器等执行器三大部分组成，如图 4 - 11 所示。

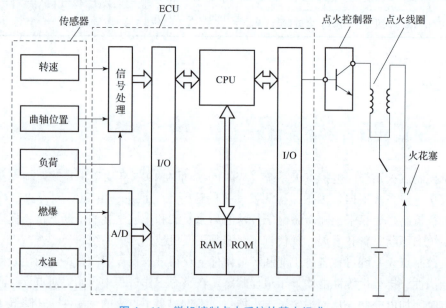

图 4 - 11 微机控制点火系统的基本组成

1. 传感器

传感器是微机控制点火系统中非常重要的组成部分，它用来检测与点火有关的发动机工况信息，并将检测结果输送给电子控制单元（ECU）。ECU 根据传感器传送的电信号计算和控制点火时刻，并向相关的执行器发出指令，完成发动机的点火过程。虽然不同车型汽车微机控制点火系统采用的传感器在类型、数量、结构、原理和安装位置方面有所不同，但主要的曲轴位置传感器、凸轮轴位置传感器、空气流量传感器、进气压力传感器、节气门位置传感器、冷却液温度传感器、进气温度传感器以及车速传感器等大多与燃油喷射系统、怠速控制系统等微机控制系统共用，并且都由一个 ECU 集中控制，共同参与发动机的整个控制工作过程。

微机控制点火系统是发动机实现 ECU 控制的重要组成部分，因此，除了爆震传感器，其他所有传感器都是发动机整个控制系统共用的。如燃油喷射系统中的空气流量传感器，用于检测发动机单位时间内吸入的空气流量，为确定每次发动机工作循环负荷最佳空燃比的喷油量，应求得每次循环吸入的空气量，即在已知单位时间空气流量的基础上，检测发动机转速。另外，在采用顺序喷射和分组喷射时，为有效提高发动机的性能，需要选取特定的喷油时刻，这是相对曲轴转角而言的。因此，与空气流量传感器、节气门位置传感器、冷却液温度传感器等一样，曲轴位置传感器是电子控制燃油喷射系统和电子控制点火系统所共用的，它们共同控制喷油的同时，也在调整点火的时刻。

2. 电子控制单元

采用集中控制系统实现微机控制已成为现代汽车发动机的主流方式，电子控制单元（ECU）既是燃油喷射系统的控制中心，又是微机控制点火的控制中心。ECU 在发动机上能够实现控制燃油喷射的时刻和喷油时间、控制点火时刻与能量、测量进气气缸中的空气量以及自诊断故障并报警等相关功能。微机控制点火系统的 ECU 不断接收各种传感器和开关的输入信号，按照预先存储好的相关程序进行计算和分析，以判断发动机所处的运行工况，输出最佳点火提前角和点火线圈初级电路通电时间，从而驱动执行器完成发动机的点火控制。在 ECU 的只读存储器 ROM 中，不仅存储有监控和自检等程序，还存储着发动机台架试验测定的该发动机在各种工况下的最佳点火时刻（脉谱图），如图 4－12 所示。ECU 中的随机存储器 RAM 存储着微机控制临时需要存储的数据，如输入数据和输出数据、单片机运算的结果、故障码、点火提前角的修正参数等，这些数据根据发动机工况的变化随时调用或被新的数据改写。

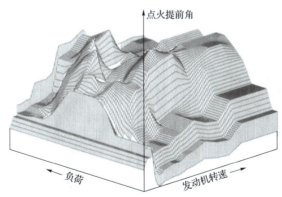

图 4－12 发动机点火提前角的脉谱图

3. 执行器

执行器主要包括点火模块（也叫点火控制器）、点火线圈以及火花塞等。当前汽车发动机上基本都将点火模块与点火线圈做成一体。

1）点火线圈的作用、结构与工作原理

（1）作用

点火线圈可以将火花塞跳火所需的能量存储在线圈磁场中，并将电源提供的低压电转变成足以击穿火花塞间隙的 15～20 kV 的高压电。

（2）结构

点火线圈主要由初级线圈、次级线圈和铁芯等组成，如图4－13所示，每缸配备一个点火线圈的独立点火系统，一般在点火线圈内还有一个点火模块（也称点火放大器或点火器）。

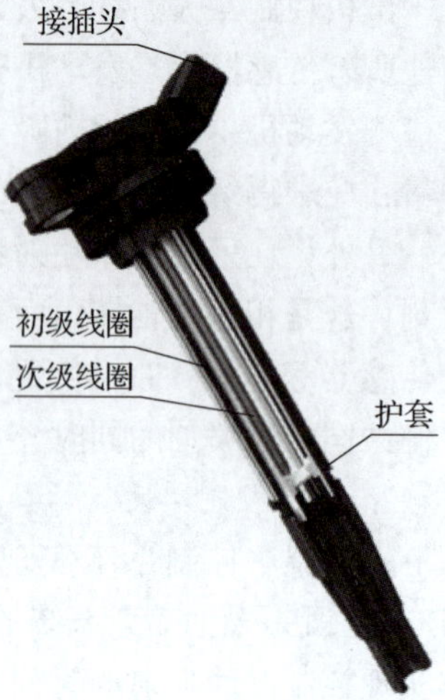

点火线圈根据磁路结构形式的不同，可分为开磁路式和闭磁路式两种。

①开磁路式点火线圈。

开磁路式点火线圈中心用硅钢片叠成的条形铁芯没有构成闭合回路，所以称为开磁路点火线圈。在早期的点火系统中，开磁路点火线圈应用较多，但由于开磁路点火线圈磁路磁阻大，磁通量泄漏多，能量转换效率低，现已很少应用。

②闭磁路式点火线圈。

闭磁路式点火线圈也称为高能点火线圈，在"口"字形铁芯内绕有二次绕组，在二次绕组外面有一次绕组，一次绕组产生的磁通量通过铁芯构成闭合磁路。与开磁路点火线圈相比，闭合磁路点火线圈具有磁漏少、能量损失少、转换效率高、体积小、质量小和易散热等优点，因此在点火系统中广泛应用。

图4－13　点火线圈的结构

（3）工作原理

ECU接收相关传感器的信号并经过分析计算后，适时向点火模块发送一个信号，点火模块经过处理后，控制点火线圈初级线圈电路导通，此时有电流流过初级线圈电路。随着电流的增加，四周产生一个很强的磁场，铁芯储存了磁场能，当ECU发送的点火信号消失时，点火模块切断初级电路中的电流，初级线圈的磁场迅速衰减，次级线圈就会感应出很高的电压，在点火完成后，点火模块再向ECU输送一个点火确认信号，如图4－14所示。

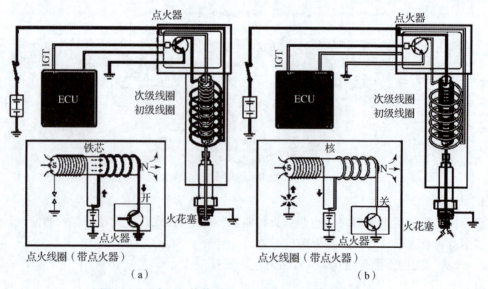

（a）　　　　　　　　　　　　　　　（b）

图4－14　当三极管截止时（a）和当三极管导通时（b）

小知识

点火线圈工作不良对发动机性能的影响：

1. 点火线圈工作性能下降，会直接引起无次级电压或次级电压降低，导致火花塞不点火或火弱，使发动机动力性、经济性和排放性下降，出现发动机不起动、怠速不稳、加速无力及油耗增大等症状。

2. 当点火线圈发生故障（或其他原因），引起发动机不点火或点火不可靠时，发动机 ECU 根据曲轴位置传感器的信号监测发动机运转速率的偏差来确定是否缺火，再根据曲轴位置传感器和凸轮轴位置传感器信号识别哪缸缺火，当发动机缺火率超过了门限值并有可能导致排放超标时，发动机 PCM 开始统计发动机缺火次数，并存储缺火故障码，点亮故障警告灯，提示驾驶员及时修复车辆。

2）火花塞的作用、结构与热特性

（1）作用

火花塞的作用主要是利用点火线圈产生的高压电进行放电，点燃气缸内的可燃混合气。

（2）结构

火花塞主要由中心电极、侧电极和陶瓷绝缘体等组成，如图 4-15 所示，中心电极与侧电极之间有 0.9~1.1 mm 的间隙，高压电利用该间隙就可以产生电火花。

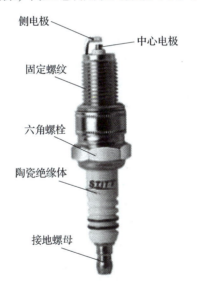

侧电极
中心电极
固定螺纹
六角螺栓
陶瓷绝缘体
接地螺母

文本　各品牌火花塞的间隙值的表示方式

图 4-15　火花塞的结构

小知识

由于火花塞的工作条件十分恶劣，它要承受高压、高温及燃烧产物的强烈腐蚀。因此，火花塞必须具有足够的强度，能承受温度的强烈变化，应有良好的热特性。火花塞的电极一般采用耐高温、耐腐蚀的镍锰合金钢或铬锰氮、钨、镍锰硅等合金制成，也有采用镍包铜材料制成的，以提高散热性能。火花塞的间隙一般为 1.0~1.2 mm。

（3）热特性

火花塞按热特性不同，可分为热型火花塞、普通型火花塞和冷型火花塞，如图 4-16 所示。实际使用中，要根据维修手册的规定来使用不同要求热特性的火花塞。不同热特性的火花塞不能混用。

①热型火花塞。热型火花塞裙部长，散热慢。

②普通型火花塞。普通型火花塞裙部长度介于冷型和热型之间。

③冷型火花塞。冷型火花塞裙部短，散热快。

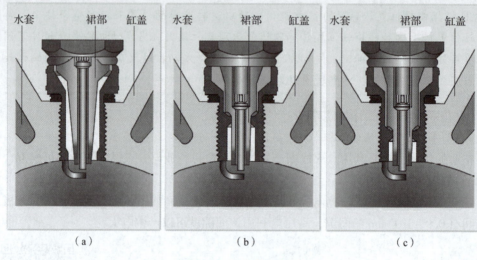

图 4 - 16　火花塞类型

(a) 热型火花塞；(b) 普通型火花塞；(c) 冷型火花塞

> **小知识**
>
> 　　大功率、高转速、高压缩比的发动机应选用冷型火花塞；功率小、转速和压缩比低的发动机应采用热型火花塞。
>
> 　　目前，各国对火花塞热特性的表示方法不完全相同，一般采用"热值"表示。所谓热值，是指火花塞散掉所吸热量的程度。它是一个相对概念，国产火花塞分别用1～10表示。热值越高，表示散热性能越好，因而，小数字为热型火花塞，大数字为冷型火花塞。热值数字越大，越趋向于冷型火花塞。

三、微机控制点火系统的控制过程及原理

　　发动机起动后进入正常运行状态，ECU 根据曲轴位置传感器的转速和转角信号、空气流量传感器空气流量信号和节气门位置传感器提供的负荷信号计算出基本点火提前角；同时，冷却液温度传感器信号、进气温度信号、车速信号、爆震传感器信号用于修正点火提前角。ECU 利用转角信号和各缸上止点位置信号控制点火时刻，准确点火，以保证发动机工作在最佳状态。

　　如图 4 - 17 所示，空气流量传感器、节气门位置传感器等不断向 ECU 发送发动机运转的工况信息，ECU 将其存入 RAM，并不断检测凸轮轴位置传感器信号，判定是哪一缸即将到达压缩上止点。当接收到凸轮轴位置传感器信号后，ECU 立即开始对曲轴转角信号进行

计数，以便控制点火控制角。与此同时，ECU 根据反映发动机工况的转速信号、负荷信号以及与点火提前角相关的传感器信号，从相应的只读存储器中查询出相应工况下的最佳点火提前角。在此期间，ECU 一直在对曲轴转角信号进行计数，判断点火时刻是否到来。当曲轴转角等于最佳点火提前角时，ECU 立即向点火控制器发出控制指令，使功率晶体管截止，点火线圈初级电流切断，次级绕组产生高压，点火系统带有分电器的发动机按发动机点火顺序分配到各个火花塞；无分电器的发动机则直接将高压电送至需要点火的气缸火花塞上，火花塞跳火，点燃气缸内的可燃混合气。

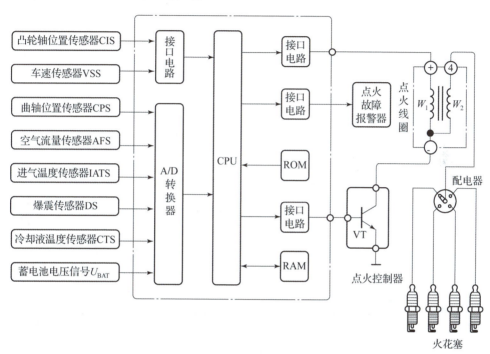

图 4－17 微机控制点火系统的工作原理

四、微机控制点火系统的控制电路

丰田卡罗拉电控点火系统每个气缸都用一个点火线圈来点火，并且火花塞与每个次级线圈尾部相连。次级线圈中产生的强电压被直接应用到每个火花塞上。火花塞的火花从中央电极传到接地电极。

电路图 迈腾 B8
点火线圈电路图

点火线圈与发动机 ECU 之间的连接电路如图 4－18 所示。点火线圈上有 4 个针脚，分别为正极端子（＋B）、负极端子（GND）、点火信号端子（IGT）和点火确认信号端子（IGF）。

ECM 确定点火正时，并向每个气缸传送点火（IGT）信号。ECM 通过使用 IGT 信号来控制点火器内部的晶体管打开和关闭。晶体管因此接通和切断流入初级线圈的电流。流入初级线圈的电流被切断时，次级线圈会产生强电压。该电压将施加在火花塞上，使其在气缸内产生火花。ECM 切断流入初级线圈的电流时，为保证每个气缸点火，点火器将点火（IGF）确认信号发送回 ECM。

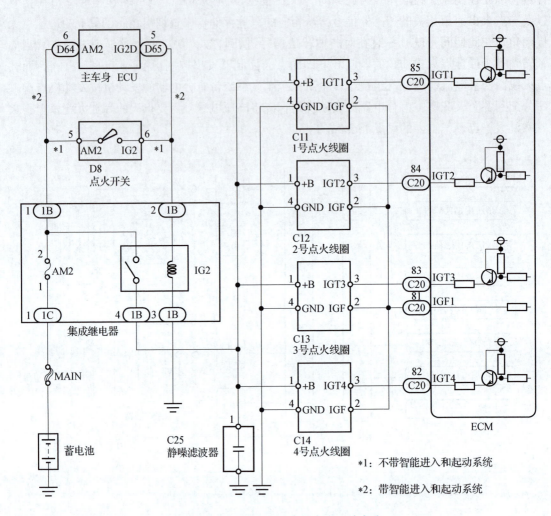

图4-18　丰田卡罗拉电控点火系统电路

> **小提示**
>
> 　　丰田卡罗拉出现点火线圈相关故障码，是因为发动机运转时，无IGF信号发送至ECM，可能是以下故障原因：
>
> 　　1. 点火系统故障；
>
> 　　2. IGF1 或 IGT（1~4号）电路开路或短路；
>
> 　　3. 1~4号点火线圈故障；
>
> 　　4. ECM故障。

汽车连续点火技术

　　习近平总书记强调："创新是一个民族进步的灵魂，是一个国家兴旺发达的不竭动力，也是中华民族最深沉的民族禀赋。"汽车点火系统技术主要被一些国际大型汽车及零部件厂商垄断，而国内在此项目上的研究相对滞后。汽车行业的创新是一项巨大的工程，我国汽车企业要在国际竞争中取得一席之地，必须要加强对基础研究的投入，这将促进汽车企业加快成为自主创新主体的步伐。

连续点火（也被称为连续击穿点火）的技术已从数年前的研究阶段逐步进入应用阶段，这种技术是使每个气缸在工作过程中产生连续两个以上甚至几十个高压火花。为此，有的制造厂采取在一个火花塞上连续数次放电的措施，也有的制造厂在每个气缸安装两个火花塞依次放电。

1. 双火花塞点火系统

双火花塞点火系统是在半球形燃烧室两侧对称布置两个同型号火花塞，这两个火花塞与燃烧室中心的距离相等，可同时点火，不仅火焰传播距离缩短了一半，而且两个火花塞同时爆炸燃烧，急速形成较强烈的涡流，大幅度加快了火焰的传播速度，促进燃烧过程。与单一的火花塞系统相比，这个系统使燃烧更加完全，使发动机输出功率更大，油耗更少，排放降低。如本田的 DSI 系列发动机、福特野马四缸机型、奔驰的 M279 V6 发动机等都有双点火机型，如图 4-19 所示。

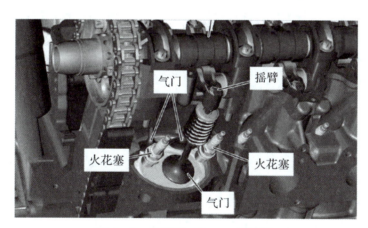

图 4-19　奔驰的 M279 V6 发动机

2. 连续点火系统

宝马、奔驰、福特嘉年华等车型使用了这种技术，气缸的每个工作过程产生一串火花而不是仅一个火花。宝马一般采用 3~8 次的连续点火控制方式，而福特嘉年华采用的是 2 次连续点火控制方式。

3. 高压高频连续点火技术

奔驰 M137.970 发动机控制系统就采用了这一新的点火技术。这一点火系统专门使用了一个 ECI 主控单元，如图 4-20 所示，为点火模块提供 180 V 的直流电压，以及一个 23 V 的辅助电压（用于爆震监控）。

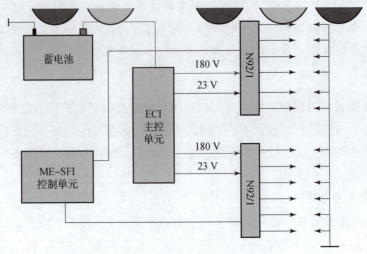

图 4-20　高压高频连续点火控制系统图

一、选择题（每题 5 分，共 25 分）

1. （　　）不断接收各种传感器和开关的输入信号，按照预先存储好的相关程序进行计算和分析，以判断发动机所处的运行工况，输出最佳点火提前角和点火线圈初级电路通电时间，从而驱动执行器完成发动机的点火控制。

A. 曲轴位置传感器　　　　　　　　　B. 发动机 ECU

C. 点火模块　　　　　　　　　　　　D. 凸轮轴位置传感器

2. （　　）可以将火花塞跳火所需的能量存储在线圈磁场中，并将电源提供的低压电转变成足以击穿火花塞间隙的 15～20 kV 的高压电。

A. 点火线圈　　　　　　　　　　　　B. 爆震传感器

C. ECU　　　　　　　　　　　　　　D. 车速传感器

3. 点火模块切断（　　）中的电流后，其会感应出很高的电压。

A. 初级线圈　　　B. 次级线圈　　　C. 火花塞　　　　D. 喷油器

4. （　　）的作用主要是利用点火线圈产生的高压电进行放电，点燃气缸内的可燃混合气。

A. 发动机 ECU　　　　　　　　　　　B. 点火线圈

C. 喷油器　　　　　　　　　　　　　D. 火花塞

5. （　　）散热快。

A. 热型火花塞　　　　　　　　　　　B. 普通型火花塞

C. 冷型火花塞　　　　　　　　　　　D. 都一样

二、判断题（每题 5 分，共 25 分）

1. 现代汽车普遍采用微机控制点火系统。　　　　　　　　　　　　（　　）

2. 爆震传感器是微机控制点火系统专用传感器。　　　　　　　　　（　　）

3. 当前汽车发动机点火模块通常与点火线圈分开。　　　　　　　　（　　）

4. 目前点火线圈通常采用开磁路点火线圈。　　　　　　　　　　（　　）

5. 高压电利用中心电极与侧电极之间的间隙产生电火花。　　　　（　　）

三、简答题（1题20分，2题30分，共50分）

1. 电控点火系统需要哪些传感器及执行器？

2. 根据卡罗拉维修手册绘制点火线圈的控制电路。

任务二　曲轴位置传感器的检修

　　学徒小李接待了一位丰田卡罗拉轿车车主，车主反映发动机故障指示灯常亮，并且发动机不能起动，经使用故障诊断仪初步检测，判断是曲轴位置传感器的相关故障。你能帮小李找到具体故障原因并进行维修吗？

　　任务分析："曲轴位置传感器的检修"学习任务来源于产业学院的实际工作故障案例库，曲轴位置传感器可以检测发动机曲轴的位置及转速，是发动机点火的基本信号，它的损坏会导致发动机起动时间变长或不起动，还会造成抖动冒白烟等问题。本任务在学生了解曲轴位置传感器的基础上，根据出现的故障现象，从相关零部件的工作原理入手，分析故障原因，确定正确的诊断与检测方法，使用相关仪器设备，找出故障部位并排除。

知识目标

1. 掌握曲轴位置传感器的安装位置、作用和类型；

2. 了解曲轴位置传感器的工作原理；

3. 掌握曲轴位置传感器的拆装方法；

4. 掌握曲轴位置传感器的检测方法。

能力目标

1. 会使用曲轴位置传感器的各检测设备；

2. 能够正确识读曲轴位置传感器的电路图；

3. 能够正确拆装曲轴位置传感器；

4. 能够检测曲轴位置传感器的端子及线束电压、电阻或波形。

素质目标

1. 通过6S的工作习惯，培养学生的劳动精神；

2. 通过曲轴位置传感器的检修任务，培养学生精益求精的工匠精神；

3. 培养学生自主学习能力和创造精神。

一、任务实施所需工具、设备、耗材

发动机试验台架、数字万用表、解码器、示波器、曲轴位置传感器。

二、任务工单

<table>
<tr><td colspan="4" align="center">曲轴位置传感器的检修</td></tr>
<tr><td colspan="2">班级：</td><td colspan="2">姓名：</td></tr>
<tr><td colspan="4">一、任务准备</td></tr>
<tr><td>1. 工具准备：</td><td>□充足</td><td>□缺少</td><td>备注：</td></tr>
<tr><td>2. 整理场地（6S）：</td><td>□符合要求</td><td>□不符合要求</td><td>备注：</td></tr>
<tr><td>3. 检查车辆安全防护：</td><td>□符合要求</td><td>□不符合要求</td><td>备注：</td></tr>
<tr><td>4. 登记车辆基本信息：</td><td colspan="2">车辆识别代码</td><td>发动机型号</td></tr>
<tr><td colspan="4">5. 仔细阅读曲轴位置传感器检修注意事项，并确认会遵守要求。签名：</td></tr>
<tr><td colspan="4">二、车辆基本检查</td></tr>
<tr><td colspan="4">1. 故障码的检测：</td></tr>
<tr><td colspan="4">2. 数据流的读取：</td></tr>
<tr><td align="center">序号</td><td align="center">参数</td><td align="center">数值</td><td align="center">是否正常</td></tr>
<tr><td align="center">1</td><td align="center">发动机转速</td><td></td><td></td></tr>
<tr><td align="center">2</td><td></td><td></td><td></td></tr>
<tr><td colspan="4">三、曲轴位置传感器的外观检查</td></tr>
<tr><td colspan="4">1. 曲轴位置传感器外观是否完好：□正常□异常</td></tr>
<tr><td colspan="4">2. O形圈是否损坏或老化：□正常□异常</td></tr>
<tr><td colspan="4">3. 曲轴位置传感器的端子</td></tr>
<tr><td rowspan="3"></td><td align="center">元件端子</td><td align="center">功能</td><td align="center">导线颜色</td></tr>
<tr><td></td><td></td><td></td></tr>
<tr><td></td><td></td><td></td></tr>
</table>

四、曲轴位置传感器的信号电压检测				
曲轴位置传感器的信号电压		检测条件		
使用设备	检测端子	标准描述	测量值	是否正常

五、曲轴位置传感器的信号波形检测				
曲轴位置传感器信号波形		检测条件		
使用设备	检测端子	标准描述	测量值	是否正常

六、曲轴位置传感器的电阻检测				
曲轴位置传感器电阻		检测条件		
使用设备	检测端子	标准描述	测量值	是否正常

七、曲轴位置传感器线路的检测				
1. 曲轴位置传感器的线路		检测条件		
使用设备	检测端子	标准描述	测量值	是否正常
2. 曲轴位置传感器的线路		检测条件		
使用设备	检测端子	标准描述	测量值	是否正常

八、曲轴位置传感器安装及齿板的检查
1. 曲轴位置传感器安装是否正确：□正常□异常
2. 曲轴位置传感器齿板是否正常：□正常□异常

诊断结论		
元件损坏	名称：	维修建议：
线路故障	线路区间：	维修建议：
其他		

三、任务指导

微课　曲轴位置
传感器的检测

1. 读取故障码及数据流

①连接汽车故障诊断仪，将点火开关打至 ON 挡，读取故障代码，若有曲轴位置传感器的故障码，说明曲轴位置传感器或相关电路可能存在故障，需要执行相关的检查。

②一边起动发动机，一边读取发动机转速数据流，如果数值为零，说明曲轴位置传感器、相关电路或 ECU 可能存在故障。

> **小经验**
>
> 如果曲轴位置传感器输出电压不足，显示的发动机转速会低于实际转速。

2. 检测曲轴位置传感器的信号电压

使用万用表检测曲轴位置传感器信号电压，选择万用表 20 V 交流挡位。起动发动机怠速运转，使用万用表检测曲轴位置传感器并联插头 1 号与 2 号端子，信号电压应随发动机转速的升高而上升，随转速的降低而下降，若信号电压不正常，则可能是曲轴位置传感器线路故障或传感器损坏造成的。

3. 检测曲轴位置传感器的信号波形

起动发动机，怠速运转，使用示波器，选择磁电式曲轴位置传感器，调整示波量程、示波时基，使用示波器测量笔连接曲轴位置传感器并连接插头 1 号与 2 号端子，观察曲轴位置传感器波形是否正常，如图 4-21 所示，若波形不正常，则有可能是曲轴位置传感器线路故障或者元件故障。

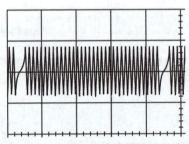

图 4-21　曲轴位置传感器的信号波形

> **小提示**
>
> 曲轴位置传感器的波形需要在发动机暖机后怠速时进行检测，并且波长随发动机转速的增加而变短。

4. 检测曲轴位置传感器的电阻值

首先检查确认传感器外观是否完好，O 形圈是否损坏或老化，确认并无问题后，关闭点火开关，断开曲轴位置传感器连接器，选用数字万用表，选择合适量程的欧姆挡，将红、黑表笔分别连接在曲轴位置传感器的两个端子上，读取对应的阻值数值并与标准进行对比，如图 4-22 所示，若测得的数据与标准不符合，则更换曲轴位置传感器。

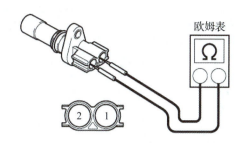

图 4 – 22　曲轴位置传感器的电阻值

小经验

　　正常的传感器线圈阻值，冷态（ – 10 ~ 50 ℃）下为 1 630 ~ 2 740 Ω，热态（50 ~ 100 ℃）下为 2 065 ~ 3 225 Ω。丰田车系在 20 ℃时，阻值为 1 850 ~ 2 450 Ω。

5. 检测曲轴位置传感器的线路

关闭点火开关，断开曲轴位置传感器连接器，断开 ECM 连接器，选择万用表通断挡位检测曲轴位置传感器线束插接器 1 号端子与 ECM 的 C20 插接器的 122 号端子之间线路是否导通，若导通，线路正常，若不导通，说明线路不正常。接着选择万用表欧姆挡位检测 1 号端子或 ECM 的 C20 插接器的 122 号端子与车身接地之间是否绝缘，若绝缘，正常，若不绝缘，异常。使用同样的方法分别检测其他线路是否导通及与车身接地之间是否绝缘。

小提示

　　能检测曲轴位置传感器的端子及线束电压、电阻或波形既是 1 + X 汽车运用与维修职业技能等级证书的考核点，也是汽车技术技能大赛的技能要点。

6. 检查曲轴位置传感器的安装

检查曲轴位置传感器是否安装正确，如图 4 – 23 所示。

7. 检查曲轴位置传感器齿板（传感器齿板上的齿）

曲轴位置传感器齿板上应没有任何破裂或变形，若异常，则更换曲轴位置传感器齿板。

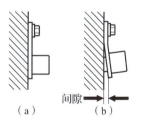

间隙

（a）　　（b）

图 4 – 23　曲轴位置传感器的安装

(a) 正确；(b) 不正确

8. 曲轴位置传感器的拆装

（1）曲轴位置传感器的拆卸

①用举升机举升车辆。

②拆卸发动机下盖。

③检查曲轴位置传感器插头连接器是否连接良好。

④拔出插接器，观察是否有锈蚀、松动，然后分离连接器，如图 4 – 24 所示。

⑤选用合适的工具，正确使用工具拧下传感器螺栓并取下。

⑥轻轻转动传感器壳体，并取下传感器。

（2）曲轴位置传感器的安装

①在曲轴位置传感器的 O 形圈上涂抹一薄层发动机机油，如图 4 – 25 所示。

②使用螺栓安装曲轴位置传感器，如图 4 – 26 所示，扭矩为 10 N·m。

图 4 - 24　拔出插接器

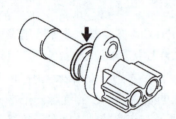

图 4 - 25　在 O 形圈上涂抹机油

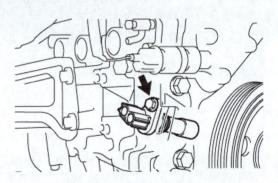

图 4 - 26　安装曲轴位置传感器

小提示

　　安装曲轴位置传感器时，一定要按照规定力矩标准拧紧螺栓，否则，会导致曲轴位置传感器的间隙不对，从而影响到信号波形。

③连接曲轴位置传感器的连接器。

④检查机油是否泄漏。

⑤安装发动机下盖，扭矩为 5 N·m。

评价反馈

曲轴位置传感器的检修评分细则							
序号	评分项	得分标准	分值	评分标准	自评	互评	师评
1	安全/6S/态度	1. 能进行 6S 整理场地 2. 能进行设备工具的准备、检查、存放 3. 能进行车辆安全防护 4. 遵守实训秩序 5. 个人着装符合要求	15	未完成一项扣 3 分，扣分不得超过 15 分	☐熟练 ☐不熟练	☐熟练 ☐不熟练	☐熟练 ☐不熟练

续表

序号	评分项	得分标准	分值	评分标准	自评	互评	师评
2	专业技能能力	1. 正确使用解码器读取故障码及数据流 2. 正确进行曲轴位置传感器的拆装 3. 正确检测曲轴位置传感器的电阻 4. 正确检测曲轴位置传感器的线路 5. 正确检测曲轴位置传感器的信号电压 6. 正确检测曲轴位置传感器的信号波形 7. 正确检查曲轴位置传感器 8. 正确判定曲轴位置传感器的故障	55	检测错误一项扣 7 分，扣分不超过 55 分	□熟练 □不熟练	□熟练 □不熟练	□熟练 □不熟练
3	工具及设备的使用能力	1. 正确使用解码器 2. 正确使用示波器 3. 正确使用万用表 4. 正确使用维修工具	10	未完成一项扣 3 分，扣分不得超过 10 分	□熟练 □不熟练	□熟练 □不熟练	□熟练 □不熟练
4	信息查询及分析能力	1. 正确使用维修手册进行资料查询 2. 准确记录检测所需信息 3. 根据结果正确分析并判断故障点	10	未完成一项扣 3 分，扣分不得超过 10 分	□熟练 □不熟练	□熟练 □不熟练	□熟练 □不熟练
5	整理协作能力	1. 任务工单书写的完整性 2. 实时观察、记录能力 3. 小组分工明确、全员参与	10	未完成一项扣 3 分，扣分不得超过 10 分	□熟练 □不熟练	□熟练 □不熟练	□熟练 □不熟练

曲轴位置传感器的检修评分细则

一、曲轴位置传感器的作用

微课 曲轴
位置传感器

曲轴位置传感器英文缩写为 CKPS 或 CKP（Crankshaft Position Sensor），其向 ECU 提供发动机曲轴转速、曲轴转角信号，因此也称为曲轴转角传感器或曲轴转速传感器。转速信号用于 ECU 分析和计算对应转速下点火提前角的大小，转角信号用来确定点火时刻的到来。曲轴位置传感器所采集的信号是实现 ECU 控制点火正常工作最基本的信号，即曲轴位置传感器信号决定着发动机的基本点火是否正常。主要组成包括铁芯、永久磁铁、感应线圈、外壳等，如图 4 – 27 所示，安装在曲轴。

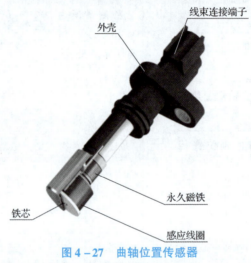

外壳
线束连接端子
永久磁铁
铁芯
感应线圈

图 4 – 27 曲轴位置传感器

小提示

曲轴位置传感器安装位置根据车型不同而不完全相同。

曲轴位置传感器将发动机曲轴转过的角度变换为电信号输入 ECU，曲轴每转过一定角度，就发出一个脉冲信号，ECU 通过不断地检测脉冲个数，即可计算出曲轴转过的角度。与此同时，由于曲轴信号盘上的特殊结构，每当信号转子随发动机曲轴转动一圈，传感线圈就会向 ECU 输入固定个数脉冲信号。因此，ECU 每接收到曲轴位置传感器固定个数脉冲信号，就可知道发动机曲轴旋转了一圈，由此可计算出曲轴转速。在微机控制电子点火系统中，发动机曲轴转角信号用来计算具体的点火时刻，转速信号用来计算和读取基本点火提前角。

小知识

曲轴位置传感器出现故障时，发动机控制单元不能识别活塞位置，发动机的故障症状比较严重，一般情况是：

1. 当曲轴位置传感器出现故障时，发动机控制单元检测到曲轴位置传感器故障，存储故障码，控制不点火，不喷油，发动机不起动或运行中熄火；

2. 有些发动机可用凸轮轴位置信号控制，使发动机能够继续运转，但性能下降。

二、曲轴位置传感器的结构与工作原理

根据结构与工作原理不同，曲轴位置传感器主要分为电磁感应式、霍尔式和光电式三种。卡罗拉搭载的是电磁感应式曲轴位置传感器。

1. 电磁感应式曲轴位置传感器的结构

电磁感应式曲轴位置传感器由传感器体和信号盘组成，如图 4-28 所示。传感器体由永久磁铁、铁芯、电磁圈等组成。传感器体正对信号盘，安装在信号盘的边缘。永久磁铁产生磁场，穿过铁芯、气隙、信盘、电磁线圈。信号盘安装在曲轴、凸轮轴或分电器轴上，并随之转动。信号盘上均制有若干凸齿和凹槽，同时还制有一特殊缺齿。电磁线圈的作用是当磁场变化时，输出传感器信号。传感器体与信号盘之间的气隙一般小于 2 mm，气隙过大，会使信号减弱；气隙过小，容易发生碰撞，给安装带来困难。

动画　电磁
感应原理

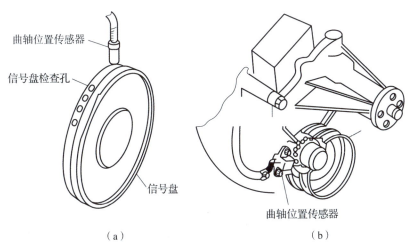

曲轴位置传感器

信号盘检查孔

信号盘

（a）

曲轴位置传感器

（b）

图 4-28　电磁感应式曲轴位置传感器的结构和安装位置
（a）结构；（b）安装位置

宝来轿车 AGN 发动机和桑塔纳 AJR 发动机上电磁感应式曲轴位置传感器的信号盘为齿盘式，在其圆周上间隔均匀地制作有 58 个凸齿、57 个小齿缺和 1 个大齿缺。大齿缺输出基准信号，对应于发动机一缸或四缸压缩上止点前一定角度。大齿缺所占的弧度相当于两个凸齿和 3 个小齿缺所占的弧度。因为信号盘随曲轴一同旋转，曲轴和信号盘旋转一圈均为 360°，所以信号盘圆周上的凸齿和齿缺所占的曲轴转角为 360°，每个凸齿和小齿缺所占的曲轴转角均为 3°，大齿缺所占的曲轴转角为 15°。

> **小知识**
>
> 丰田车系曲轴位置传感器齿板有 34 个齿，被安装在曲轴上。传感器齿板旋转，每个齿通过感应线圈时，产生脉冲信号。发动机每转动一次，感应线圈就产生 234 个信号。

小知识

因为曲轴位置传感器信号比较敏感，容易受高压点火线、车载通信等电子设备的电磁干扰或射频干扰，曲轴位置传感器与ECU之间的导线被裹在屏蔽线中间。

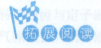

拓展阅读

大众迈腾轿车曲轴位置传感器故障检修案例

出自百度百家号：车云端汽车维修案例

曲轴位置传感器正常工作才能保证车辆正常行驶，东风日产曾因曲轴位置传感器故障召回上万辆天籁，因此，在汽车检修过程中，安全是最为重要的一环。对故障不断进行分析、检测、修正，发扬精益求精的工匠精神，保障使用者生命财产安全，是汽车行业工作者必备的职业素养。

一辆装备BYJ缸内直喷发动机的大众迈腾轿车车主反映：该车起动机出现偶发不工作的故障。

故障分析：维修人员接车后首先确认故障现象，车辆可以正常起动，熄火后再次起动车辆，打开点火开关时，发动机转速在0～2 000 r/min上下波动，起动机不运转。使用诊断仪读取车辆信息，发现有多个故障码存在：P0321—发动机转速传感器不可信信号；P0100—空气流量计供电电压；P1917—连续冷却液循环泵继电器断路；P1388—控制单元损坏。

使用诊断仪读取起动机数据流，在正常状态下，数据流信息如图4－33所示；出现故障时，数据流信息如图4－34所示。读取离合器数据流，正常。通过以上检测分析认为，离合器传感器及点火开关50信号能正常传输给中央电器控制单元（J519），而J519则无法控制50继电器吸合并让起动机运转。查阅维修手册后得知，J519控制50起动继电器工作条件如下：P/N挡信号正常；制动信号（自动挡）正常；离合器传感器信号（手动挡）正常；50继电器收到起动信号；发动机转速在200 r/min以下。

地址列	ID	测量值	数值	单位	目标值
09	7.1	接线端50控制继电器	接通		
09	7.2	激活座舱/发动机继电器端子15	接通		
09	7.3	接线端75继电器触发	断开		
09	15.1	端子15输入	接通		
09	15.2	端子50输入	接通		
09	15.3	启用PIN	接通		

图4－33 正常状态下数据流信息

维修人员回忆，在确认故障现象时，发动机转速出现偶发性波动。在点火开关打开但是发动机未起动的情况下，测量发动机控制单元中转速的数据流，发现转速偶发会上升到1 900 r/min。造成该故障的原因有以下几种：曲轴转速传感器及触发轮出现故障；发动机控制单元的供电或搭铁出现故障；外界因素干扰。将曲轴位置传感器插接器拔下后试车，故障依旧，因此，可排除曲轴位置传感器及触发轮出现故障的可能性。检查发动机控制单元的供

地址列	ID	测量值	数值	单位	目标值
09	7.1	接线端50控制继电器	断开		
09	7.2	激活座舱/发动机继电器端子15	接通		
09	7.3	接线端75继电器触发	接通		
09	15.1	端子15输入	接通		
09	15.2	端子50输入	接通		
09	15.3	启用PIN	接通		

图 4-34 故障状态下数据流信息

电及搭铁，均正常。更换同型号发动机控制单元，故障依旧。经过分析后认为，很有可能是车辆本身电磁波信号对发动机控制单元产生了干扰。

故障排除：用锡箔纸对发动机转速传感器线束进行包扎屏蔽后试车，如图 4-35 所示，起动机能够正常工作，发动机转速为 800 r/min，故障排除。

图 4-35 用锡箔纸对发动机转速传感器线束进行包扎屏蔽

一、选择题（每题 5 分，共 25 分）

1. 曲轴位置传感器向 ECU 提供（　　）信号。

A. 发动机曲轴转速、曲轴转角　　　　　　B. 发动机负荷

C. 发动机冷却液温度　　　　　　　　　　D. 发动机凸轮轴位置

2. 曲轴位置传感器所采集的信号是实现 ECU 控制（　　）正常工作最基本信号。

A. 进气　　　　　　B. 点火　　　　　　C. 排气　　　　　　D. 换挡

3. 曲轴位置传感器的类型不包括（　　）。

A. 电磁感应式　　　　　　　　　　　　　B. 霍尔式

C. 光电式　　　　　　　　　　　　　　　D. 接地式

4. 电磁感应式曲轴位置传感器根据（　　）原理制成。

A. 电磁感应　　　　　　　　　　　　　　B. 霍尔效应

C. 光电效应　　　　　　　　　　　　　　D. 阿基米德

5. 电磁感应式曲轴位置传感器将（　　）转化为电能。

A. 化学能　　　　　　B. 机械能　　　　　　C. 声能　　　　　　D. 光能

二、判断题（每题5分，共25分）

1. 转角信号用来确定点火时刻的到来。　　　　　　　　　　　　　　　　（　　）

2. 曲轴位置传感器不同车型安装位置都一样。　　　　　　　　　　　　　（　　）

3. 电磁感应式曲轴位置传感器不需要电源。　　　　　　　　　　　　　　（　　）

4. 电磁感应式曲轴位置传感器的信号盘每转一圈（发动机曲轴转一圈），传感线圈就会产生58个交变电压信号送向电子控制单元ECU。　　　　　　　　　　（　　）

5. 当发动机转速加快时，感应线圈中产生的感应电动势也会变低。　　　（　　）

三、简答题（第1题20分，第2题30分，共50分）

1. 写出下列序号的名称。（每空4分）

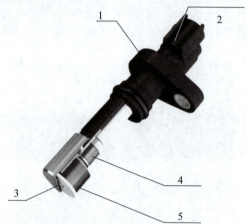

2. 根据卡罗拉维修手册绘制曲轴位置传感器的控制电路。

任务三　凸轮轴位置传感器的检修

今天，4S店来了一位丰田卡罗拉轿车车主，车主反映起动机正常运转，但是车辆需多次起动后才能起动，经使用故障诊断仪初步检测，判断是凸轮轴位置传感器的相关故障。那么凸轮轴位置传感器是起什么作用呢？出现故障又该如何诊断呢？

> 　　**任务分析：**"凸轮轴位置传感器的检修"学习任务来源于产业学院的实际工作故障案例库，凸轮轴位置传感器可以检测凸轮轴位置，判断一缸压缩上止点位置，它的损坏会影响汽车正常起动。本任务在学生了解凸轮轴位置传感器的基础上，根据出现的故障现象，从相关零部件的工作原理入手，分析故障原因，确定正确的诊断与检测方法，使用相关仪器设备，找出故障部位并排除故障。

知识目标

1. 掌握凸轮轴位置传感器的安装位置、作用和类型；

2. 了解凸轮轴位置传感器的工作原理；

3. 掌握凸轮轴位置传感器拆装的方法；

4. 掌握凸轮轴位置传感器的端子及线束电压或波形的检测方法。

能力目标

1. 会使用凸轮轴位置传感器的各检测设备；

2. 能够正确识读凸轮轴位置传感器的电路图；

3. 能够正确拆装凸轮轴位置传感器；

4. 能够检测凸轮轴位置传感器的端子及线束电压或波形。

素质目标

1. 培养学生主动思考、实践操作的能力；

2. 培养学生在工作过程中团结协作的意识和吃苦耐劳与规范作业的工作习惯；

3. 通过正确处理对环境和人体有害的废料，培养学生绿色低碳的环保意识。

一、任务实施所需工具、设备、耗材

发动机试验台架、数字万用表、解码器、示波器、凸轮轴位置传感器。

二、任务工单

凸轮轴位置传感器的检修			
班级：	姓名：		
一、任务准备			
1. 工具准备：	□充足	□缺少	备注：
2. 整理场地（6S）：	□符合要求	□不符合要求	备注：
3. 检查车辆安全防护：	□符合要求	□不符合要求	备注：
4. 登记车辆基本信息：	车辆识别代码		发动机型号
5. 仔细阅读凸轮位置传感器检修注意事项，并确认会遵守要求。 签名：			

二、车辆基本检查			

1. 故障码的检测：

2. 数据流的读取：

序号	参数	数值	是否正常
1			
2			

三、凸轮位置传感器的外观检查			

1. 凸轮轴位置传感器外观是否完好：□正常□异常

2. 进气凸轮轴位置传感器的端子

	元件端子	功能	导线颜色
VC			

3. 排气凸轮轴位置传感器的外观检查

	元件端子	功能	导线颜色
VC2			

四、进气/排气凸轮轴位置传感器的供电电压检测			

凸轮轴位置传感器的供电电压		检测条件	

使用设备	检测端子	标准描述	测量值	是否正常

五、进气/排气凸轮轴位置传感器线路的检测			

凸轮轴位置传感器的线路		检测条件	

使用设备	检测端子	标准描述	测量值	是否正常

续表

六、进气/排气凸轮轴位置传感器的信号波形检测				
凸轮轴位置传感器信号波形		检测条件		
使用设备	检测端子	标准描述	测量值	是否正常

七、进气/排气凸轮轴位置传感器的检查		
1. 凸轮轴位置传感器安装是否正确：	□正常	□异常
2. 凸轮轴位置传感器信号盘是否正常：	□正常	□异常
诊断结论		
元件损坏	名称：	维修建议：
线路故障	线路区间：	维修建议：
其他		

三、任务指导

图片　丰田凸轮轴位置传感器故障码

1. 读取故障码

连接汽车故障诊断仪，将点火开关打至 ON 挡，读取故障代码，若有凸轮轴位置传感器的故障码，说明凸轮轴位置传感器或相关电路可能存在故障，需要执行相关的检查。

> **小经验**
>
> 非传感器本身故障也可能会生成传感器故障码信息，如某奥迪 Q5，由于机油压力调节阀性能不良，机油压力无法满足凸轮轴调节装置的需求，影响正时调节功能，因此产生故障码 P0341。发动机控制模块设定的故障码有可能只是故障点引发的表面现象，真正的故障根源并不在传感器本身。更换机油压力调节阀，故障彻底排除。

2. 检测凸轮轴位置传感器的供电电压

微课　凸轮轴位置传感器的检测

断开凸轮轴位置传感器连接器，将点火开关转到 ON 挡，使用万用表检测凸轮轴位置传感器供电电压，选择万用表 20 V 直流挡位。使用万用表检测进气侧凸轮轴位置传感器线束连接器插头 3 号端子与车身接地之间的电压，检测值在 4.5～5.5 V 之间，则正常，否则，进行进一步检查。

3. 检测凸轮轴位置传感器的线路

关闭点火开关，断开凸轮轴位置传感器连接器，断开 ECM 连接器，选择万用表通断挡位，使用万用表检测进气侧凸轮轴位置传感器 1 号端子与 ECM 的 C20 插接器的 99 号端子之间线路是否导通、1 号端子或 ECM 的 C20 插接器的 99 号端子与车身接地之间是否绝缘。用同样的方法，检测其他线路是否导通及是否与车身接地绝缘。

4. 检查凸轮轴位置传感器的安装

检查凸轮轴位置传感器的安装是否正确，如图4-36所示，若安装错误，重新牢固安装传感器。

5. 检查凸轮轴信号盘

检查凸轮轴信号盘有无裂纹或变形，若有异常，更换凸轮轴。

6. 凸轮轴位置传感器的拆装

1）凸轮轴位置传感器的拆卸

（1）拆卸2号气缸盖罩

（2）拆卸凸轮轴位置传感器

①断开占空比控制型真空开关阀连接器和3个发动机线束夹箍（排气凸轮轴侧）。

②拆下螺栓，并拆下凸轮轴位置传感器。

2）凸轮轴位置传感器的安装

（1）安装凸轮轴位置传感器

①在凸轮轴位置传感器的O形圈上涂抹一薄层发动机机油。

②用螺栓安装凸轮轴位置传感器，扭矩为10 N·m。

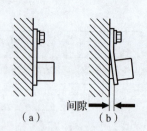

图4-36 凸轮轴位置
传感器的安装
（a）正确；（b）不正确

> **小提示**
>
> 安装凸轮轴位置传感器时，一定要按照规定力矩标准拧紧螺栓，否则，会导致凸轮轴位置传感器安装不牢固或间隙不对，从而影响到信号波形。

③连接3个发动机线束夹箍和占空比控制型真空开关阀连接器（排气凸轮轴侧）。

（2）检查机油是否泄漏

（3）安装2号气缸盖罩

7. 再次读取故障码

连接汽车故障诊断仪，将点火开关打至ON挡，再次读取故障代码，若仍有凸轮轴位置传感器的故障码，则更换发动机ECU，如果发动机不起动，则更换发动机ECU。

8. 检测凸轮轴位置传感器的波形

用示波器检测凸轮轴位置传感器的波形，正确波形如图4-37所示。G2为进气凸轮轴位置传感器信号，EV1为排气凸轮轴位置传感器信号，每格电压5 V，每格时间20 ms。

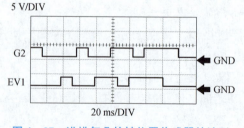

图4-37 进排气凸轮轴位置传感器的波形

> **小提示**
>
> 能检测凸轮轴位置传感器的端子及线束电压或波形既是1+X汽车运用与维修职业技能等级证书的考核点，也是汽车故障检修技能大赛的技能要点。

评价反馈

凸轮轴位置传感器的检修评分细则							
序号	评分项	得分标准	分值	评分标准	自评	互评	师评
1	安全/6S/态度	1. 能进行 6S 整理场地 2. 能进行设备工具的准备、检查、存放 3. 能进行车辆安全防护 4. 遵守实训秩序 5. 个人着装符合要求	15	未完成一项扣 3 分，扣分不得超过 15 分	□熟练 □不熟练	□熟练 □不熟练	□熟练 □不熟练
2	专业技能能力	1. 正确使用解码器读取故障 2. 正确检查凸轮轴位置传感器 3. 正确读取凸轮轴位置传感器的供电电压 4. 正确进行凸轮轴位置传感器线路的检测 5. 正确进行凸轮轴位置传感器波形的检测 6. 正确进行凸轮轴位置传感器的拆装 7. 正确进行凸轮轴位置传感器线路的判断	55	检测错误一项扣 8 分，扣分不超过 55 分	□熟练 □不熟练	□熟练 □不熟练	□熟练 □不熟练
3	工具及设备的使用能力	1. 正确使用解码器 2. 正确使用示波器 3. 正确使用万用表 4. 正确使用维修工具	10	未完成一项扣 3 分，扣分不得超过 10 分	□熟练 □不熟练	□熟练 □不熟练	□熟练 □不熟练
4	信息查询及分析能力	1. 正确使用维修手册进行资料查询 2. 准确记录检测所需信息 3. 根据结果正确分析并判断故障点	10	未完成一项扣 3 分，扣分不得超过 10 分	□熟练 □不熟练	□熟练 □不熟练	□熟练 □不熟练
5	整理协作能力	1. 任务工单书写的完整性 2. 实时观察、记录能力 3. 小组分工明确、全员参与	10	未完成一项扣 3 分，扣分不得超过 10 分	□熟练 □不熟练	□熟练 □不熟练	□熟练 □不熟练

一、凸轮轴位置传感器的作用

微课　凸轮轴
位置传感器

凸轮轴位置传感器英文缩写 CMPS 或 CMP（Camshaft Position Sensor），又称为相位传感器，其功用是检测凸轮轴的转角位置信号，ECU 以此来确定 1 缸或某缸活塞到达上止点位置，是控制喷油和点火时刻的重要参数。由于凸轮轴位置传感器能够识别哪一缸活塞即将到达上止点，故又称为判缸传感器。主要安装在凸轮轴的前端或后端的壳体上。

> **小提示**
>
> 凸轮轴位置传感器安装位置根据车型的不同而不完全相同。

凸轮轴位置传感器是确定曲轴基准位置和点火基准位置的传感器。在微机控制发动机系统中，当 ECU 控制喷油器喷油时，必须知道哪一个气缸的活塞即将到达排气上止点；当 ECU 控制火花塞跳火时，必须知道哪一个气缸的活塞即将到达压缩上止点，然后再根据曲轴转角信号控制喷油与点火。

凸轮轴位置传感器在曲轴旋转至某一特定的位置（如一缸上止点或上止点前某一确定的角度）时，向 ECU 输出一个脉冲信号，判别此时开始向上止点运行的活塞是处于压缩行程还是排气行程，以便 ECU 识别 1 缸活塞压缩上止点，从而进行顺序喷油控制、点火控制和爆燃控制。此外，凸轮轴位置信号还用于发动机起动时识别出第一次点火时刻。

二、凸轮轴位置传感器的结构与工作原理

根据结构与工作原理的不同，凸轮轴位置传感器主要分为磁感应式、霍尔式和磁阻元件式三种。一般霍尔式及磁阻元件式采用得较多。

1. 霍尔式凸轮轴位置传感器的结构

（1）霍尔效应

文本　大众迈腾
凸轮轴位置传感器

如图 4-38 所示，通有电流的导体垂直于磁感线放入磁场中时，在导体横向侧面上就会产生一个垂直于电流 I 方向和磁场的电压 U_H，U_H 与通过导体的电流 I 和磁感应强度 B 成正比，当取消磁场时，电压 U_H 立即消失。这就是霍尔效应。U_H 被称为霍尔电压。

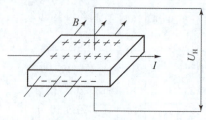

图 4-38　霍尔效应

在汽车上，安装了利用霍尔效应制成的能够检测位置信号的传感器，这种传感器被称为霍尔效应传感器。大量试验证明，由于半导体材料也存在霍尔效应，而且霍尔系数远远大于金属材料的霍尔系数，因此，现在一般都用半导体材料制作霍尔元件。

小知识

目前，霍尔式传感器在汽车上的应用越来越多，主要是由于其具有以下优点：输出电压信号近似于方波；输出电压的高低与被测量物体的转速无关，稳定性好。但是霍尔式需要外加电源，才能向 ECU 输出信号。

（2）霍尔式凸轮轴位置传感器的结构

霍尔式凸轮轴位置传感器的基本结构如图 4-39 所示，主要由集成电路、永久磁铁、霍尔芯片、外壳以及线束连接端子组成。

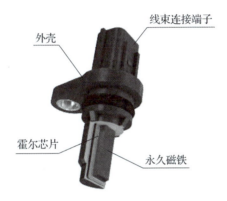

图 4-39　霍尔式凸轮轴位置传感器的基本结构

（3）霍尔式凸轮轴位置传感器的工作原理

安装在分电器内的霍尔式凸轮轴位置传感器包括叶片、霍尔元件、永久性磁铁及其上的导磁钢片等，如图 4-40 所示。叶片安装在转子轴上，叶片往往与发动机气缸数相等。当叶片随转子轴一同转动时，叶片便在霍尔元件与永久性磁铁之间转动，并通过不断遮挡来控制其磁路的通断。

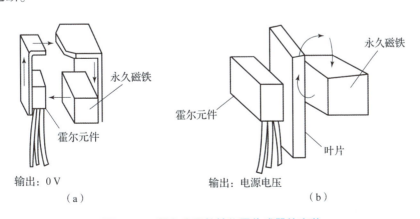

图 4-40　霍尔式凸轮轴位置传感器的安装

（a）有霍尔电压；（b）无霍尔电压

当发动机工作传感器轴转动时，旋转的叶片从霍尔元件与永磁铁之间的空气隙中转过。当叶片离开空气隙时，永久性磁铁的磁通便经霍尔元件和导磁钢片构成回路，如图 4 – 41（a）所示。此时，霍尔元件产生电压 $U_H = 1.9 \sim 2.0 \, \text{V}$，此电压经过霍尔集成电路输出级的晶体管导通，传感器输出的信号电压 U_0 为 $0 \sim 5.0 \, \text{V}$ 的低电平。

当叶片进入空气隙时，霍尔元件中的磁场被叶片隔断，如图 4 – 41（b）所示，霍尔电压 U_H 此时为零，集成电路输出级的晶体管截止，传感器输出的信号电压 U_0 为高电平（当霍尔传感器电源电压为 14.4 V 时，信号电压 $U_0 = 9.8 \, \text{V}$；当电源电压为 5 V 时，信号电压 $U_0 = 4.8 \, \text{V}$）。

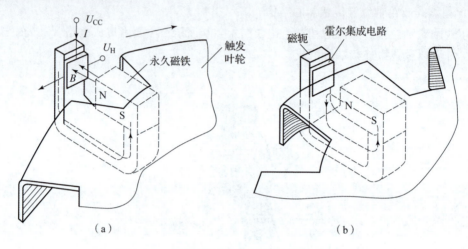

（a）   （b）

图 4 – 41　霍尔式凸轮轴位置传感器的工作原理
（a）叶片离开空气隙；（b）叶片进入空气隙

霍尔式凸轮轴位置传感器的信号波形如图 4 – 42 所示。

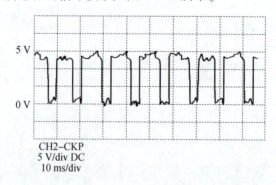

5 V

0 V

CH2–CKP
5 V/div DC
10 ms/div

图 4 – 42　霍尔式凸轮轴位置传感器的信号波形

2. 磁阻元件式凸轮轴位置传感器

（1）磁阻效应

材料的电阻值随磁感应强度变化的规律，叫磁阻效应（Magnetoresistive Effect，MRE），如图 4 – 43 所示，1857 年由英国物理学家威廉·汤姆森发现。试验表明，外加磁场增大，半导体的电阻增大；外加磁场减小，半导体的电阻减小。利用这种磁阻效应制成的器件叫磁阻器件（MRE 器件）。

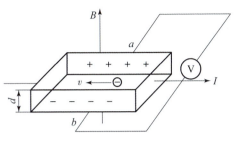

图4-43 磁阻效应

（2）磁阻元件式凸轮轴位置传感器的结构

丰田卡罗拉采用双凸轮轴，安装有两个凸轮轴位置传感器，即进气侧凸轮轴位置传感器和排气侧凸轮轴位置传感器，均为磁阻元件式，利用磁阻效应的原理制成，由磁铁和MRE（磁阻元件）元件组成。此外，还有一个与凸轮轴制成一体的信号盘，信号盘上有3个不均匀的凸齿，如图4-44所示。

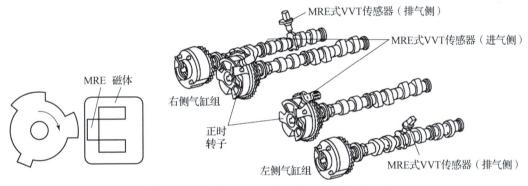

图4-44 磁阻元件式凸轮轴位置传感器的结构

（3）磁阻元件式凸轮轴位置传感器的工作原理

凸轮轴旋转时，当传感器的磁头正对信号盘凹槽时，磁力线向两侧的叶片分布，构成闭合磁路，磁阻元件电阻较小，通过磁阻元件的磁力线较少，磁场强度较弱，并且磁力线与磁阻元件成一定角度，此时磁阻元件输出5 V高电平信号。当传感器的磁头正对信号盘叶片时，磁力线通过正对的叶片构成闭合磁路，磁阻元件电阻较大，通过磁阻元件的磁力线较多，磁场强度较强，并且磁力线与磁阻元件垂直，此时磁阻元件输出0 V低电平信号。如图4-45和图4-46所示，凸轮轴位置传感器将凸轮轴旋转数据转换为脉冲信号，然后发送至发动机ECU并据此判断凸轮轴角度。发动机ECU利用该数据控制燃油喷射时间和喷射正时。

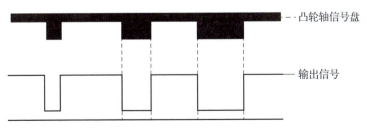

图4-45 凸轮轴位置传感器信号盘形状与输出信号的关系

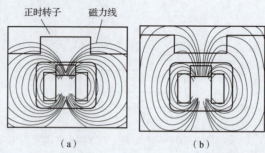

正时转子　　磁力线

（a）　　　　　　（b）

图4-46　传感器的磁头正对信号盘凹槽（a）和传感器的磁头正对信号盘叶片（b）

小提示

如果尽管发动机运转，但仍无凸轮轴位置传感器信号输入ECU，或凸轮轴和曲轴位置不同步，或凸轮轴位置传感器输出电压不在标准范围内，则ECU判定凸轮轴位置传感器电路存在故障。

三、凸轮轴位置传感器的连接电路

丰田卡罗拉的凸轮轴位置传感器有3个端子，均与发动机ECU进行连接，VC及VC2为发动机ECU向传感器供电的供电端（一般为5 V），VVI+和VVE+为传感器的信号端子，VVI-和VVE-为传感器的负极端子，如图4-47所示。

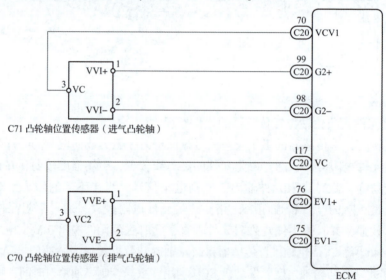

图4-47　丰田卡罗拉凸轮轴位置传感器的连接电路

小知识

凸轮轴位置传感器出现故障时，发动机控制单元不能识别一缸压缩上止点，导致ECU不能正常进行喷油时刻、点火时刻以及爆震控制，会出现以下故障现象：

1. 不能起动；

2. 行驶中突然熄火；

3. 工作不稳。

奔驰 B180 凸轮轴位置传感器故障

选自《汽车维修技师》，2023，赵玉宾著

　　该案例中，其他修理厂为客户更换了排气凸轮轴等多个部件，客户花费不菲，但仍未排除故障。经过严密的检测及分析后，发现仅仅增加一个垫片即可排除故障。作为汽车"医生"，只有不断钻研技术，提高自身技术水平和服务意识，才能更好地服务顾客，避免"小病大修"，保障顾客的生命财产安全。

　　一辆配置 270 发动机的奔驰 B180，行驶里程 120 000 km，车辆最近起动时间较长，发动机故障灯点亮。起动车辆，起动机运转较长时间后才能着车，着车后发动机故障灯点亮。车辆曾因该故障在其他修理厂更换了排气凸轮轴、正时链轮、凸轮轴传感器等部件，未能彻底排除故障。

　　故障诊断：到店后，连接诊断仪全车扫描故障码，发动机控制单元中存储故障码P036664，即排气凸轮轴（气缸列1）的位置传感器存在功能故障，存在一个不可信信号。

　　使用示波器测量车辆进气凸轮轴位置传感器、排气凸轮轴位置传感器、曲轴位置传感器的信号波形如图 4 – 48 所示。放大的曲轴两圈的波形如图 4 – 49 所示。

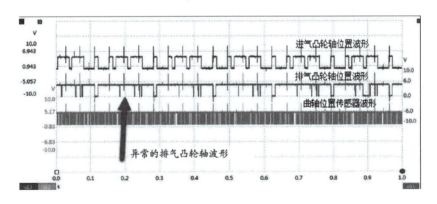

图 4 – 48　故障车信号波形

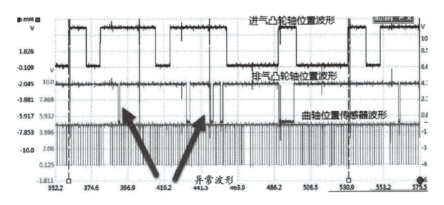

图 4 – 49　放大的曲轴两圈的波形

从图 4–49 所示波形中可以清晰看出该车的曲轴位置信号变化，进气凸轮轴位置信号变化正常，排气凸轮轴位置信号异常，与发动机控制单元报出的 P036664（排气凸轮轴位置传感器存在功能故障）相互吻合。

从图 4–50 所示蓝色波形即进气凸轮轴位置传感器波形可以看出，进气凸轮轴由 2 个大齿缺、2 个小齿缺组成。拆下进气侧凸轮轴位置传感器与排气侧凸轮轴位置传感器，观察信号齿的形状，发现进排气凸轮轴位置传感器的形状几乎相同，也是 2 个大齿缺、2 个小齿缺，只是发生信号的时刻不同，仔细观察排气凸轮轴的信号齿，发现没有发生变形。但从故障波形分析，该车排气凸轮轴的信号齿形状与实际相差较多。推测该车故障可能是排气凸轮轴位置传感自身故障导致。对调进气侧与排气侧的凸轮轴位置传感器，清除故障起动车辆，发现故障，波形不能转移，依然为图 4–50 所示。发动机控制单元还会报出故障码 P036664，排除排气凸轮轴传感器自身故障导致。仔细观察两种波形，可以看出两种波形的毛刺几乎同时出现，说明进、排两个凸轮轴位置传感器都受到了干扰，如图 4–51 所示，但进气侧没有故障、排气侧有故障，说明车辆的问题也不是干扰导致的。

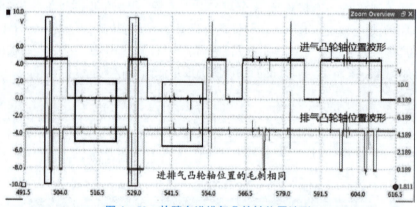

图 4–50　故障车进排气凸轮轴位置波形

联想到之前维修磁电式曲轴传感器的信号缺失，可能是传感器与信号轮的间隙错误导致，重新安装进排气凸轮轴位置传感器，本次安装排气侧的凸轮轴位置固定螺丝没有安装，尝试在着车时调整排气凸轮轴位置传感器与其信号靶轮的距离，发现在排气凸轮轴位置传感器远离信号靶轮小部分距离后，排气侧凸轮轴位置传感的波形转为正常，如图 4–51 所示。根据调整的间隙安装适当的垫片，清除故障码，故障未再现，故障彻底排除。

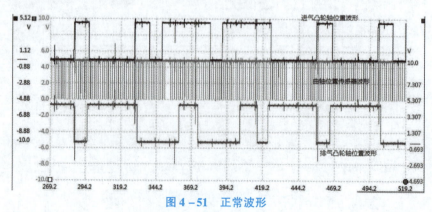

图 4–51　正常波形

故障排除：排气凸轮轴位置传感器处安装适当的垫片排除故障。

巩固提高

一、选择题（每题 5 分，共 25 分）

1. 凸轮轴位置传感器英文缩写（　　　）。
   A. CPS　　　　　　B. GPS　　　　　　C. CMP　　　　　　D. CPU

2. 凸轮轴位置传感器又可称为（　　　）。
   A. 气缸传感器　　　　　　　　　　B. 发动机转速传感器
   C. 发动机温度传感器　　　　　　　D. 节气门位置传感器

3. 凸轮轴位置传感器主要安装在（　　　）。
   A. 凸轮轴前端或后端的壳体上　　　B. 发动机曲轴上
   C. 油箱里　　　　　　　　　　　　D. 变速器上

4. 凸轮轴位置传感器的类型不包括（　　　）。
   A. 磁感应式　　　　　　　　　　　B. 霍尔式
   C. 磁阻元件式　　　　　　　　　　D. 可变温度式

5. 霍尔式传感器波形近似于（　　　）。
   A. 方波　　　　　　　　　　　　　B. 正弦波
   C. 直线　　　　　　　　　　　　　D. 三角波

二、判断题（每题 5 分，共 25 分）

1. 凸轮轴位置传感器能够识别哪一缸活塞即将到达上止点。　　　　　　（　　　）
2. 对于凸轮轴位置传感器，不同车型安装位置完全相同。　　　　　　　（　　　）
3. 材料的电阻值随磁感应强度变化的规律，叫磁阻效应。　　　　　　　（　　　）
4. MRE 元件指磁阻元件。　　　　　　　　　　　　　　　　　　　　（　　　）
5. 磁阻元件式凸轮轴位置传感器的磁头正对信号盘凹槽时，磁阻元件输出 5 V 高电平。
   　　　　　　　　　　　　　　　　　　　　　　　　　　　　　　（　　　）

三、简答题（1 题 20 分，2 题 30 分，共 50 分）

1. 根据卡罗拉维修手册绘制进气凸轮轴位置传感器的控制电路。
2. 简述磁阻元件式凸轮轴位置传感器的结构，绘制输出的信号波形。

任务四　爆震传感器的检修

任务描述

　　学徒小李接待了一位丰田卡罗拉轿车车主，车主反映发动机故障指示灯常亮，车辆行驶时发现加速发闷，并发现有间歇的轻微敲缸声，需要进行检修。经使用故障诊断仪初步检测，判断是爆震传感器的相关故障。你能帮小李找到具体故障原因并进行维修吗？

任务分析："爆震传感器的检修"学习任务来源于产业学院的实际工作故障案例库，爆震传感器可以检测发动机有无爆燃现象，它的损坏不仅影响汽车的动力性，还会造成油耗上升等问题。本任务在学生了解爆震传感器的基础上，根据出现的故障现象，从相关零部件的工作原理入手，分析故障原因，确定正确的诊断与检测方法，使用相关仪器设备，找出故障部位并排除。

知识目标

1. 了解点火提前角及闭合角的控制；
2. 掌握爆震传感器的安装位置、作用和类型；
3. 了解爆震传感器的工作原理；
4. 掌握爆震传感器拆装的方法；
5. 掌握爆震传感器的端子及线束电压、电阻或波形的检测方法。

能力目标

1. 会使用爆震传感器的各检测设备；
2. 能够正确识读爆震传感器的电路图；
3. 能够正确拆装爆震传感器；
4. 能够检测爆震传感器的端子及线束电压、电阻或波形。

素质目标

1. 通过6S的工作习惯培养学生的劳动精神；
2. 通过爆震的危害引导学生坚持绿水青山就是金山银山的理念。

一、任务实施所需工具、设备、耗材

发动机试验台架、数字万用表、解码器、示波器、爆震传感器。

二、任务工单

爆震传感器的检修			
班级：		姓名：	
一、任务准备			
1. 工具准备：	□充足	□缺少	备注：
2. 整理场地（6S）：	□符合要求	□不符合要求	备注：

3. 检查车辆安全防护：	□符合要求	□不符合要求	备注：	

4. 登记车辆基本信息：	车辆识别代码	发动机型号

5. 仔细阅读爆震传感器检修注意事项，并确认会遵守要求。　　　签名：

二、车辆基本检查

1. 故障码的检测：

2. 数据流的读取：

序号	参数	数值	是否正常
1			
2			

三、爆震传感器的电阻检测

1. 爆燃传感器的基本检查：是否存在物理损坏	□是	□否
是否安装正确	□是	□否
安装面上是否有毛刺、铸造飞边和异物	□是	□否
是否远离软管、托架和发动机线路	□是	□否

2. 爆震传感器的端子

元件端子	功能	导线颜色

3. 爆震传感器内阻的检测		检测条件		
使用设备	检测端子	标准描述	测量值	是否正常

四、爆震传感器的供电电压检测

爆震传感器供电电压		检测条件		
使用设备	检测端子	标准描述	测量值	是否正常

五、爆震传感器的信号检测

1. 敲缸时爆震传感器信号		检测条件		
使用设备	检测端子	标准描述	测量值	是否正常

2. 转速为 4 000 r/min 时爆震传感器信号波形		检测条件		
使用设备	检测端子	标准描述	测量值	是否正常
六、爆震传感器线路的检测				
爆震传感器的线路		检测条件		
使用设备	检测端子	标准描述	测量值	是否正常
诊断结论				
元件损坏	名称：	维修建议：		
线路故障	线路区间：	维修建议：		
其他				

三、任务指导

1. 读取故障码

连接汽车故障诊断仪，将点火开关打至 ON 挡，读取故障代码，若有爆震传感器的故障码，说明爆震传感器或相关电路可能存在故障，需要执行相关的检查。

图片 丰田爆震
传感器故障码

2. 爆震传感器的基本检查

首先检查爆震传感器以下几个方面是否合格：

①是否存在物理损坏。

②是否安装正确，扭矩应为 20 N·m。

③安装面上是否有毛刺、铸造飞边和异物。

④必须远离软管、托架和发动机线路。

微课 爆震
传感器的检测

如果合格，则进一步检查爆震传感器；如果不合格，则处理故障部位。

3. 检测爆震传感器的电阻值

关闭点火开关，拆卸爆震传感器，选用数字万用表，选择合适量程的欧姆挡，将红、黑表笔分别连接在爆震传感器的两个端子上，读取对应的阻值数值并与标准进行对比，如图 4-52 所示，若测得的数据与标准不符合，则更换爆震传感器。

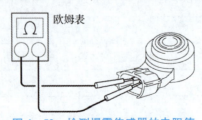

图 4-52 检测爆震传感器的电阻值

小知识

在 20 ℃ 时，丰田车系爆震传感器两个端子之间的标准电阻为 120～280 kΩ。

4. 检测爆震传感器的供电电压

断开爆震传感器连接器，打开点火开关至 ON 挡，选择万用表 20 V 直流挡位，红、黑表笔分别放置在爆震传感器连接器插头 1 号与 2 号端子处读取电压数值，实际测量值在 4.5～5.5 V 之间，则正常，否则，异常。

5. 检测爆震传感器的信号波形

打开点火开关至 ON 挡，使用示波器选择爆震传感器，调整示波量程、示波时基。示波器测量笔连接爆震传感器连接插头 1 号与 2 号端子，不起动发动机，使用木槌敲击传感器附近的发动机气缸体，以使传感器产生信号。在敲击发动机气缸体之后，紧接着在示波器上应显示有一振动，敲击越重，振动幅度越大，如图 4-53 所示。如果波形显示只是一条直线，说明爆震传感器没有信号输出，应检查导线和爆震传感器本身。

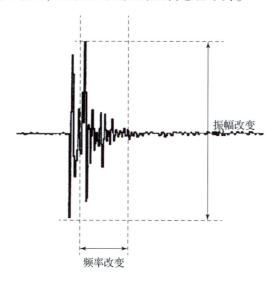

图 4-53　敲缸时爆震传感器信号波形

发动机暖机后，转速保持在 4 000 r/min，观察波形是否正常，如图 4-54 所示。

小提示

能检测爆震传感器的端子及线束电压、电阻或波形既是 1+X 汽车运用与维修职业技能等级证书的考核点，也是汽车技术技能大赛的技能要点。

6. 检测爆震传感器的线路

关闭点火开关，断开爆震传感器连接器，断开 ECM 连接器，选择万用表通断挡或电阻挡检测爆震传感器线路短路或断路故障，使用万用表检测爆震传感器 1 号端子与 ECM 的 C20 插接器的 111 号端子、2 号端子与 ECM 的 C20 插接器的 110 号端子之间线路是否导通，1 号端子或 ECM 的 C20 插接器的 111 号端子与车身接地之间是否绝缘，2 号端子或 ECM 的 C20 插接器的 110 号端子与车身接地之间是否绝缘。

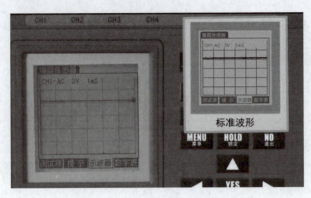

图4-54　爆震传感器信号波形

　　爆震传感器极其耐用，一般失效的方式是根本不产生信号电压，通常是碰撞造成传感器的物理损坏所致，此时波形显示为一条直线，应更换爆震传感器。

　　爆震传感器一旦信号中断，控制单元会进入失效保护模式，将各缸点火提前角推迟5°~16°，造成发动机功率下降。更换新的爆震传感器后，控制单元需经过学习后方可恢复正常。

　　7. 爆震传感器的拆装

　　1）爆震传感器的拆卸

　　①关闭点火开关，断开蓄电池的负极。

　　②拆卸空气滤清器。

　　③拆卸进气歧管。

　　④断开爆震传感器的连接器，并选用合适的工具拆下固定螺栓。

　　⑤拆下爆震传感器。

　　拆卸时，注意爆震传感器线束的路径，防止安装错误。

　　2）爆震传感器的安装

　　①清洁爆震传感器缸体的接合面。

　　②装上爆震传感器并确保线束是正确布置的，装上并拧紧螺栓至规定力矩（丰田车系为20 N·m）。

　　③连接爆震传感器连接器。

　　④装上进气歧管和空气滤清器。

　　⑤连上蓄电池的负极。

　　1. 安装爆震传感器时，一定要按照规定力矩标准拧紧螺栓，否则，有可能发动机电控单元采集不到爆震传感器而导致发动机加油迟缓等故障。

　　2. 传感器必须将其金属面紧贴在气缸体上，不允许使用任何类型的垫圈。

评价反馈

爆震传感器的检修评分细则							
序号	评分项	得分标准	分值	评分标准	自评	互评	师评
1	安全/6S/态度	1. 能进行6S整理场地 2. 能进行设备工具的准备、检查、存放 3. 能进行车辆安全防护 4. 遵守实训秩序 5. 个人着装符合要求	15	未完成一项扣3分，扣分不得超过15分	□熟练 □不熟练	□熟练 □不熟练	□熟练 □不熟练
2	专业技能能力	1. 正确使用解码器读取故障 2. 正确检查爆震传感器 3. 正确进行爆震传感器的拆装 4. 正确检测爆震传感器的电阻 5. 正确检测爆震传感器供电电压 6. 正确检测爆震传感器的波形 7. 正确进行爆震传感器线路的判断	55	检测错误一项扣8分，扣分不超过55分	□熟练 □不熟练	□熟练 □不熟练	□熟练 □不熟练
3	工具及设备的使用能力	1. 正确使用解码器 2. 正确使用示波器 3. 正确使用万用表 4. 正确使用维修工具	10	未完成一项扣3分，扣分不得超过10分	□熟练 □不熟练	□熟练 □不熟练	□熟练 □不熟练

续表

爆震传感器的检修评分细则							
序号	评分项	得分标准	分值	评分标准	自评	互评	师评
4	信息查询及分析能力	1. 正确使用维修手册进行资料查询 2. 准确记录检测所需信息 3. 根据结果正确分析并判断故障点	10	未完成一项扣 3 分，扣分不得超过 10 分	☐熟练 ☐不熟练	☐熟练 ☐不熟练	☐熟练 ☐不熟练
5	整理协作能力	1. 任务工单书写的完整性 2. 实时观察、记录能力 3. 小组分工明确、全员参与	10	未完成一项扣 3 分，扣分不得超过 10 分	☐熟练 ☐不熟练	☐熟练 ☐不熟练	☐熟练 ☐不熟练

知识链接

一、微机控制点火系统重要参数的控制

点火提前角和闭合角是影响汽油发动机综合性能的两个重要控制参

微课　点火提前角

数。点火提前角与汽油机的动力性、经济性和排放性密切相关，合理的点
火提前角可以使发动机的综合性能处在最佳状态。闭合角是影响击穿电压和点火能量的重要
因素，合适的闭合角可以使点火系统在很大的发动机转速范围内都可靠工作。

1. 点火提前角

1）最佳点火提前角

为了保证发动机按照点火顺序以最佳的点火时刻点燃缸内的混合气，火花塞需要在压缩
行程上止点前点燃缸内混合气。从火花塞跳火到活塞运行至压缩行程上止点，曲轴转过的角
度称为点火提前角。

小提示

点火提前角过大，将引起混合气燃烧过早，缸内压力上升过快，在上止点前缸内达
到最大压力，使发生爆燃倾向加大，同时，活塞上行阻力增加；如果点火提前角过小或
者在压缩上止点时点火，燃烧将延长至膨胀过程，使缸内最高温度和最大压力降低，同
时，由于燃烧的炽热气体与缸壁接触面积加大，热损失增加，从而使发动机功率下降、
油耗增加、排气温度过高。

能够让发动机动力性、经济性以及排放性都达到最佳的点火提前角被称为最佳点火提前
角。实践证明：发动机的最佳点火提前角，应使发动机气缸内的最大压力出现在上止点之后
$10° \sim 15°$。

2）影响点火提前角的因素

发动机的最佳点火提前角与发动机型号、发动机工况及发动机使用条件有关，不同的发动机和不同的发动机工况，最佳点火提前角是不同的。影响点火提前角的因素很多，其中最主要的是发动机的转速、负荷以及汽油的辛烷值（抗爆性）。

（1）发动机转速的影响

最佳点火提前角随发动机转速升高而加大。发动机转速提高后，在给定的时间内曲轴转过的角度会更大，而燃烧速度在相对低的转速下是不会跟随变化的，如果想使燃烧在上止点后（ATDC）10°～15°完成，那么必须使点火时刻提前。如发动机在 850 r/min 怠速时，点火提前角为 6°～12°，而转速增加到 4 000 r/min 时，点火提前角增大到 28°。但当转速继续增加时，由于混合气压力与温度的提高及进气扰流的增强，会使燃烧速度加快，为避免发生爆燃，最佳点火提前角的增加速度就要适当减慢。

（2）发动机负荷的影响

最佳点火提前角随发动机负荷增大而减小。在轻载和节气门部分开度时，进气管内的真空度较高，吸进进气管和气缸内的空燃混合气的数量少。这些稀薄的混合气在压缩终了的压力较低，燃烧速度较慢，为了在上止点后（ATDC）10°～15°完成燃烧，点火时刻必须提前。在大负荷时，节气门全开，大量的空燃混合气被吸入气缸，并且进气管的真空度低，这就会导致燃烧压力增高，燃烧速度加快。此时，必须推迟点火提前角，以防止气体在上止点后（ATDC）10°～15°以前全部燃烧完毕。

（3）燃料的辛烷值

汽油的辛烷值越高，抗爆性越好，点火提前角可适当增大；辛烷值越低，抗爆性越差，点火提前角则应相应减小，否则容易产生爆燃。现代汽车智能化控制度高，其发动机 ECU 可根据使用的不同标号汽油自动调整点火提前角。

> **小知识**
>
> 汽油辛烷值是衡量汽油在气缸内抗爆震燃烧能力的一种数字指标，其数值越高，表示抗爆性越好。石油是由各种烷烃组成的，其中异辛烷的抗爆性最好，正庚烷抗爆性最差。
>
> 汽油标号的作用是标注抗爆性，和汽油本身的质量没有关系，并不是说标号越高的汽油杂质越少。
>
> 90 号汽油代表汽油里面含有 90% 异辛烷、10% 正庚烷；92 号汽油代表汽油里面含有 92% 异辛烷、8% 正庚烷。标号越高，异辛烷的含量越多，汽油的抗爆性越强。

2. 闭合角

所谓闭合角，是指在点火线圈的初级线圈通电时，对应该转速曲轴转过的角度。闭合角控制就是对点火线圈初级线圈通电时间的控制。

按点火能量的储存方式不同，汽油机点火系统可以分为电感储能式和电容储能式点火系统两大类。对于电感储能式电控点火系统，当点火线圈的初级电路被接通时，其初级电流是按指数规律递增的。初级线圈被断开瞬间所能达到的断开电流值与初级线圈接通时间长短有密切关系，只有初级电路的通电时间达到一定值时，初级电流才能达到饱和。也就是说，只有通电时间达到一定值时，点火线圈

微课　闭合角控制

的储能才能保证在次级感应出来的高压电能顺利点火。所以，次级线圈高压的最大值与初级断开电流成正比，即次级线圈产生的击穿电压取决于初级线圈断开瞬间流过线圈的电流大小。

对于电感储能式电控点火系统，当点火线圈的初级绕组被接通后，由于线圈的阻抗作用，在电压不变的情况下，通过初级线圈的电流是按指数规律由零开始逐渐增大的，只有通电时间达到一定值时，初级线圈电流才能达到饱和。而次级线圈电压的最大值与初级线圈断开电流成正比，即次级线圈产生的击穿电压取决于初级线圈断开瞬间流过线圈的电流大小。为了满足汽油机对点火系统在击穿电压和点火能量上的要求，微机控制点火系统的闭合角控制，以保证点火线圈初级电路有足够的通电时间、初级线圈在断开瞬间达到饱和电流。例如，某八缸发动机怠速时，点火模块使初级电路通电闭合15°曲轴转角，而高速时增加到32°。

影响初级线圈通过电流时间长短的主要因素有发动机转速和蓄电池电压。为了保证在不同的蓄电池供电电压和不同的转速下都有相同的初级断开电流，保证感应次级电压的稳定。发动机工作时，ECU根据蓄电池和发动机传来的电压与转速信号，从ECU中存储的闭合角数据表中查出相应的数值，对闭合角进行控制，实现对点火线圈的初级通电时间的控制。

当发动机转速较高时，应适当增大闭合角，以防止初级绕组通过电流值减小、次级高压下降而造成点火困难。当蓄电池电压较高时，应减少通电时间，以限制点火线圈形成过大的初级电流，避免点火线圈温度过高而损坏；而当蓄电池电压较低时，则应适当增加点火线圈初级绕组通电时间，以保证能形成足够大的初级电流。

二、爆燃原因

爆燃是指气缸内末端可燃混合气在火焰前锋尚未到达之前，自行燃烧导致压力急剧上升而引起缸体振动的现象。

微课 爆燃与
爆燃控制

汽油发动机的正常燃烧是指由火花塞点燃混合气，燃烧火焰以火花为中心，迅速向四周传播，将燃烧室内的混合气全部引燃的燃烧过程。爆燃（爆震）是汽油发动机的一种不正常燃烧，由于末端的可燃混合气在压缩、热辐射的作用下，温度急剧升高，在火焰前锋未达到之前而自燃的结果。

> **小提示**
>
> 发生爆燃时，缸内温度、压力急剧上升，并伴有压力冲击波，反复撞击燃烧室壁、活塞顶等部位，发出尖锐的金属敲击声。爆燃不仅会导致发动机输出功率降低，而且会缩短使用寿命，甚至损坏发动机，因此汽油机不允许在严重的爆燃情况下工作。

从爆燃产生的过程分析，引起爆燃的主要原因有：

1. 点火提前角过大

点火提前角过大，在活塞上行压缩时，气缸内气体的压力和温度急剧升高，末端混合气加速前期反应，因此爆燃倾向加大。

2. 燃油使用不合理

汽油的标号越低，其抗爆性能越差；存放过久或密封不良的汽油辛烷值会降低，抗爆性也会降低。

3. 发动机过热

发动机长期大功率工作、超负荷工况或低挡高速连续行驶，尤其是在炎热的夏季，环境温度高，散热不良，会导致发动机过热。当过热故障严重且得不到及时改善时，可燃混合气在进入燃烧室的同时会被预热，造成局部混合气温度过高，易发生自燃，从而发生爆震。

4. 积碳聚集过多

发动机燃烧室内积碳过多，其容积相对变小，致使压缩比相应变大，故爆燃倾向加大。

三、爆燃控制

从最佳点火提前角控制原理中可知，为了最大限度地发挥汽车机功率，应把点火提前角控制在接近临界爆燃点，同时又不能使发动机发生爆燃的现象，故必须在采用电子控制系统控制的同时对其进行闭环控制。

发动机爆燃一般仅在大负荷、中低转速时产生，由于爆震传感器输出电压的振幅随发动机转速高低不同而有很大变化，因此，判定发动机是否发生爆燃不能根据爆震传感器输出电压的绝对值进行判别，判定爆燃的基准电压通常利用发动机即爆燃时的传感器输出信号电压来确定。发动机转速升高时，爆震传感器输出电压的幅值增大，所以基准电压并不是一个固定值，其值将随着发动机转速升高而增大。发动机爆燃的强度取决于爆震传感器输出信号电压的振幅和持续时间。爆燃信号电压值超过基准电压值的次数越多，说明爆燃强度越大；反之，超过基准电压值的次数越少，说明爆燃强度越小。

发动机工作时，ECU 根据爆震传感器信号，从存储器中查询出相应的点火提前角来控制点火时刻，控制结果由爆震传感器反馈到 ECU 输入端，再由 ECU 对点火提前角进行修正。当有爆燃信号输入 ECU 时，点火控制采用闭环控制方式，爆燃强，推迟点火角度大；爆燃弱，推迟点火角度小，在原点火提前角的基础上推迟点火提前角，直到爆燃消失为止。但当爆燃消失后，控制系统会在一段时间内维持当前的点火提前角。如果没有爆燃发生，则系统会控制点火提前角逐步增加，一直到爆燃发生，当发动机再次出现爆燃时，ECU 又使点火提前角再次推迟，调整过程不断循环进行。

四、爆震传感器

爆震传感器的作用是检测发动机的爆燃，将发动机爆燃信号转换为电信号传递给 ECU，ECU 根据爆震信号对点火提前角进行修正。

爆震传感器一般安装在发动机缸体上，如图 4 – 55 所示。有的轿车采用一只爆震传感器，安装在缸体右侧 2、3 缸之间；也有的轿车采用两只爆震传感器，一只安装在 1、2 缸之间检测其爆震信号，另一只安装在 3、4 缸之间检测其爆燃信号，从而保证发动机高效、节能工作。

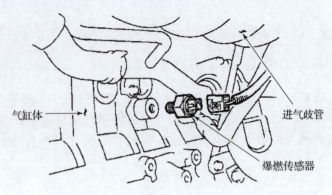

图 4 – 55   爆震传感器安装位置

发动机爆燃的检测方法主要有三种：气缸压力检测、燃烧噪声检测和发动机缸体振动检测。气缸压力检测是利用装于每个气缸内的压力传感器检测爆燃引起的压力波动，检测精度高，但耐久度不够且安装困难；燃烧噪声检测是对燃烧噪声进行频谱分析，耐久度好，但精度和灵敏度偏低；发动机缸体振动检测是把一个或者两个加速传感器安装在发动机缸体或进气管上，检测爆燃引起的振动。

> **小知识**
>
> 缸体振动检测方法便于安装，精度和耐久度较好，故普遍采用。

1. 爆震传感器的类型

利用缸体振动检测方法检测爆燃时，所使用的爆震传感器根据其检测原理不同，可分为压电式和电感式两种。压电式爆震传感器结构简单，检测灵活，应用较多。

（1）压电式爆震传感器

压电式爆震传感器是利用压电材料的压电效应制成的，有共振型和非共振型。

共振型爆震传感器固有振动频率与发动机机体爆燃频率相同，爆燃时发生谐振，输出信号电压最大，如图 4 – 56 所示。ECU 根据该信号判断是否发生爆震。共振型输出信号电压高，不需要滤波，信号处理较为方便，但由于机械共振体的频率特性尖且频带窄，只能用于特定的发动机，不能与其他发动机互换使用，美国车常采用。

非共振型爆震传感器爆燃时，输出信号电压变化不大，只是信号频率发生变化，频率特性平且频带较宽，需将信号送至滤波器中识别是否发生爆震，如图 4 – 57 所示。该传感器适用于所有汽油机，装车自由度大，但输出电压低，且较为平缓，信号处理比较复杂。我国、欧洲和日本汽车使用车型较为广泛。

压电式爆震传感器主要由套筒、压电元件、惯性配重、塑料壳体和接线插座等组成，如图 4 – 58 所示。压电元件由压电材料制成垫圈形状，在其两个侧面上制作有金属垫圈作为电极，并用导线引到接线插座上。惯性配重与压电元件以及压电元件与传感器套筒之间安放有绝缘垫圈，套筒中心制作有螺孔，传感器用螺栓安装固定在发动机刚体上，调整螺栓的拧紧力矩便可以调整传感器的输出电压。惯性配重用来传递发动机振动产生的惯性力，惯性配重与塑料壳体之间安装有盘形弹簧，借弹簧张力将惯性配重、压电元件和垫圈等部件压紧在一起。

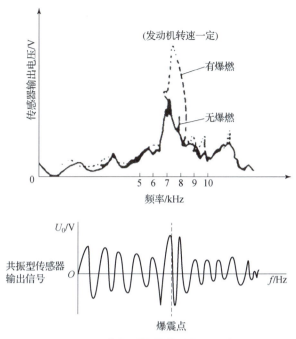

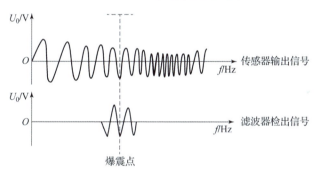

图 4 – 56 共振型爆震传感器信号波形

图 4 – 57 非共振型爆震传感器信号波形

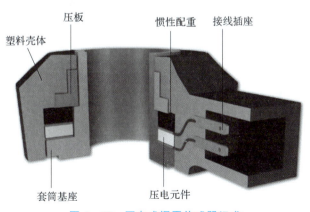

图 4 – 58 压电式爆震传感器组成

当发动机缸体发生振动时，传感器套筒底座及惯性配重随之产生振动，套筒底座和配重的振动作用在压电元件上，压电元件的信号输出端就会输出与振动频率及振动强度有关的交变电压信号。其振动强度越大，信号电压幅值越高；发动机转速越高，信号电压幅值越大。

爆震传感器是一个交流信号发生器，爆震传感器检测范围为 5~15 kHz，发动机爆燃频率一般在 6~9 kHz 之间。

（2）电感式爆震传感器

电感式爆震传感器主要由感应线圈、伸缩杆、永久磁铁和壳体组成，如图 4-59 所示。伸缩杆用高镍合金制成，在其一端设置有永久磁铁，另一端安放在弹性部件上。传感器线圈绕制在伸缩杆的周围，线圈两端引出电极与控制线路连接。

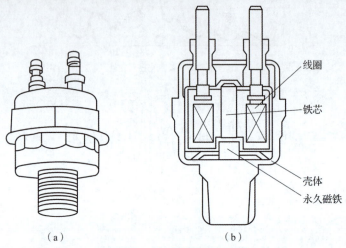

（a）　　　　　　　　　　　（b）

图 4-59　电感式爆震传感器

当发动机产生振动时，传感器的伸缩杆就会随之产生振动，感应线圈中的磁通量就会发生变化。由电磁感应原理可知，线圈中就会感应交变电动势，即传感器就有信号电压输出，输出电压大小取决于发动机的振动强度和振动频率。当发动机爆燃，振动频率达到爆燃频率 6~9 kHz 时，传感器产生共振，振动强度最大，线圈中产生的电压最高。

电路图　迈腾 B8
爆震传感器电路图

2. 爆震传感器的控制电路

丰田车系安装的爆震传感器有 2 个端子，均与 ECM 连接在一起，当发动机发生爆燃时，ECM 即可通过爆震传感器检测到并及时修正点火时间，避免爆燃的产生。控制电路如图 4-60 所示。

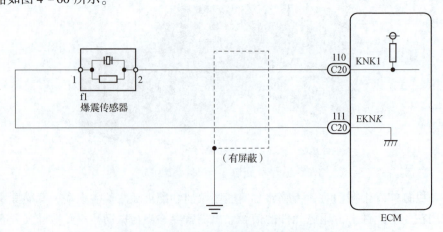

图 4-60　丰田卡罗拉爆震传感器控制电路

小知识

爆震传感器故障会导致下列故障现象：

1. 不能检测发动机爆燃信号；

2. 不能自动推迟点火时间；

3. 发动机工作产生爆燃，功率下降，伴随敲缸。

东风马赫动力创纪录！我国混动汽油机热效率首次突破45%大关

在党的二十大报告中，习近平总书记强调，必须坚持科技是第一生产力、人才是第一资源、创新是第一动力。东风公司持续深耕高效清洁发动机技术，自主研发的全新马赫1.5T混动发动机以45.18%的有效热效率成为中国首个、全球领先的混动汽油机。东风公司这种勇于跳出过去国内企业行业惯有的"跟随"心态，不断自主创新的精神将助力我国从汽车大国走向汽车强国。

2023年2月7日，东风全新马赫1.5T混动发动机凭借45.18%的最高有效热效率，获中汽研华诚认证的"能效之星"权威认证，成为中国汽车行业首款热效率认证突破45%的混动汽油机。

通常，发动机热效率每增加4%，用户油耗至少降低10%。也就是说，同款混合动力汽车加满一箱油，原本可以行驶超过1 200 km，在热效率增加4%后，可以行驶超过1 300 km。目前丰田Dynamic Force2.5发动机热效率为41%；马自达的创驰蓝天发动机仅为40.6%。

要提高热效率，抗爆震是第一个关键点，因为提高发动机的压缩比会提高热效率，但高压缩比又会让发动机内部产生爆震，因此，东风开发一套抑制爆震的结构——MAKC抗震快速燃烧技术，由四部分组成，包括高滚流比进气道、350 bar缸内高压直喷、燃烧系统匹配优化、外部冷却EGR。

350 bar高压燃油喷射技术是目前主流发动机品牌都在使用的技术，燃油在350 bar的高压作用下可以变成更加微小的燃油粒子，均匀地被喷射到气缸内，再由点火系统进行点燃。燃油粒子越小、越细腻，就更容易被点燃，同时，燃烧得也就更加均匀。被点燃后的燃油也能更充分地燃烧，获得更多的能量，提升了燃烧效率，这样车辆的油耗降低，动力也就随之增加了。

EGR系统其实就是发动机的一个废气再循环系统，它的工作原理就是将发动机做功后产生的废气重新吸入气缸进行二次利用，这样设计的目的一是降低油耗，二是抑制废气中的氮氧化物产生，利于环保。第二代马赫动力MHD混动系统还采用了赛车发动机下放的VGT可变截面涡轮增压器，起压转速更低，同时也能快速达到峰值压力。在不同工况下均能保证良好的动力表现以及燃油经济性。

第二代马赫动力MHD混动系统采用的高滚流气道系统，相比以前提升了21%。滚流比其实就是指燃烧室内滚动的混合气体转动速率和发动机转动速率的比，数值越大，说明气流的流动速度越快，得到的结果就是燃烧会更加充分，发动机的动力表现也就越强。能有这种效果要归功于这台发动机的鱼腹式进气道设计，配合导气屏和平顶式活塞，能够将发动机内部的气流梳理加速流动，增加了燃烧效率。

"双碳"战略是中国作出的重要承诺，旨在建立人类命运共同体。在汽车行业中，这一战略也被视为"能源革命"的重要指引。因此，提高发动机热效率是东风公司实施"双碳"战略的重要举措之一，也是与新能源汽车统筹发展的关键技术路径之一。

作为中国汽车工业国家队的一员，东风公司非常重视自身的发展和战略规划。在"十四五"规划开局时，东风公司明确提出要聚焦新能源和智能驾驶领域的跃迁，推动"东方风起，科技跃迁"的战略。同时，东风公司还在 2023 年年初明确了"节能燃油和新能源"统筹发展的转型升级方向。

在关键核心技术掌控和"卡脖子"技术突破方面，东风马赫动力研发团队已经实现了多个"零的突破"，使民族品牌在动力总成领域的技术实力得到了长足的提升。

巩 固 提 高 🖊

一、选择题（每题 5 分，共 25 分）

1. 影响点火提前角的因素不包括（　　）。

A. 发动机转速　　　　　　　　　　　B. 发动机负荷

C. 燃料的辛烷值　　　　　　　　　　D. 油箱油量的多少

2. 爆燃是指气缸内末端可燃混合气在火焰前锋尚未到达之前，自行燃烧导致压力急剧上升而引起（　　）的现象。

A. 缸体振动　　　　　　　　　　　　B. 温度降低

C. 电压降低　　　　　　　　　　　　D. 空间减小

3. 引起爆燃的主要原因不包括（　　）。

A. 点火提前角过大　　　　　　　　　B. 燃油使用不合理

C. 发动机过热　　　　　　　　　　　D. 积碳较少

4. 发动机爆燃一般在（　　）产生。

A. 发动机熄火　　　　　　　　　　　B. 大负荷、中低转速

C. 高转速　　　　　　　　　　　　　D. 小负荷

5. 发动机爆燃的检测方法不包括（　　）。

A. 气缸压力检测　　　　　　　　　　B. 气缸温度检测

C. 燃烧噪声监测　　　　　　　　　　D. 发动机缸体振动监测

二、判断题（每题 5 分，共 25 分）

1. 闭合角就是点火线圈次级线圈通电时间的控制。（　　）

2. 爆燃是一种不正常的燃烧。（　　）

3. 爆震传感器一般安装在发动机机体上。（　　）

4. 压电式爆震传感器是利用压电材料的压电效应制成的。（　　）

5. 当有爆燃信号输入 ECU 时，点火控制采用闭环控制方式，爆燃强，推迟点火角度大；爆燃弱，推迟点火角度小。（　　）

三、简答题（第 1 题 20 分，第 2 题 30 分，共 50 分）

1. 写出下列序号的名称。（每空 4 分）

2. 根据卡罗拉维修手册绘制爆震传感器的控制电路。

项目五　排放控制系统的检修

　　为了更好地进行排放控制，实现精确检测以及故障诊断，提升环保性能，需要对排放控制系统常见故障进行检测与故障分析。排放控制系统主要包括燃油蒸发排放控制系统和三元催化器及氧传感器，下面主要以这两部分的检修为案例开展任务学习，帮助学生掌握排放控制系统的检修分析逻辑，正确进行故障诊断。

任务一　燃油蒸发排放控制系统的检修

任务描述

　　4S店来了一辆丰田卡罗拉轿车，车主反映车辆行驶一段时间后，故障指示灯会亮起，但驾驶起来并没有什么影响。经使用故障诊断仪初步检测，判断是净化VSV的相关故障，这是燃油蒸发排放控制系统的重要部件，那么燃油蒸发排放控制系统起什么作用呢？出现故障又该如何诊断呢？

　　任务分析："燃油蒸发排放控制系统的检修"学习任务来源于产业学院的实际工作故障案例库，燃油蒸发排放控制系统可以将燃油供给系统蒸发的燃油收集起来，按需送回气缸进行燃烧，减少燃油蒸汽的污染，它的损坏可能会影响汽车排放性。本任务在学生了解燃油蒸发排放控制系统的基础上，根据出现的故障现象，从相关零部件的工作原理入手，分析故障原因，确定正确的诊断与检测方法，使用相关仪器设备，找出故障部位并排除。

学习目标

知识目标

1. 掌握燃油蒸发排放控制系统的作用、结构及各元件安装位置；

2. 了解燃油蒸发排放控制系统的工作原理；

3. 掌握燃油蒸发排放控制系统端子及线束电阻、电压的检测方法。

能力目标

1. 能够使用仪器检测炭罐清洗电磁阀控制电路电源电压、电阻，并判断是否异常；

2. 能够正确识读炭罐清洗电磁阀的电路图；

3. 能够使用仪器检测炭罐清洗电磁阀的电阻，并判断是否异常。

素质目标

1. 通过燃油蒸发排放控制系统的检修培养学生科学工匠思维和主动思考、实践操作的能力；

2. 通过正确处理损坏的零部件，培养学生绿色、循环、低碳的环保理念。

一、任务实施所需工具、设备、耗材

发动机试验台架、数字万用表、解码器、示波器。

二、任务工单

燃油蒸发排放控制系统的检修			
班级：	姓名：		
一、任务准备			
1. 工具准备：	□充足	□缺少	备注：
2. 整理场地（6S）：	□符合要求	□不符合要求	备注：
3. 检查车辆安全防护：	□符合要求	□不符合要求	备注：
4. 登记车辆基本信息：	车辆识别代码		发动机型号
5. 仔细阅读燃油蒸发排放控制系统检修注意事项，并确认会遵守要求。签名：			
二、车辆基本检查			
1. 故障码的检测：			
2. 数据流的读取：			
序号	参数	数值	是否正常
三、燃油蒸发排放控制系统的外观检查			
1. 系统管路及接头是否松动：	□正常	□松动	
2. 燃油箱盖垫圈及阀门有无损坏：	□正常	□损坏	
3. 活性炭罐有无开裂或变形等损坏：	□正常	□损坏	

4. 净化 VSV 的端子		检测条件	
	元件端子	功能	导线颜色

5. 净化 VSV 内阻的检测		检测条件		
使用设备	检测端子	标准描述	测量值	是否正常

四、净化 VSV 的元件测试

1. 测试条件

2. 测试步骤

3. 测试结果：□有吸力　　□无吸力

五、净化 VSV 的供电电压检测

净化 VSV 的供电电压		检测条件		
使用设备	检测端子	标准描述	测量值	是否正常

六、净化 VSV 线路的检测

净化 VSV 的线路		检测条件		
使用设备	检测端子	标准描述	测量值	是否正常

诊断结论			
元件损坏	名称：		维修建议：
线路故障	线路区间：		维修建议：
其他			

三、任务指导

1. 外观检查

①用手晃动检查燃油蒸发管路及接头部分是否松动。

②检查燃油箱盖垫圈及阀门有无损坏。

③检查活性炭罐表面有无开裂和变形等损坏，若有损坏，则应更换。

2. 读取故障码

连接汽车故障诊断仪，将点火开关打至 ON 挡，读取故障代码，若有燃油蒸发排放控制系统的故障码，说明燃油蒸发排放控制系统可能存在故障，需要执行相关的检查。

3. 执行元件测试

连接故障诊断仪，断开净化 VSV 上连接活性炭罐的软管，如图 5 – 1 所示，起动发动机后，打开故障诊断仪，选择执行元件诊断，用手指检查净化 VSV 的端口是否有吸力。当净化 VSV 工作时，应有吸力，当净化 VSV 不工作时，应无吸力，若与标准相符，则检查间歇性故障，若不相符，则进行下一步检查。

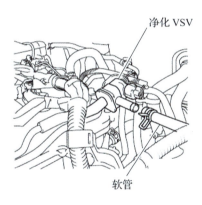

净化 VSV

软管

图片　丰田净化
VSV 故障码

图 5 – 1　断开净化 VSV 上连接活性炭罐的软管

小经验

也可通过听声音进行诊断。触发净化 VSV 时，应咔嗒响。若断开净化 VSV 插接器，连接测试灯，执行元件诊断时，测试灯应闪烁。

4. 检测净化 VSV 阻值

断开净化 VSV 插接器，用万用表测量电磁阀两插头间的电阻，选用合适的电阻挡位，将红、黑表笔分别搭接在电磁阀两插头间，测量其阻值，应符合要求。在 20 ℃下，规定值为 23 ~ 26 Ω，若不符合要求，则更换净化 VSV。

5. 检测净化 VSV 的供电电压

断开净化 VSV 连接器，将点火开关转到 ON 挡，使用万用表检测净化 VSV 供电电压，选择万用表 20 V 直流挡位。使用万用表检测净化 VSV 插头 2 号与接地点之间的电压，检测值在 11 ~ 14 V 之间，则正常。

小提示

能检测燃油蒸发排放控制系统的电子元件、分析是否正常并确认维修项目，是1＋X汽车运用与维修职业技能等级证书的考核点。

6. 检查净化VSV的线路

断开净化VSV连接器，断开ECM连接器，关闭点火开关，选择万用表通断挡位，使用万用表检测净化VSV的1号端子与ECM的C20插接器的49号端子之间线路是否导通。同时，选择万用表电阻挡位，使用万用表检测净化VSV的1号端子与接地点之间绝缘（10 kΩ或更高）。用同样的方法，检测其他线路是否导通或与接地点绝缘。

 评价反馈

燃油蒸发排放控制系统的检修评分细则							
序号	评分项	得分标准	分值	评分标准	自评	互评	师评
1	安全/ 6S/ 态度	1. 能进行6S整理场地 2. 能进行设备工具的准备、检查、存放 3. 能进行车辆安全防护 4. 遵守实训秩序 5. 个人着装符合要求	15	未完成一项扣3分，扣分不得超过15分	□熟练 □不熟练	□熟练 □不熟练	□熟练 □不熟练
2	专业技能能力	1. 正确使用解码器读取故障 2. 正确检查燃油蒸发排放控制系统元件是否损坏 3. 正确检查净化VSV内阻 4. 正确对净化VSV进行元件测试 5. 正确进行净化VSV供电电压的检测 6. 正确进行净化VSV线路的检测 7. 正确进行燃油蒸发排放控制系统故障的判断	55	检测错误一项扣8分，扣分不超过55分	□熟练 □不熟练	□熟练 □不熟练	□熟练 □不熟练
3	工具及设备的使用能力	1. 正确使用解码器 2. 正确使用示波器 3. 正确使用万用表 4. 正确使用维修工具	10	未完成一项扣3分，扣分不得超过10分	□熟练 □不熟练	□熟练 □不熟练	□熟练 □不熟练

续表

序号	评分项	得分标准	分值	评分标准	自评	互评	师评
4	信息查询及分析能力	1. 正确使用维修手册进行资料查询	10	未完成一项扣3分，扣分不得超过10分	□熟练 □不熟练	□熟练 □不熟练	□熟练 □不熟练
		2. 准确记录检测所需信息					
		3. 根据结果正确分析并判断故障点					
5	整理协作能力	1. 任务工单书写的完整性	10	未完成一项扣3分，扣分不得超过10分	□熟练 □不熟练	□熟练 □不熟练	□熟练 □不熟练
		2. 实时观察、记录能力					
		3. 小组分工明确、全员参与					

知识链接

一、燃油蒸发排放控制系统（EVAP）的作用

汽车发动机排入大气中的有害成分主要是一氧化碳（CO）、碳氢化合物（HC）、氮氧化合物（NO_x）等。对汽车发动机排放的控制和净化，各国都进行了大量的研究工作，除了对发动机本身的改进之外，现代汽车采取了多种排放控制系统来减少汽车的排气污染。

汽车燃油箱中的燃油会受热蒸发，这些蒸发出来的燃油蒸汽（HC）如果排入大气中，既污染环境，又浪费能源，燃油蒸发排放控制（Evaporative Emission Control，EVAP）系统可收集燃油系蒸发的燃油蒸气，并适时送入气缸参加燃烧，使汽油得到充分利用，减少污染环境。

小知识

汽油电控喷射、点火提前角电控、急速控制等在重点保证发动机动力、经济性的同时，也力图兼顾排放性。为了更好地改善排放性，现代发动机一般还有专门的排放控制系统。

1. 机内净化
改善燃烧条件，控制空燃比，如进气歧管真空控制、废气再循环控制等。

2. 机外净化（后处理）
对排出的废气进行净化，如三元催化、二次空气喷射等。

3. 污染源封闭循化净化
对燃油箱、曲轴箱进行封闭化处理。如活性炭罐控制、曲轴箱强制通风。

二、燃油蒸发回收控制系统的组成及原理

微课　燃油蒸发
排放控制系统

1. 组成

燃油蒸发排放控制系统是为防止燃油箱内的燃油蒸气排入大气产生污染而设置的，主要由燃油箱、活性炭罐、活性炭罐电磁阀和发动机控制单元（ECU）等组成。

（1）活性炭罐

活性炭罐是系统中储存蒸气的部件，如图5-2所示。活性炭罐的下部与大气相通，上部有接头与燃油箱及进气歧管相连，用于收集和清除燃油蒸气。中间是活性炭颗粒，它具有极强的吸附燃油分子的作用。下方有滤清器，过滤进入空气。燃油箱内的燃油蒸气，经燃油箱管道进入活性炭罐后，蒸气中的燃油分子被吸附在活性炭颗粒表面。

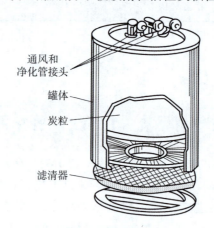

通风和
净化管接头

罐体

炭粒

滤清器

图 5-2　活性炭罐结构

> **小知识**
>
> 　　国六排放法规要求，加油过程中需要对油箱出来的蒸汽进行回收，该蒸汽需要通过活性炭罐过滤，然后再排放到大气中。法规中指出，加油过程污染物排放试验要求排放量应小于0.05 g/L，而且新增加车载加油油气回收系统ORVR，要求更加严格。通常车企会增大炭罐2~3倍，并应用圆柱状炭粒等高性能炭粒。

（2）活性炭罐电磁阀

活性炭罐电磁阀安装在炭罐和进气歧管之间的真空管路上，发动机ECU通过占空比信号控制炭罐电磁阀打开和关闭以及打开的开度，从而控制燃油蒸气流量。

在装有EVAP控制系统的汽车上，燃油箱盖上只有空气阀，而不设蒸气放出阀。因为要将燃油箱内的燃油蒸气导入气缸参加燃烧，为了避免破坏发动机正常工作时的混合气成分，影响发动机正常工作，必须对燃油蒸气进入气缸的时机和进入量进行控制。早期的燃油蒸发排放控制系统多利用真空进行控制，而现在多采用ECU进行控制。之所以有这样的变化，是因为ECU能根据冷却液温度传感器信号、发动机转速传感器信号、节气门位置传感器信号和点火开关信号等来决定燃油蒸气进入气缸的时机和进入量，能够实现更加精确的控制。

2. 工作原理

如图5-3所示，这是一种ECU利用真空进行燃油蒸气控制的燃油蒸发排放控制系统。在活性炭罐与燃油箱之间设有排气管和单向阀，燃油箱内的燃油蒸气超过一定压力时，顶开单向阀经排气管进入活性炭罐，活性炭罐内的活性炭将燃油蒸气吸附在炭罐内。发动机工作时，活性炭罐内的燃油蒸气经定量排放孔、吸气管被吸入进气管。活性炭罐的上端设有一个真空控制阀，真空控制阀为一膜片阀，膜片上方为真空室，控制阀用来控制定量排放孔的开或闭。真空控制阀与进气管之间的真空管路中设有受ECU控制的电磁阀（净化电磁阀），用于调节真空控制阀上方真空室的真空度，改变真空控制阀的开度，从而控制吸入进气管的燃油蒸气量。为防止活性炭罐内的燃油蒸气被吸入进气管后使混合气变浓，活性炭罐下方设有进气滤芯并与大气相通，使部分清洁空气与活性炭罐内的燃油蒸气一起被吸入进气管，进入气缸。

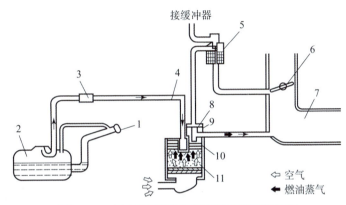

图5-3　电控燃油蒸发排放控制系统工作原理

1—油箱盖；2—燃油箱；3—单向阀；4—排气管；5—电磁阀；6—节气门；7—进气门；8—真空阀；
9—真空控制阀；10—定量排放孔；11—活性炭罐

在满足下述条件时，控制单元控制电磁阀通电而开启，燃油蒸气进入发动机燃烧：
①发动机起动已超过规定时间。
②冷却液温度已超过规定值。
③怠速触点开关处于断开状态。
④发动机转速高于规定值。
⑤空燃比进入闭环控制。

> **小提示**
>
> 在发动机怠速工况和全负荷工况下，在控制单元（ECU）的控制下，燃油蒸气不进入气缸，因为在怠速工况下，混合气过浓而使发动机熄火，在全负荷工况下，又会引起混合气过稀而影响发动机的动力性。

随着排放法规的日趋严格，目前越来越多的车型装设了加强型EVAP系统。该系统不仅能在ECU的控制下将收集的燃油蒸气导入气缸参加燃烧，而且能在保证燃油蒸气不泄漏的前提下维持燃油箱内压力的稳定，同时还能使ECU全面监控EVAP系统内部的堵塞、泄漏、阀门动作不良等异常情况。

随着 18352.6—2016《轻型汽车污染物排放限值及测量方法（中国第六阶段）》（以下简称国六）的正式实施，明确要求车载诊断系统（on-board diagnosis，OBD）应监测蒸发系统的脱附流量，以及监测除炭罐阀与进气歧管之间的管路和接头之外的整个蒸发系统的完整性，防止燃油蒸气泄漏到大气中。并且当整个蒸发系统中存在一个或多个泄漏点时，OBD 系统应检测出蒸发系统故障。这些泄漏点的泄漏量大于或等于直径为 1 mm 的小孔产生的泄漏量；"小孔"是指 O'Keefe Controls Co. 制造的标准锥管螺纹孔的精密金属 B 型孔，锥管螺纹口的直径有特定的尺寸，例如，代号为 B-40-SS 的零件是指不锈钢制造的直径为 1 mm 小孔。

3. 燃油蒸发排放控制不良对发动机性能的影响

①不该打开时打开，会影响混合气空燃比。比如起动时打开，会因为混合气偏浓引起热起动困难而冷起动正常，排放超标。

②该打开时不打开，会导致炭罐堵塞。

③连接炭罐电磁阀和进气歧管的软管破裂漏气，会因为发动机混合气过稀，导致起动困难、怠速不稳等现象。

4. 常见故障

（1）炭罐堵塞

炭罐内部填充满活性炭颗粒，底部设置有空气滤芯，汽车在行驶一定里程后会出现堵塞的情况。尤其是灰尘较大地区的车辆，出现炭罐堵塞的概率更大。炭罐堵塞会导致清洗气流无法形成，从根本上破坏了燃油蒸发排放控制系统的运行，进而导致空燃比过稀，发动机无法正常运行，此外，还会造成油箱的压力平衡被破坏。而当燃油量减少时，油箱会形成过高的真空度，甚至吸瘪油箱，最终导致发动机无法运行。因此，汽车在行驶中出现加不上油，进而慢慢熄火，熄火后起动困难等现象时，要先检查炭罐是否堵塞。

（2）清洗电磁阀失控

清洗电磁阀失控的原因有结构原因、异物使阀芯被卡不受电磁力所控制、电磁线圈回路出现断路或短路这三种，不管遇到哪种情况，都从根本上破坏了燃油蒸发排放控制系统的运行。当阀芯被卡于关闭位置时，将导致部分工况空燃比过稀；当阀芯被卡于开启位置时，将导致部分工况空燃比过浓。在故障诊断实践中，凡是由空燃比不正确引起的相关故障，例如，起动困难、怠速不稳、行驶中易熄火及熄火后不易起动等，都有可能与清洗电磁阀的失控有关。

（3）燃油蒸气泄漏

连接管路和炭罐因碰擦、老化而破损或破裂造成燃油蒸汽泄漏，将导致空燃比过稀，发动机无法正常运行，更为严重的后果是埋下了安全隐患。行驶中出现加油耸车现象以及当打开发动机盖或在车内闻到较浓的燃油气味时，通常首先要检查燃油蒸发排放系统的管路和炭罐是否泄漏。

（4）炭罐燃油蒸汽过饱和问题

正常情况下，炭罐的吸附和脱附处于动平衡状态，炭罐内燃油蒸气不会出现饱和状态，这也是炭罐大小与整车相匹配的结果。但凡事都有特殊情况，例如夏季长时间停用的车辆也有可能出现炭罐内燃油蒸气过饱和的情况。此时，燃油蒸气是否会从炭罐的空气入口处溢出造成空气污染暂无法做详细探究，在炭罐的空气入口处设置单向阀只能进不能出来解决此问题也仍需进行探讨。

（5）炭罐堵塞故障诊断监测问题

在汽车故障诊断当中，炭罐堵塞是燃油蒸发排放控制系统的常见故障，不但不利于环境保护，而且有时还会影响发动机怠速稳定性，给汽车行驶造成较为严重的后果，因此，对炭罐堵塞故障实施诊断监测很有必要。炭罐堵塞故障判断方法比较简单，无须增加硬件设施，只需软件设置即可，很容易实现。例如，在怠速工况下打开清洗电磁阀，压力传感器的信号不会超出既定的范围，如果超出既定的范围，便可判断为炭罐已堵塞。

三、燃油蒸发排放控制系统的连接电路

丰田卡罗拉的燃油蒸发排放控制系统的净化 VSV（净化控制的真空开关阀）连接电路图如图 5 - 4 所示，由 ECM 控制集成继电器内 EFI 的控制回路通电，EFI 的主回路开关闭合为净化 VSV 供电，当 ECM 接收到相关传感器的信号后，需要净化 VSV 工作时，则使净化 VSV 的电路搭铁，从而改变传输到净化 VSV 的占空比信号，使碳氢化合物的进气量在发动机暖机后适于驾驶情况（发动机负荷、发动机转速、车速等）。

电路图 迈腾活性炭罐电磁阀电路图

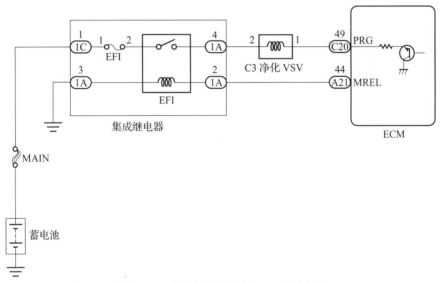

图 5 - 4　丰田卡罗拉净化 VSV 连接电路

 拓展阅读

长城 GW4C20B 2.0T 国六发动机燃油蒸发控制系统

为助力我国碳达峰碳中和战略目标，长城汽车历时 3 年打造高性能、低油耗、低排放的先进发动机，以科技赋能绿色出行。作为汽车从业者，要勇担使命，助力我国双碳战略，共建绿色家园。

当下，随着环保法规的日益严苛，全球各个国家对发动机技术提出了愈发严格的要求，而 GW4C20B 2.0T 汽油机正是长城汽车为顺应全球节能减排大势，并在激烈的市场竞争中奋楫争先，历时 3 年打造出的具备多项先进技术的高性能、低油耗、低排放发动机。曾成功入选世界三大发动机评选之一的"中国心"2019 年度十佳发动机名单，这款基于长城 EC 发动机平台打造的第三代 2.0T 汽油发动机已搭载于哈弗 F7、F7x，全新哈弗 H6、H6 GT 版，哈弗 H7、H9 等多款哈弗 SUV 家族车型之上。

该发动机采用冷却热量管理系统、GPF 颗粒物捕集器、燃油蒸发控制系统、电控涡轮增压器、缸内直喷以及集成排气歧管等技术，如图 5-5 所示。

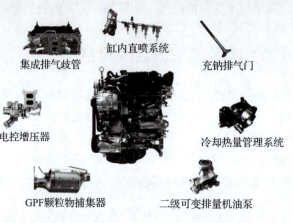

图 5-5 长城汽车 GW4C20B 2.0T 发动机

针对国六排放标准 C20B 发动机燃油蒸发控制系统应用了几项新技术：为了避免渗透泄漏，对燃油系统的硬件进行技术升级，如材质改变；为了减少油气蒸发，需要采用 ORVR（车载加油油气回收）系统，它能够收集加油过程中从油箱中挥发出来的燃油蒸气；为了减少燃油蒸发泄漏，采用油箱压力传感器，通过检测油箱的绝对压力，对泄漏量进行检测；为了监控脱附流量，在文丘里管设置了高负荷脱附管路压力传感器，在进行检测时，将炭罐电磁阀打开、炭罐截止阀关闭，诊断管道压力传感器的负压状态进行判定。C20B 发动机燃油蒸发控制系统如图 5-6 所示。

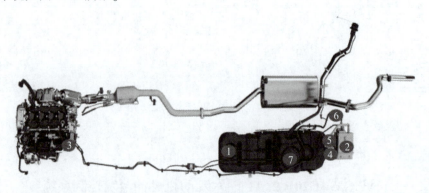

图 5-6 C20B 发动机燃油蒸发控制系统

1—ROV（翻转阀）；2—炭罐；3—炭罐电磁阀；4—炭罐增加的空滤器；5—炭罐截止阀；
6—油箱压力传感器；7—FLVV（加油截止阀）

1. 油箱压力传感器

油箱压力传感器（图5-7）安装在靠近炭罐的燃油蒸气吸附管路上，用来采集油箱压力，分析油箱（蒸发）系统是否存在泄漏。

2. 炭罐电磁阀

炭罐电磁阀（图5-8）由电磁线圈、衔铁和阀等组成，ECU根据发动机负荷、温度、转速等信号，控制电脉冲的持续时间和频率（即占空比），来控制炭罐清洗气流的流量。

图5-7 油箱压力传感器　　　　图5-8 炭罐电磁阀

3. 炭罐截止阀

炭罐截止阀（图5-9）由电磁线圈、衔铁和阀等组成，当此阀关闭的时候，油箱和炭罐通往大气的通道就会被关闭。此时油箱内的压力应为负压。

4. 高负荷脱附管路压力传感器

高负荷脱附管路压力传感器（图5-10）设置在文丘里管，在进行检测时，将炭罐电磁阀打开，炭罐截止阀关闭，诊断管道压力传感器的负压状态进行判定。高负荷脱附管路压力传感器在发动机上的位置如图5-11所示。

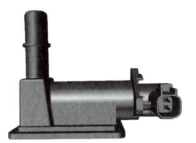

图5-9 炭罐截止阀　　　　图5-10 高负荷脱附管路压力传感器

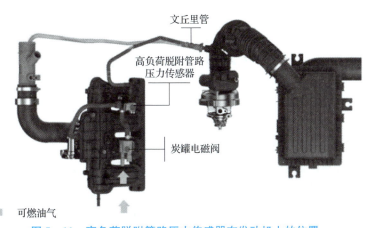

文丘里管

高负荷脱附管路压力传感器

炭罐电磁阀

可燃油气

图5-11 高负荷脱附管路压力传感器在发动机上的位置

值得一提的是，自主研发成果屡获殊荣一定离不开坚实的技术研发实力。长城汽车整合全球顶尖研发资源，建立了从概念设计、开发设计、仿真计算、性能开发到试验验证等一系列完善的产品开发流程，并依托国际化的供应商体系，确保了技术研究和产品研发的高效和协同，形成了 EG、EC、ED、EB 四大发动机平台，涵盖汽、柴油机等产品，均达到国 6b 排放水平。

作为国内屈指可数，完全掌握了汽车发动机、变速箱等核心技术的汽车企业，其屡获殊荣不仅印证了长城汽车在动力总成上的强悍实力，也寓意着中国汽车产业在核心技术领域取得了新的突破。

巩 固 提 高

一、选择题（每题5分，共25分）

1. 燃油蒸发排放控制系统的英文缩写为（　　）。

A. EVAP
B. ABS
C. ESP
D. EGR

2. 燃油蒸发排放控制系统主要减少（　　）。

A. O_2
B. 水蒸气
C. HC
D. N_2

3. 活性炭罐可以（　　）。

A. 储存燃油蒸气
B. 储存废气
C. 增加进气量
D. 控制燃油蒸气流量

4. （　　）可以控制燃油蒸气流量。

A. 燃油箱
B. 活性炭罐
C. 管路
D. 炭罐清洗电磁阀

5. 清洗电磁阀故障无法打开，会导致最可能的问题是（　　）。

A. 怠速不稳
B. 油耗增加
C. 炭罐堵塞
D. 发动机异响

二、判断题（每题5分，共25分）

1. 燃油蒸发排放控制系统将收集的燃油蒸汽过滤后排放至大气中。（　　）
2. 活性炭罐中的滤清器可以过滤进入的空气。（　　）
3. 炭罐清洗电磁阀由发动机 ECU 通过占空比信号来控制开度。（　　）
4. 怠速工况燃油蒸发排放控制系统不工作。（　　）
5. 炭罐清洗电磁阀不该打开时打开，可能会导致炭罐堵塞。（　　）

三、简答题（第1题20分，第2题30分，共50分）

1. 根据下图，标出下列元件所对应的序号。

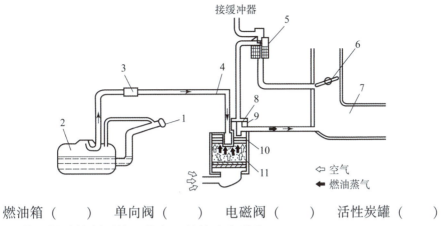

接缓冲器

⇦ 空气
⬅ 燃油蒸气

燃油箱（　　）　　单向阀（　　）　　电磁阀（　　）　　活性炭罐（　　）

2. 燃油蒸发排放控制系统可能出现的故障有哪些？

任务二　三元催化器与氧传感器的检修

一辆丰田卡罗拉轿车，车辆在运行时出现怠速抖动、加速发冲并冒黑烟等故障现象，怀疑是空燃比信号不良导致。你能帮小王找到具体故障原因并进行维修吗？

任务分析："三元催化器与氧传感器的检修"学习任务来源于产业学院的实际工作故障案例库，氧传感器的故障会引起许多不同类型的故障，导致 CO 超标和各种运行性能故障。本任务主要从氧传感器如何检测空燃比这一问题来学习氧传感器的作用、位置、结构、原理、输出特性及信号波形等理论知识，并分析闭环控制及氧传感器信号对混合气空燃比的影响。

知识目标

1. 掌握三元催化器的主要功能、基本结构；
2. 掌握氧传感器的基本构造和工作原理；
3. 掌握氧传感器信号电压、工作电压、加热电阻、频率和波形的检测方法。

能力目标

1. 能根据三元催化器的工作原理及基本结构，结合故障现象进行综合分析；
2. 能够检查、清洁和更换催化转化器；
3. 能够识别并检测氧传感器的端子及线束电压、电阻、频率或波形。

素质目标

1. 通过对三元催化器的检查、清洁和更换，培养精益求精的工作作风和严谨求实的汽车医生医德；

2. 在维修过程中注重自主学习与提升，具备良好的团队合作和岗位责任意识。

一、任务实施所需工具、设备、耗材

发动机试验台架、数字万用表、解码器、示波器等。

二、任务工单

<table>
<tr><td colspan="4" align="center">三元催化器与氧传感器的检修</td></tr>
<tr><td colspan="4">班级：　　　　　　　　姓名：</td></tr>
<tr><td colspan="4">一、任务准备</td></tr>
<tr><td>1. 工具准备：</td><td>□充足</td><td>□缺少</td><td>备注：</td></tr>
<tr><td>2. 整理场地（6S）：</td><td>□符合要求</td><td>□不符合要求</td><td>备注：</td></tr>
<tr><td>3. 检查车辆安全防护：</td><td>□符合要求</td><td>□不符合要求</td><td>备注：</td></tr>
<tr><td>4. 登记车辆基本信息：</td><td colspan="2">车辆识别代码</td><td>发动机型号</td></tr>
<tr><td colspan="4">5. 仔细阅读三元催化器与氧传感器的检修注意事项，并确认会遵守要求。签名：</td></tr>
<tr><td colspan="4">二、车辆基本检查</td></tr>
<tr><td colspan="4">1. 故障码的检测：</td></tr>
<tr><td colspan="4">2. 故障指示灯：</td></tr>
<tr><td colspan="4">三、氧传感器的电阻检测</td></tr>
<tr><td colspan="2">1. 氧传感器外观检查</td><td colspan="2">□正常　　□不正常</td></tr>
<tr><td rowspan="4">+B　　　　HT1A
2 1
4 3
E2　　　　OX1A</td><td align="center">元件端子</td><td align="center">功能</td><td align="center">导线颜色</td></tr>
<tr><td></td><td></td><td></td></tr>
<tr><td></td><td></td><td></td></tr>
<tr><td></td><td></td><td></td></tr>
</table>

续表

2. 氧传感器加热电阻的检测		检测条件		
使用设备	检测端子	标准描述	测量值	是否正常

四、氧传感器线路的检测

1. 检测加热器电源		检测条件		
使用设备	检测端子	标准描述	测量值	是否正常

2. 检测氧传感器输出信号		检测条件		
使用设备	检测端子	标准描述	测量值	是否正常

3. 检测氧传感器线路导通性		检测条件		
使用设备	检测端子	标准描述	测量值	是否正常

五、氧传感器信号特性的检测

使用设备	检测端子	标准描述	测量值	是否正常

六、三元催化器的外观检查

七、三元催化器转换效率的检查

诊断结论		
元件损坏	名称：	维修建议：
线路故障	线路区间：	维修建议：
其他		

三、任务指导

微课 氧传感器
的检测

1. 氧传感器的检修

1) 读取故障码

连接汽车故障诊断仪，将点火开关打至 ON 挡，读取故障代码。若有氧传感器的故障码，说明氧传感器或相关电路可能存在故障，需要执行相关的检查。

> **小提示**
>
> 丰田卡罗拉发动机读取的传感器相关故障码：
>
> P0031 - 氧传感器加热器控制电路低；
>
> P0032 - 氧传感器加热器控制电路高。

2) 检查氧传感器加热器及其电路

（1）检测氧传感器加热器电阻

点火开关处于 OFF，断开前氧传感器连接器，接口如图 5 - 12 所示。测量端子 1（HT1A）和 2（+B）之间的电阻，20 ℃时阻值为 5 ~ 10 Ω。端子 1（HT1A）和 4（E2）之间的电阻为 10 kΩ 或更高。若不在标准值范围内，说明加热器有故障，应更换氧传感器。

（2）检测氧传感器加热器端子电压

将点火开关转到"ON"，测量 2（+B）与车身接地之间的电压，标准值为蓄电池电压。

（3）检测氧传感器加热器线路

点火开关处于 OFF，断开前氧传感器连接器，断开 ECM 连接器，前视图如图 5 - 13 所示。检测前氧传感器端子 1（HT1A）和 C20 - 109（HT1A）之间的阻值，正常阻值应低于 1 Ω，前氧传感器端子 1（HT1A）和车身接地之间的电子应为 10 kΩ 或更高。

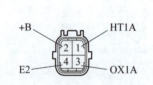

图 5 - 12 前氧传感器连接器接口

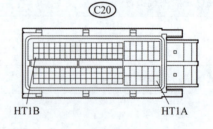

图 5 - 13 线束至 ECM 连接器前视图

3) 检查氧传感器信号电路

（1）检测氧传感器信号电压

插好连接器，起动发动机，使其保持在正常工作稳定，并且进行正常运转。测量氧传感器端子 3（OX1A）和 4（E2）之间的电压，应符合规定值，在 0.1 ~ 0.9 V 间变化，端子连接如图 5 - 14 所示；否则，人为制造混合器过浓或者过稀，观察电压值是否发生变化。

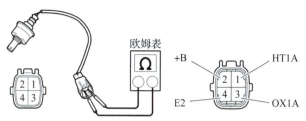

图 5 – 14　氧传感器信号端子连接

（2）检测信号线路

关闭点火开关，断开前氧传感器 C73、ECMC20，用万用表电阻挡分别检测 ECM 与 C73 所对应的端子之间的阻值，标准值应小于 1 Ω。

（3）检测氧传感器性能

断开连接器，人为改变混合气浓度，如果废气中的氧浓度增大，则空燃比过稀，HO2 传感器的电压降至 0.45 V 以下，且 HO2 传感器告知 ECM 空燃比过稀的状态。如果废气中氧含量较低，则空燃比过浓。HO2 传感器的电压增至 0.45 V 以上，且 HO2 传感器告知 ECM 空燃比过浓的状态。

4）氧传感器的更换

①断开蓄电池负极电缆。

②断开氧传感器插接器。

③用专用工具从排气歧管上拆卸氧传感器。

④用干净的布遮挡氧传感器安装孔。

> **小经验**
>
> 应小心处理氧传感器，不得掉落；
>
> 保持连接器和通气端无尘土或其他污染物，不得使用任何类型的清洗溶剂；
>
> 氧传感器的紧固力矩为 42 N·m。

2. 三元催化器的检测

1）外观检查

目测三元催化转化器外部有无破裂、刮擦等机械损伤或者斑痕。

2）检查是否破碎

升起车辆，用橡皮锤轻轻敲击并晃动三元催化器，仔细听其内部是否有碎物晃动的声音，如果有，说明催化器内部载体已经松动或者破碎。

3）检查三元催化器是否堵塞

感受尾气气流大小，气流过小说明三元催化器有堵塞；拆下空滤滤芯，急加速时如果有废气返流，说明三元催化器堵塞；测量排气管背压，如果消音器完全断开后，背压仍过高，则三元催化器可能堵塞。

4）检查三元催化器的转换效率

（1）波形测试法

连接示波器，测量前、后氧传感器的波形，对比前、后波形，若无变化，说明三元催化器失效。

（2）温度测试法

在急速时，使用红外测温仪分别检测三元催化器前、后的温度，温度差应在 10 ℃ 以上，否则，说明三元催化器内部堵塞严重，必须更换。

（3）尾气分析仪检测

使用尾气分析仪，结合其检测标准，判断 CO、HC、NO_x 的含量，若都超过标准值，说明三元催化器可能已经失效。

5）三元催化器的清洗

将三元催化器专用清洗剂罐挂在发动机舱盖下，通过针头将清洗液导管插入空气滤清器后部的软管中，起动发动机，急速运转 20 多分钟，即可完成对三元催化器的清洗。

评价反馈

三元催化器与氧传感器的检修评分细则							
序号	评分项	得分标准	分值	评分标准	自评	互评	师评
1	安全/6S/态度	1. 能进行 6S 整理场地 2. 能进行设备工具的准备、检查、存放 3. 能进行车辆安全防护 4. 遵守实训秩序 5. 个人着装符合要求	15	未完成一项扣 3 分，扣分不得超过 15 分	□熟练 □不熟练	□熟练 □不熟练	□熟练 □不熟练
2	专业技能能力	1. 正确使用解码器读取故障 2. 正确检查氧传感器外观 3. 正确进行氧传感器内阻的检测 4. 正确读取氧传感器电源电路 5. 正确进行氧传感器波形的检测 6. 正确进行氧传感器线路的判断 7. 正确检查三元催化器的外观 8. 正确检查三元催化器的转换效率	55	检测错误一项扣 7 分，扣分不超过 55 分	□熟练 □不熟练	□熟练 □不熟练	□熟练 □不熟练

续表

三元催化器与氧传感器的检修评分细则							
序号	评分项	得分标准	分值	评分标准	自评	互评	师评
3	工具使用能力	1. 正确使用解码器 2. 正确使用示波器 3. 正确使用万用表 4. 正确使用维修工具	10	未完成一项扣 2 分，扣分不得超过 10 分	☐熟练 ☐不熟练	☐熟练 ☐不熟练	☐熟练 ☐不熟练
4	信息查询及分析能力	1. 正确使用维修手册进行资料查询 2. 准确记录检测所需信息 3. 根据结果正确分析并判断故障点	10	未完成一项扣 3 分，扣分不得超过 10 分	☐熟练 ☐不熟练	☐熟练 ☐不熟练	☐熟练 ☐不熟练
5	整理协作能力	1. 任务工单书写的完整性 2. 实时观察记录能力 3. 小组分工明确、全员参与	10	未完成一项扣 3 分，扣分不得超过 10 分	☐熟练 ☐不熟练	☐熟练 ☐不熟练	☐熟练 ☐不熟练

知识链接

一、空燃比闭环控制系统的组成及原理

现代汽车为了降低排气污染，都安装了三元催化转化器。其能把排气中的碳氢化物（HC）、氮氧化物（NO_x）和一氧化碳（CO）转化成生成水蒸气（H_2O）、二氧化碳（CO_2）和氮气（N_2）。当进入气缸的混合气空燃比为 14.7：1（14.7 kg 空气/1 kg 汽油）时，三元催化转化器的催化转化效率极高（可达 99%）；如果混合气空燃比偏离 14.7：1，三元催化转化器的催化转化效率会降低且容易损坏。因此，现代汽车汽油发动机应保证混合气空燃比在 14.7：1。

为了获得三元催化转换器所要求的空燃比，必须十分精确地控制喷油量。在有些特殊的情况下，仅凭空气流量计测得进气量信号达不到很高的控制精度，会造成可燃混合气燃烧后排出的 CO、HC、NO_x 在排气管中的混合比例不对，使得三元催化转换器效率降低，排放污染增多。

为了有效地利用三元催化转换器，充分净化废气，就要提高空燃比的控制精度，使其维持在以理论空燃比 14.7：1 为中心的非常狭窄的范围内，必须使用氧传感器闭环控制系统。

发动机 ECU 决定了基本喷油时间可以达到理论空燃比（14.7∶1）。但实际上，随着各机件的磨损等变化，会出现实际空燃比稍微偏离理论空燃比的情况，因此，现代汽油发动机都根据安装在排气管上的氧传感器实时探测到的排气中的氧浓度值而不是根据进入气缸的空气量来判断此时喷油量是否达到理论空燃比，从而对理论空燃比进行反馈控制，如图 5 - 15 所示。

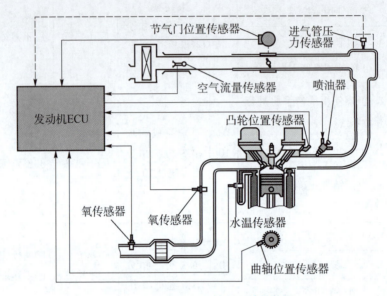

图 5 - 15　空燃比闭环控制系统结构图

通常空燃比闭环控制系统中安装两个氧传感器，前氧传感器对空燃比进行反馈控制，后氧传感器用于检测三元催化转换器的催化效率，如图 5 - 16 所示。

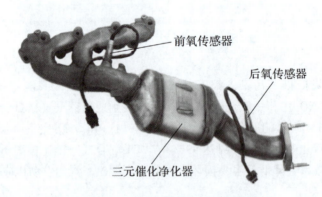

图 5 - 16　空燃比闭环控制系统原理图

根据氧传感器的输出特性，氧传感器输出电压信号在理论空燃比 14.7∶1 处发生跃变。ECU 利用空燃比反馈信号，将氧传感器信号电压与基准电压 0.45 V 进行比较，根据判定的混合气的浓稀程度进行控制。比理论混合气浓，缩短喷油时间；比理论混合气稀，延长喷油时间。

二、三元催化器

1. 三元催化器的作用及结构

三元催化器安装在排气管道中部，位于消音器的前面。其作用是在催化剂的作用下，将尾气中的 CO、HC、NO_x 转化为无害的气体。

微课　三元催化器

三元催化器总成主要由载体、壳体、垫层、催化剂等构成，如图 5 – 17 所示。有整体式和颗粒状式两种类型。整体式内部使用覆盖有催化剂的镀铝陶瓷蜂窝状结构，实现较大的催化反应面积；颗粒状式由许多覆盖有催化剂的颗粒状载体组成。

（1）载体

早期的催化剂曾采用氧化铝的球状载体，这种载体存在磨损快、阻力大等缺点，在汽车催化器中已不采用。目前较常用的载体为陶瓷蜂窝载体及金属载体，常用规格为 400 目、600 目等。

其中，陶瓷蜂窝载体主要技术参数包括外形尺寸、抗压强度、抗热冲击性、孔密度、壁厚、热膨胀系数、吸水率等。

图 5 – 17　三元催化器结构

（2）壳体

壳体是整个三元催化器的支承体。壳体的材料和形状是影响三元催化器转化效率与使用寿命的重要因素。目前使用较多的材料是含铬、镍等金属的不锈钢，这种材质具有热膨胀系数小、耐腐蚀性强等特点。

（3）垫层

为了使载体在壳体内位置牢固，防止它因振动而损坏。为补偿陶瓷与金属之间热膨胀的差别，保证载体周围的气密性，在载体与客体之间加一块由软质耐热性材料构成的垫层。常见的有金属网和陶瓷密封垫层两种形式。

（4）催化剂

含有铂、铑、钯三种稀有金属，这三种稀有金属起到了催化剂的作用，能够把废气中的有害气体，比如氮氧化物、CO 等，转化为无害气体，再排到大气中，因此，三元催化对环境的保护起着重要作用。

2. 工作状态

常温下三元催化器不具备催化能力，催化剂必须加热到一定温度才具有氧化或还原的能力。

三元催化器主要由安装在前、后的氧传感器检测转换效率。前氧传感器安装在三元催化器前面，用于检测混合气空燃比，进行喷油量的反馈；后氧传感器安装在氧传感器的后面，用于检测经三元催化器转换后的排气成分，通过比较前后氧传感器的信号电压及波形可以监测三元催化器的转换效率。

当三元催化器损坏时，转化效率较低，前、后氧传感器的信号电压趋于相同。

文本　三元催化器状态判断

3. 工作条件

三元催化器对燃油、使用及温度都有特定的要求。

（1）燃油要求

汽油中铅的含量导致三元催化器的转换效率严重下降，也是导致其烧缩、烧结的主要原因之一。对硫、磷等杂质的含量也有要求。

（2）使用要求

三元催化器必须和闭环电喷控制发动机同时使用，才能保持比较高的转换效率，即发动机理论空燃比为 14.7 : 1。

（3）温度要求

在 350 ~ 850 ℃，低于或高于正常的工作温度就会导致三元催化器的转换效率和使用寿命的降低。

> **小经验**
>
> 排气温度过高，应查明原因，及时排除故障；
>
> 装有氧传感器和 TWC 的汽车，应禁用含铅汽油；
>
> 长时间大负荷工作或燃烧不完全，会导致转换效率下降，TWC 固定不牢或颠簸，催化器载体易损坏。

三、氧 传 感 器

1. 氧传感器的作用

氧传感器安装在发动机排气歧管后，消声器的前面，如图 5 – 18 所示，其作用是通过监测排气管废气中氧离子的含量来获得混合气的空燃比信号，并将该信号转变为电信号输入ECU。ECU 根据氧传感器信号，对喷油时间进行修正，实现空燃比反馈控制（闭环控制），从而将空燃比控制在发动机理论值 14.7 : 1 附近，使发动机得到最佳浓度的混合气，从而降低有害气体的排放和节约燃油。

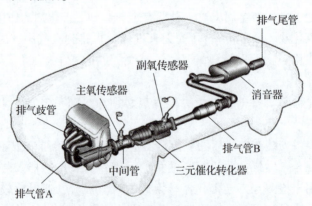

图 5 – 18　氧传感器安装位置

2. 氧传感器的类型

根据氧传感器检测混合器浓度的范围，分为窄带型氧传感器和宽带型氧传感器。

窄带型氧传感器只能检测废气的浓、稀两种状态，不能确定空燃比偏离理论混合气的程度。目前，汽车上大多数使用窄带型氧传感器。窄带型氧传感器又分为氧化锆式和氧化钛式两种。其中，应用最多的是氧化锆式氧传感器。氧化锆式氧传感器又分为加热型与非加热型两种，一般都为加热型。而宽带型氧传感器既能检测废气的浓、稀两种状态，又能确定空燃比偏离理论混合气的程度。检测空燃比范围可达到 10.0 ~ 60.0，并从 2002 年开始在中、高档汽车上广泛采用。

3. 氧化锆式氧传感器

（1）结构特点

氧化锆式氧传感器（ZrO_2）的结构如图 5 - 19 所示，主要由钢质护管、钢质壳体、锆管、加热元件、电极引线、防水护套和线束插头等组成。

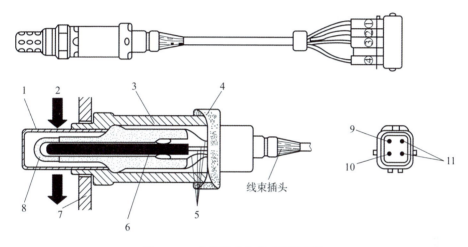

线束插头

图 5 - 19　氧化锆式氧传感器的结构

1—钢质护管；2—废气；3—壳体；4—防水护套；5—电极引线；6—陶瓷加热元件；7—排气管；8—锆管；
9—加热元件电源端子；10—加热元件接线端子；11—信号输出端子

锆管是氧化锆式氧传感器的基本元件，它是在二氧化锆（ZrO_2）固体电解质粉末中添加少量的添加剂，经压力成形后再烧结而成的陶瓷管，其加工工艺与火花塞绝缘体的成形工艺完全相同。二氧化锆晶体的体积变化量为 4% 左右，其体积变化容易导致晶体老化而失效（阻止氧离子扩散），加入添加剂的目的就是防止二氧化锆晶体老化。目前常用的添加剂是氧化钇（Y_2O_3）。

锆管制成试管形状，以便氧离子能均匀扩散与渗透。锆管内表面通大气，外表面通排气。在锆管的内、外表面都涂覆有一层金属铂（Pt）作为电极，并用金属线与传感器信号输出端子连接。金属铂除了起到电极作用将信号电压引出之外，另一个更重要的作用是催化。在催化剂铂的作用下，当发动机排气中的一氧化碳（CO）与氧气（O_2）接触时，就会生成二氧化碳（CO_2）。为了防止发动机排出的废气腐蚀外层铂电极，在外层铂电极表面还涂敷有多孔氧化铝陶瓷保护层。氧化锆陶瓷管的强度很低，而且安装在排气管上承受排气压力冲击。为了防止锆管受排气压力冲击而造成陶瓷管破碎，将锆管封装在钢质护管内。护管上制作有若干个小孔，以便排气流通。在钢质壳体上制作有六角螺边和螺纹，以便安装（拧紧力矩为 40 ~ 60 N·m）和拆卸传感器。

氧化锆式氧传感器在温度超过300 ℃后，才能正常工作。早期使用的非加热型氧传感器靠排气加热，这种传感器必须在发动机起动运转数分钟后才能开始工作，它只有一个或两个接线端子与ECU相连，如图5-20（a）所示。现在，大部分汽车使用带加热器的氧传感器，如图5-20（b）所示，这种传感器内有一个电加热元件，它有3个或4个接线端子与ECU相接，如图5-21所示。可在发动机起动后的20～30 s内迅速将氧传感器加热至工作温度。

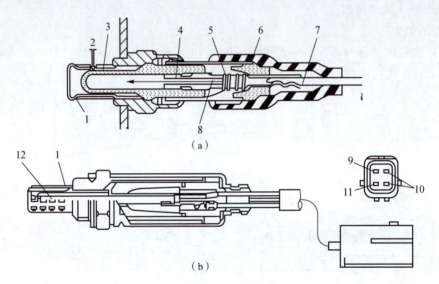

（a）

（b）

图5-20　两种不同的氧化锆式氧传感器

（a）非加热型；（b）加热型

1—保护套管；2—废气；3—锆管；4—电极；5—弹簧；6—绝缘体；7—信号输出导线；
8—空气；9—接地；10—加热器接线端；11—信号输出端；12—加热器

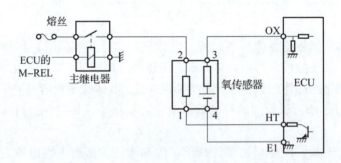

图5-21　带加热器的氧传感器电路

（2）工作原理

氧化锆式氧传感器工作原理如图5-22所示，发动机的排气气流从锆管表面的陶瓷层渗入，与负极接触，内部的正极与大气接触。温度较高时，O_2发生电离形成氧离子。若陶瓷层内（大气）、外（废气）侧氧离子存在浓度差，使得陶瓷体内侧（正极）的氧离子向外侧（负极）扩散，锆管元件形成了一个微电池，扩散的结果是造成锆管正、负极间产生电势差。浓度差越大，电势差越大。

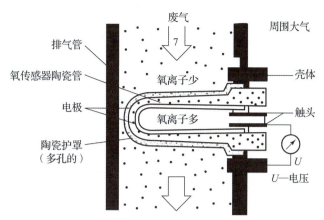

图 5 - 22　氧化锆式氧传感器工作原理

氧化锆式氧传感器的输出特性如图 5 - 23 所示。当供给发动机的可燃混合气较浓时（空燃比小于 14.7 : 1），排气中氧离子含量较少、CO 浓度较大。在催化剂铂的催化作用下，氧离子几乎全部都与 CO 发生氧化反应生成 CO_2 气体，使外表面上氧离子浓度为 0。由于锆管内表面与大气相通，氧离子浓度很大，因此，锆管内、外表面之间的氧离子浓度差较大，两个铂电极之间的电位差较高（约 0.9 V）。

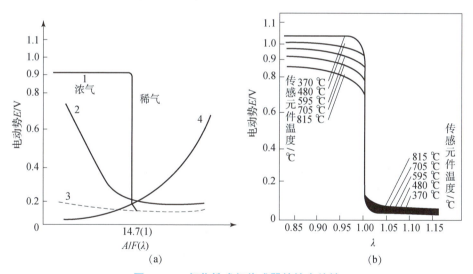

图 5 - 23　氧化锆式氧传感器的输出特性

（a）气体浓度与电压的关系；（b）传感元件与电压的关系
1—传感器的电动势；2——氧化碳浓度；3—无铂电极时的电动势；4—氧离子浓度

当供给发动机的可燃混合气较稀时（空燃比大于 14.7 : 1），排气中氧离子含量较多、CO 浓度较小，即使 CO 全部都与氧离子发生化学反应，锆管外表面上还有多余的氧离子存在。因此，锆管内、外表面之间氧离子的浓度差较小，两个铂电极之间的电位差较低（约 0.1 V）。

当空燃比接近理论空燃比 14.7 : 1 时，排气中的氧离子和 CO 含量都很少。在催化剂铂的作用下，氧离子与 CO 的化学反应，从缺氧状态（CO 过剩、氧离子浓度为 0）急剧变化为富氧状态（CO 为 0、氧离子过剩）。由于氧离子浓度差急剧变化，因此，铂电极之间的电位差急剧变化，使传感器输出电压从 0.9 V 急剧变化到 0.1 V。

由图5-23氧传感器输出特性可知，当可燃混合气变浓时，如果没有催化剂铂的催化作用使氧离子浓度急剧减小到0，在混合气由浓变稀时，固体电解质两侧氧离子的浓度差将连续变化，传感器的电动势将按曲线3所示连续变化，即电动势不会出现跃变现象。

4. 氧化钛式氧传感器

二氧化钛（TiO_2）在常温下是一种高电阻的半导体，但表面一旦缺氧，其晶格便出现缺陷，电阻便随之减小。同时，其电阻也与环境温度有关。氧化钛式氧传感器就是利用二氧化钛材料的电阻值随排气中含氧量而变化的特性制成的，故又被称为电阻型氧传感器。

（1）结构组成

氧化钛式氧传感器的外形与氧化锆式氧传感器相似，结构如图5-24所示，主要由二氧化钛传感元件、钢质壳体、加热元件和电极引线等组成。

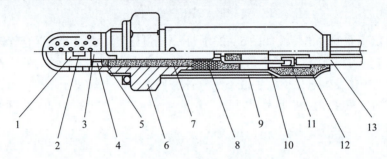

图5-24　氧化钛式氧传感器结构

1—加热元件；2—氧化钛元件；3—基片；4—垫圈；5—密封圈；6—壳体；7—滑石粉填料；8—密封釉；9—护套；10—电极引线；11—连接焊点；12—密封衬垫；13—传感器引线

钢质壳体上制有螺纹，以便于传感器安装。在电极引线与护套之间设置一个硅橡胶密封衬垫，可以防止水汽浸入传感器内部而腐蚀电极。

由于二氧化钛的电阻也随温度不同而变化，因此，在氧化钛式氧传感器内部也有一个电加热器，以保持传感元件二氧化钛温度保持恒定，从而使传感器的输出特性不受温度影响。加热元件一般用钨丝或陶瓷材料制成。因为二氧化钛是一种多孔性的陶瓷材料，利用热传导方式可以对二氧化钛芯片或厚膜直接进行加热，所以加热效率高，达到激活温度（600 ℃）需要的时间很短，这对降低发动机刚刚起动后HC的排放量十分有利。

（2）工作原理

二氧化钛半导体材料的电阻具有随所处环境氧浓度变化而变化的特性。当发动机的可燃混合气较浓（空燃比小于14.7∶1）时，排出的废气中氧的含量较少，二氧化钛呈低阻状态。与此同时，在催化剂铂的催化作用下，废气中的氧与CO发生化学反应生成CO_2而进一步消耗掉，氧的含量大大减少，从而有效提高了传感器的灵敏度。当发动机的可燃混合气较稀（空燃比大于14.7∶1）时，排出的废气中氧的含量较多，二氧化钛呈现高阻状态。因此，氧化钛式氧传感器的信号源相当于一个可变电阻，其电阻值与空燃比的关系如图5-25所示。

由此可见，氧化钛式氧传感器的电阻将在混合气的空燃

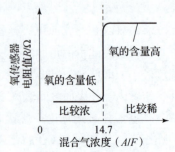

图5-25　二氧化钛传感器电阻与空燃比间的关系

比约为 14.7∶1 时产生突变。当由 ECU 工作给氧传感器提供稳定的电压时，如图 5 - 26 所示，在其输出端可得到一个与混合气的空燃比相对应、以 14.7∶1 的空燃比为界限交替变化的电压信号。近几年来，为了使氧化钛式氧传感器有着与氧化锆式氧传感器相同的工作特性，将工作电压由早期的 5 V 改成 1 V。当混合气较稀时，废气中氧的含量高，则氧化钛式氧传感器呈现高电阻的状态，此时 1 V 电源电

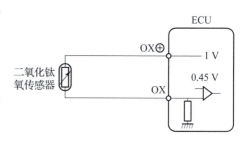

图 5 - 26　氧化钛式氧传感器工作电路

压经氧传感器电阻降压，返回 ECU 的输出信号电压低于 0.45 V。当混合气较浓时，废气中氧的含量少，则氧化钛式氧传感器因缺氧而形成低电阻的氧化半导体，此时 1 V 电源电压经氧传感器电阻降压后，返回 ECU 的信号电压高于 0.45 V。即当氧传感器输出端子上的电压高于 0.45 V 时，ECU 判定混合气过浓；当端子上的电压低于 0.45 V 时，ECU 判定混合气过稀。在实际的反馈控制过程中，氧化钛式氧传感器与 ECU 连接的端子上的电压也在 0.1 ~ 0.9 V 之间不断变化，这一点与氧化锆式氧传感器是相似的。通过 ECU 的反馈控制，可保持混合气的浓度在理论空燃比附近。

氧化钛式氧传感器在汽车上的应用较少，其数量约为车用氧传感器的 1%。

国六排放标准背后的意义

习近平总书记指出：“人类只有一个地球，保护生态环境、推动可持续发展是各国的共同责任。”“只有实行最严格的制度、最严密的法治，才能为生态文明建设提供可靠保障。”必须把制度建设作为生态文明建设的重中之重，把生态文明建设纳入制度化、法制化轨道。

生态环境部、工业和信息化部、商务部、海关总署、市场监管总局联合发布《关于实施汽车国六排放标准有关事宜的公告》，公告明确，自 2023 年 7 月 1 日起，全国范围全面实施国六排放标准 6b 阶段，禁止生产、进口、销售不符合国六排放标准 6b 阶段的汽车。

我国汽车产销量连续 14 年位列世界第一，汽车保有量达到 3 亿辆。汽车是污染物排放的主要贡献者，其排放的一氧化碳（CO）、碳氢化合物（HC）、氮氧化物（NO_x）和颗粒物（PM）超过机动车总排放量的 90%。全面实施国六 b 排放标准后，会进一步减少机动车排气污染，对改善空气质量、减少雾霾天气、保护公众健康具有非常重要的意义。我国作为世界上最大的发展中国家，将完成全球碳排放强度降幅，用全球历史上最短的时间实现从碳达峰到碳中和，这无疑是一场硬仗。必须立足我国能源资源禀赋，坚持先立后破，深入推进能源改革，逐步转向碳排放总量和强度“双控”制度，积极稳妥推进碳达峰、碳中和。

很明显，国六 b 新政落地后，尽管能让燃油车的排放更加环保，但是也会加剧燃油车市场的挑战，尤其是动力系统技术不到位的车型，较高的制造成本会是阻碍它们发展的绊脚石。而在多个方面都更具优势的新能源车却有望迎来好消息，加之各地政策也在鼓励消费，新能源车将在舞台上吸引越来越多的灯光。

一、填空题（每空2分，共20分）

1. 在汽车排出成分中，有_____、_____和_____等污染物质。

2. 氧传感器安装在_____上，通过检测排气管废气中_____的含量来获得_____。

3. 氧化锆式氧传感器，锆管内、外表面都涂覆有一层_____作为电极，它的另一个更重要的作用是_____。

4. 氧传感器的输出电压在_____之间不断变化，通常每10 s内变化8次以上。

5. 空燃比为_____时，三元催化器的转换效率最高。

二、选择题（每题4分，共20分）

1. 三元催化器可以降低（　　）废气物的排放。

A. CO　　　　　　B. HC　　　　　　C. NO_x　　　　　　D. 以上都是

2. 为获得三元催化转换器所要求的空燃比，需要（　　）来达到很高的控制精度。

A. 空气流量计　　　　　　　　　　　B. 氧传感器

C. 爆燃传感器　　　　　　　　　　　D. 节气门位置传感器

3. 在（　　），空燃比闭环控制系统不会停止工作。

A. 发动机起动时　　　　　　　　　　B. 节气门全开时

C. 燃油中断停供时　　　　　　　　　D. 汽车匀速正常行驶时

4. 减少NO_x排放的主要系统是（　　）。

A. 燃油蒸发排放控制系统　　　　　　B. 废气再循环控制系统

C. 氧传感器及三元催化转化控制系统　D. 二次空气供给系统

5. 在怠速时，三元催化器出气口的温度应比进气口的温度高（　　）以上，否则，说明三元催化器内部堵塞严重。

A. 10 ℃　　　　　B. 20 ℃　　　　　C. 30 ℃　　　　　D. 40 ℃

三、判断题（每题4分，共20分）

1. 二氧化锆式氧传感器产生的电压在理论空燃比时发生突变。（　　）

2. 氧传感器是实施喷油量闭环控制的专用传感器。（　　）

3. 所有氧传感器输出的都是电压信号。（　　）

4. 有些汽车采用前、后两个氧传感器，后氧传感器为后备氧传感器，目的是提高发动机工作的可靠性。（　　）

5. 在常温下，氧传感器也能正常工作。（　　）

四、简答题（每题10分，共40分）

1. 空燃比闭环控制系统是如何工作的？

2. 空燃比闭环控制系统如何进行检修？

3. 简述氧传感器的检测步骤。

4. 如何检查三元催化器的转换效率？

参考文献

［1］李英，宋丽敏. 汽油发动机管理系统故障诊断与修理［M］. 北京：高等教育出版社，2014.

［2］黄如君，张梅，杨德明. 汽车发动机电控系统结构检修［M］. 西安：西安交通大学出版社，2014.

［3］曹红兵. 汽车发动机电控技术原理与维修［M］. 北京：机械工业出版社，2014.

［4］张蕾. 汽车发动机电控系统原理与检修［M］. 北京：机械工业出版社，2012.

［5］何琨，卫登科，黄玲. 发动机电控系统检修［M］. 北京：清华大学出版社，2012.

［6］罗德云. 汽车发动机电控系统构造与检修［M］. 北京：人民交通出版社，2012.

［7］何金戈. 汽车传感器原理与检修［M］. 北京：化学工业出版社，2015.

［8］明光星，李晗. 汽车发动机电控系统原理与检修一体化教程［M］. 北京：机械工业出版社，2014.

［9］王绍铫. 汽车电子学［M］. 北京：清华大学出版社，2011.

［10］徐尔强. 汽油机管理系统［M］. 北京：北京理工大学，2009.

［11］杨智勇，刘波. 捷达轿车维修手册［M］. 北京：化学工业出版社，2013.

［12］李巍. 奥迪维修手册［M］. 北京：化学工业出版社，2013.

［13］吴志强. 汽车发动机电控系统检修［M］. 北京：机械工业出版社，2023.

［14］刘冬生，郭奇峰，韩松畴. 汽车发动机电控系统检修［M］. 北京：机械工业出版社，2022.

［15］刁秀明，刘海涛，张立新. 汽车发动机电控系统检修［M］. 北京：机械工业出版社，2023.

［16］刘新宇，赵玉田，杜晓辉. 汽油发动机电控系统检修（第2版）［M］. 北京：北京理工大学，2019.

［17］张永栋. 汽车发动机电控系统检修［M］. 广州：广东高等教育出版社，2023.

［18］杨智勇，金艳秋. 汽车发动机电控系统检修（附微课视频）（附AR交互模型）［M］. 北京：人民邮电出版社，2019.

［19］周李洪，胡元波. 汽车发动机电控系统诊断与修复［M］. 北京：高等教育出版社，2021.

［20］杨位宇，王东方，付昌星. 汽车发动机电控系统检修［M］. 北京：航空工业出版社，2017.